教育部市场营销类专业实践教学体系研究成果
本项目由上海市民办教育发展基金会资助

客户关系管理教程
（第二版）

主编 皮骏

复旦卓越·21世纪市场营销『实践型』系列教材

总主编 王妙

复旦大学出版社

Marketing Practical Training

内容提要

客户关系管理是一门应用性、实践性很强的课程。本书力求理论和实践相结合，注重可操作性。本教材以学生为中心，注重实践能力培养，作了改革尝试。即在每一章都编写了一节相关知识的实践运用，从实践目标、实践内容、实践形式、实践要旨、实践范例等方面做了全面部署，进行具体指导。此外，在每一章后面还附有前沿研究、案例、练习与思考题，并且在大部分章节里，根据知识点，附有研究资料、调查资料和实例资料，力求把"基本理论与前沿理论""理论知识与实践能力""课堂导学与课外自学"融为一体，进一步开拓学生的视野和增强学生的实践能力。

通过本书的学习，对于提升学生的客户关系管理实践技能是极为有利的。根据教材特点，本书既可作为高职院校相关专业的教科书，也可作为企业管理等在职人员的培训教材。

总序 Preface

《21世纪市场营销"实践型"系列教材》在上海商学院及相关院校广大教师的共同努力下终于逐步推出。这套系列教材包括《市场营销学》《市场调研》《消费者行为分析》《客户关系管理》《国际市场营销》《品牌管理》《公共关系》《广告策划》《商务经营》《商务谈判》《商务礼仪》《创业实务》12本。本系列教材由上海商学院与复旦大学出版社共同组织和策划,共有46位教师参加编写,分别来自13个省、市的23所高校,经历了2年时间完成。

《21世纪市场营销"实践型"系列教材》的成功推出,是高校教育改革成果的展示。自2001年起,上海商学院从《市场营销学》课程改革着手,经历了近8年的改革探索,创建了"实践课业教学"模式。所谓实践课业教学,是指以就业为导向,强化学生职业能力的全面培养,把"实践课业"作为能力培养的载体和手段的一种新型课程教学方式。

"实践课业教学"是2001年上海市教委"高职学生职业能力评价研究与实践"课题与2005年教育部"高职高专教育市场营销类专业实践教学体系研究"课题的研究成果。课题研究旨在解决当前我国高等教育中实践教学效率低,学生实践能力薄弱的紧迫问题,注重学生实践能力与创新能力的培养,使高校人才培养目标能适应我国21世纪经济社会发展的需要。课题研究总结了《市场营销学》课程改革成果,创新探索了实践课业教学新模式,并积累了课业训练的操作经验。课题所研究的实践课业教学最早从《市场营销学》课程试点开始,逐步拓展到上海商学院的《销售管理》《促销策划》《市场调查与预测》《企业形象策划》《品牌管理》《公关策划》《商业投资》《广告策划》《客户服务与管理》等课程。以此改革为基础,完成了市场营销专业实践教学体系构建的研究与实验。近年来,实践课业教学从专科课程教学推广到本科课程教学,在更高层次上进行进一步探索和完善。这种新的教学模式又从校内推广到校外,从本市推广到全国,课程改革取得了成功。

实践课业教学不同于传统的课程教学,其主要区别体现在:

(1) 教学目标是使学生获得直接上岗能力,把有利于学生就业作为课程教学的出发点和归宿;为学生日后具备较强的就业竞争能力和可持续发展能力奠定基础。强调课程教学要与职业岗位人才培养目标相结合;强调课程教学要有知识、技能、素质培养目标。

(2) 在教学内容上,引入职业素质,即通用能力的培养内容,强化岗位技能训练;建立起专业知识、岗位技能、职业素质三位一体的教学内容,贯彻在课程教学大纲、教学计划和教案中。

(3) 在教学方法上,提出"布置课业—教师指导—学生动手—考核评估"的能力培养"四步教学法",打破教师一言堂的传统教学方法。

(4) 在教学评估上,用多个课业评价成绩替代一张试卷的考核方式,分解、量化各项能力指标,落实到课程及课业评价上。实施教师公开评价、学生自我评价(自评与互评)、企业评价的多元评价方法。

实践课业教学创新了高校课程教学的新模式,其创新价值表现为:

(1) 创建了以就业为导向,注重学生可持续发展能力培养的21世纪人才培养的新教育理念。实践课业教学强调学生能力的全面培养,要求学生在课业训练中掌握专业技能,锻炼通用能力,倡导自主学习;以学生的实践成果——课业为评价依据,采用多元主体评价的方式。这种教学模式是当代国际职业教育发展的主导趋势,也是我国高等教育的改革方向。

(2) 创建了高校课程实践教学的新形式。采用课业形式作为课程实践教学的载体与手段,把专业知识转化为实践应用能力。这一实践形式为解决我国高校实践教学存在的"教学目标单一、内容脱离实际、教学方法传统、教学评价缺位、教学资源不足"等问题,进行了有效的探索,创造了成功的经验,丰富了我国高校实践教学改革的理论和实践。

(3) 创建了高校文科专业人才培养的新途径。实践课业教学研究提出了较可行的人才培养改革理念和实施方案,具有较强的实用性和可操作性,所需的教学条件要求不高,一般学校都能够实施。为此,对于目前我国高校(尤其是文科专业),培养实践能力强、敬业、合作、创新等综合素质高的应用型人才具有重要的意义,具有应用推广的价值。

实践课业教学最大的成功在于能使学生获得更多。我们多次组织了对学生的问卷调查,据问卷调查数据统计,96%以上的学生对实践课业教学表示认可和欢迎。实践课业教学对强化学生"知识、技能、素质"起着举足轻重的作用。

1. 促进学生有效地掌握岗位技能。每个学生在课程教学中必须完成大小10多份实践课业,不少于1万字。通过课业训练,帮助学生把学到的专业知识应用于实践,掌握岗位所需的专业技能。根据上海商学院学生问卷调查数据统计,48.54%的学生认为课业训练对岗位技能的掌握帮助很大,49.51%的学生认为有帮助。

2. 促进学生自觉增强综合素质。在课业训练过程中,学生需要面对各种困难和挫折,要求自主解决各种问题;需要根据不同的市场、企业情况,独立判断分析;需要团队合作,形成合力,一起完成课业任务。在完成课业的过程中,学生的综合素质也得到了提高,突出体现在四个方面:① 锻炼艰苦耐挫能力;② 增强团结协作能力;③ 培养认真务实作风;④ 激发创新意识,培养创新能力。

3. 促进学生巩固专业理论。在课业训练中,学生所学的专业理论知识才能真正被运用。在实践运用中,理论才被学生消化、理解。《市场营销学》课程曾做过这样的测试,课程结束时,在学生毫无准备的情况下,把上一学期的试卷给学生做40分的选择题、判断题。测试的结果,学生的平均得分为23分。

4. 把"学生为主体"的高等教育改革真正落在实处。在课业训练中,操作的主体是学生,学生始终处于主动学习状态。课业训练的程序为:① 先向学生布置明确的课业任务;② 学生为完成课业,必然会阅读有关课业的范文,了解和思考课业该如何操作;③ 学生会带着"任务"和"问题"来听教师作有关课业所需的理论、方法的课堂指导;④ 学生必定会主动提出不懂的问题,求得教师解答;⑤ 学生会要求有更多的"课堂讨论"来解决课业过程中的难点问题。

实践课业教学的改革探索,必然提出对教材的改革,这是毋庸置疑的。因为要完成课业训练,对于没有企业实践经验的高校学生来说困难重重。例如,《市场营销学》课业教学要求学生把掌握的营销理论运用到企业营销活动中,解决与营销有关的实际问题。通过"市场调研报告""市场开发分析报告""营销计划报告"等课业形式,为企业营销提出对策,设计营销方案。要解决这一难题的关键在于教师进行细化、认真和耐心的指导;更需要技能训练的指导教材。但这类课程教材是一个"空白",必须依靠自己解决。通过课业教学的多年实践,我们探索了上千个学生课业训练操作的规律,积累了50多万字的技能训练指导资料,在此基础上先后编写出版了《市场营销学实训》《市场营销学教程》《实践课业指导》等实践型教材。可见,实践型教材的编写出版是实践课业教学的一个组成部分,是高校教育改革中不可缺少的建设内容。

2003年8月,王妙教授主编的《市场营销学实训》教材由高等教育出版社出版。教材一出版,市场需求量就很大,同年12月就加印5 000册。从学生使用效果来看,这本教材对学生实践能力的培养起到很重要的指导作用,为学生课业训练提供了感觉、思路和方法,指导学生完成课业任务。但由于经验不足,《市场营销学实训》编写成营销综合性实训教材,内容太宽泛,使课程实训缺乏针对性,教师很难操作,有必要对教材进行修改。

2005年7月,王妙教授主编的《市场营销学教程》一书由复旦大学出版社出版。该书根据课程教学要求,安排课业训练项目,在每章的最后一节中设计了"实践运用"科目,要求学生把学到的理论知识运用到营销实践中去,安排相应的课业训练任务,并作了实践指导。由于教材适应高校人才的培养目标,能指导学生实践能力训练,因此,广受社会的关注和欢迎,至今教材已是第五次印刷,共计发行 25 000 册,全国几十所高校都使用这本教材,对此评价很高。《市场营销学教程》正是以其"实践性强"的特点于 2006 年 8 月被教育部列为国家"十一五"规划教材。2007 年 11 月又评为上海高校"优秀教材一等奖"。但在教材使用的过程中也暴露了其不足,很多教师反映实训内容在教材中的篇幅太少,要求课程实训内容再细化些,操作性再具体些。

2007 年 1 月,王妙、冯伟国教授合著的《市场营销学实训——实践课业指导》由复旦大学出版社出版,作为《市场营销学教程》的配套实训教材。根据营销岗位技能培养要求,教材突出市场营销调研、市场开发分析和"4PS"营销计划等技能的培养,把课程实训分为四个课业训练单元。根据"一课一训练,理论先行,操作指导,实践运用"的课业指导要求,设计了十七项课业指导项目。教材对每项课业项目都作了七个环节的训练指导,即:布置课业任务→了解课业目标→强调课业要求→明确理论指导→指导课业操作→制定课业评价标准→提供课业范例或范文等。教材广受社会欢迎,至今发行近 1 万册,能有这样的发行量,足以证明该教材的社会认可度以及社会对这类实训教材的迫切需求。但根据对 20 多所高校的教材使用情况的调查,普遍认为一门课程使用 2 本教材,一是加重学生经济负担;二是使用不方便。

在总结上述教材建设经验的基础上,经过反复研究论证,我们决定在编写这套系列教材时,把课程教材与实训教材合二为一,《21 世纪市场营销"实践型"系列教材》最终定型。

《21 世纪市场营销"实践型"系列教材》的最显著特点在于实践性。即以培养学生实践能力为目标,以有助于学生能力训练为出发点,使专业理论的实践应用具有很强的可操作性,这是本系列教材的闪光之处。教材体现了以就业为导向,突出能力培养的时代要求,把"以能为本"的课程实践教学真正落在实处,在很大程度上解决了商贸类课程"实践教学难"的问题。教材在以下三个环节上突出实践性特点。

1. 突出专业技术,增强学生的专业技能。在一般教材中,强调的是基本原理的概念、内容、作用、意义,而对原理应用的操作步骤与方法往往被弱化。本系列教材在每章的正文中使用了"运行操作""注意事项"的图标版式,提示教师和学生应注意专业知识中的技术性部分,即基本原理应用的操作步骤与方法。在教材编写中,强化了这部分内容,帮助学生更好地掌握专业技术。

2. 注重实践运用,锻炼学生的实践能力。本系列教材在每章的最后一节中设计了"实践运用"科目,要求学生把学到的理论知识运用到企业实践中去,学会分析问题和解决问题,使学生真正了解市场、了解企业,掌握专业知识的应用技能,这正是我国高校课程改革的方向。教材对每章的实践应用作了具体指导,提出课业训练的任务和要求,安排相应的课业训练内容,制定课业评价标准,提供课业范文,帮助学生完成课业任务。在实践使用中,可以根据不同专业、不同课时的教学要求,有选择性地完成课程中的若干实践项目。

3. 强调学习导引,培养学生的自学能力。本系列教材以学生为中心,从便于学生学习出发,设计了"教材学习导引"栏目。教材"主辅合一",它把主教材、学习指导和学习参考融为一体,其内容编写和体例编排都不同于以往教材。为了帮助学生学好这门课程,设计了六个学习模块,具体使用如下:① 明确"学习目标和基本概念";② 根据"实践操作提示"掌握专业技能;③ 根据"实践运用"指导完成课业任务;④ 根据"前沿研究"资料进行研究、思考;⑤ 根据"案例分析"资料进行判断、分析;⑥ 完成布置的"练习与思考"。通过学习导引,学生可以有效地进行学习。我们认为,学习过程也是一种实践,教材的"学习导引"为培养学生的自学能力搭建了实践平台。

《21世纪市场营销"实践型"系列教材》还具有以下特点。

1. 注重学科理论的基础建设。市场营销学科是应用性学科,教材建设强调专业知识的应用是教材改革的重点,但不能忽视基础理论的夯实。没有基础理论的指导,知识的应用是盲目的,很难培养高超、娴熟的专业技能。本系列教材要求对各门专业课程的基本概念和原理进行梳理与界定,强调全面、准确地阐明学科的基础理论,并要求对基础理论的表述简单扼要、深入浅出、通俗易懂。

2. 突出学科发展的内容建设。面对21世纪知识经济和经济全球一体化的挑战,市场营销学科在不断地发展和创新,企业营销实践活动也有众多的创新内容。为此,本系列教材突出学科理论和实践的新发展,引入最新理论观点和实践案例,专门独立设计了"前沿研究""案例分析"栏目,介绍近年来市场营销各课程理论的最新发展和企业独创性的营销案例,提供教学与学习参考。

3. 进行教材改革的创新建设。本系列教材对内容、结构、版式都作了全面改革创新,教材改革以学生为中心,从便于学生学习出发,要求教材的使用能够帮助学生更好地理解、掌握和运用专业理论知识。本系列教材都设计了"基础理论""实践应用""前沿研究""案例分析""练习与思考"等内容,把"基础理论与前沿理论""理论知识与实践能力""课堂导学与课外自学"融为一体。每本教材都统一设计了"学习导引"栏目,指导学生能够进行有效的学习。

《21世纪市场营销"实践型"系列教材》是高等院校市场营销专业和相关专业的专用教材,也是可供从事市场营销、企业管理、商贸经营人员进行学习的参考用书。我们希望这套系列教材的推出,能够锻炼教师队伍,提高教学水平;同时,我们也希望通过这套教材的使用,推动高校教育改革,探索课程教学的新路子,为高校人才培养作出更大的贡献。

由于受我们的理论水平和实践能力的局限,这套系列教材一定会存在许多不足。恳请广大读者批评指正,期待更多的教育者与研究者投身于高校教材改革,让我们一起研究探讨,进一步提高实践型教材的编写水平,为高校教材建设作出更大的贡献。

丛书编委会

2008 年 7 月

前言 Foreword

客户关系管理是一门应用性、实践性很强的课程。本书在编写的过程中,以培养具有创新精神和实践能力的客户关系管理专业人才为宗旨,遵循高等职业教育规律,强调知识、能力和素质的培养,力求理论与实践的结合,注重针对性、可操作性,突出以下特点:

1. 内容体系新。在体系上,本书每章都有学习目标、基本概念、实例资料、研究资料、调查资料和课后习题等内容,这样安排既便于老师教,又便于学生学;同时,在教材内容上,我们力求内容精、观点新。

2. 突出学科新发展。面对21世纪知识经济和经济全球一体化的挑战,客户关系管理理论在不断地发展和创新,我国企业的营销实践活动也有众多的创新内容。本书专门在每章独立设计了"前沿研究"和"案例分析"栏目,介绍近年来客户关系管理理论的最新发展和企业的案例,提高教学与学习水平。

3. 注重实践能力培养。本书在每一章中都专门设计了一节相关知识的"实践运用"。它要求学生把学到的理论知识运用到实践中去,学会发现问题、分析问题和解决问题,这正是我国高职院校课程改革的方向。本教材对每章的实践环节从实践目标、实践内容、实践形式、实践要旨、实践范例等方面做了具体的指导,提出了相应内容的实践课业。

本项目由上海市民办教育发展基金会资助,在此表示衷心的感谢。

由于时间仓促及受作者水平、能力的限制,本书难免有不足之处,恳请专家、同行及读者批评指正。

皮骏
2016年8月23日于上海

目 录

第一章 客户关系管理概述 …………………………………………………………… 1
第一节 客户关系管理的产生与发展 ……………………………………… 1
第二节 客户关系管理的内涵与意义 ……………………………………… 6
第三节 客户忠诚 …………………………………………………………… 12
第四节 实践课业指导 ……………………………………………………… 25
前沿研究 如何做好360度的客户关系管理 ………………………………… 28
案例 将情感赋予钻石 ………………………………………………………… 30
练习与思考 ……………………………………………………………………… 31

第二章 客户关系管理的理论体系 …………………………………………………… 33
第一节 客户关系管理系统的一般模型 …………………………………… 33
第二节 客户终身价值 ……………………………………………………… 37
第三节 客户生命周期及价值 ……………………………………………… 41
第四节 客户关系管理系统的评价 ………………………………………… 44
第五节 实践课业指导 ……………………………………………………… 47
前沿研究 基于生命周期理论的客户知识挖掘 ……………………………… 49
案例 客户终身价值的挖掘 …………………………………………………… 52
练习与思考 ……………………………………………………………………… 53

第三章 客户信息管理 …………………………………………………………………… 56
第一节 建立客户来源中心 ………………………………………………… 56
第二节 建立客户信息档案 ………………………………………………… 59
第三节 客户资料分析 ……………………………………………………… 65
第四节 网络中的客户信息管理 …………………………………………… 71
第五节 实践课业指导 ……………………………………………………… 75
前沿研究 生机缘于网络 ……………………………………………………… 76
案例 上海金丰易居的客户关系管理 ………………………………………… 77
练习与思考 ……………………………………………………………………… 79

第四章　大客户管理 ... 81
- 第一节　识别和选择大客户 ... 81
- 第二节　大客户分析 ... 88
- 第三节　制定大客户计划 ... 92
- 第四节　与大客户建立伙伴关系 ... 94
- 第五节　为大客户服务 ... 97
- 第六节　实践课业指导 ... 99
- 前沿研究　惠普的大客户管理原则 ... 102
- 案例　姚小姐的疑惑 ... 104
- 练习与思考 ... 105

第五章　客户满意管理 ... 107
- 第一节　客户满意度 ... 107
- 第二节　产品满意管理 ... 114
- 第三节　服务满意管理 ... 121
- 第四节　正确认识和处理客户的不满与抱怨 ... 124
- 第五节　实践课业指导 ... 130
- 前沿研究　客户情绪的价值 ... 134
- 案例　35次紧急电话 ... 136
- 练习与思考 ... 137

第六章　客户关系管理技能 ... 139
- 第一节　客户服务中的沟通技能 ... 139
- 第二节　客户服务中的礼仪 ... 147
- 第三节　客户投诉的处理 ... 153
- 第四节　不同类型客户的服务技巧 ... 160
- 第五节　实践课业指导 ... 165
- 前沿研究　提供一流客户服务的八大战略 ... 166
- 案例　老农夫和服务小姐 ... 168
- 练习与思考 ... 169

第七章　客户关系管理平台 ... 171
- 第一节　CRM系统介绍 ... 171
- 第二节　呼叫中心 ... 174

　　第三节　现场管理 …………………………………………………… 178
　　第四节　网络服务 …………………………………………………… 180
　　第五节　实践课业指导 ……………………………………………… 185
　　前沿研究　数据仓库在客户关系管理中的应用研究 ………………… 189
　　案例　病入膏肓的CRM系统带来的烦恼 …………………………… 191
　　练习与思考 …………………………………………………………… 192

第八章　客户关系管理体系建设 …………………………………… 194
　　第一节　客户关系管理战略 ………………………………………… 195
　　第二节　客户服务系统规划 ………………………………………… 200
　　第三节　客户服务质量管理 ………………………………………… 203
　　第四节　客户服务人员管理 ………………………………………… 209
　　第五节　客户服务绩效管理 ………………………………………… 212
　　第六节　实践课业指导 ……………………………………………… 217
　　前沿研究　优质客户服务是防止客户流失的最佳屏障 ……………… 219
　　案例　宜家的体验式营销 …………………………………………… 220
　　练习与思考 …………………………………………………………… 222

参考文献 …………………………………………………………………… 224

第一章 客户关系管理概述

 **学习目标**

学完本章,你应该能够:
1. 了解客户关系管理产生和发展的过程。
2. 掌握客户关系管理的本质特征。
3. 理解如何培养客户的忠诚度。

 基本概念

客户　客户关系管理　客户忠诚度

第一节　客户关系管理的产生与发展

20世纪90年代,企业界对一个新名词越来越感兴趣,那就是CRM(客户关系管理,customer relationship management,也有人称之为客户关系营销,customer relationship marketing)。这一发展一方面和满意与忠诚的研究有关,另一方面和信息技术的突飞猛进也有很大的关系。在过去,企业通过单一的渠道接近客户,即销售队伍、分支机构、经销商、电话或邮件;但是随着信息技术的发展,企业增加了营销渠道,包括呼叫中心、网站、自动柜员机、自动售货机等。问题是,要获得客户的忠诚,也就是长时期地保留客户,必须将这些渠道综合起来,使企业对不同渠道的客户有全面的了解。于是,有敏感嗅觉的软件公司(如Siebel、Oracle和SAP等)成为CRM应用软件设计的领头羊,Sybase、People Soft (Vantive)、Onyx等新兴软件公司在利用互联网构建企业CRM方面的表现也十分卓越,一时间CRM风靡全球。

一、客户关系管理的成因

从1999年年中开始,客户关系管理得到了诸多媒体的关注,国内外很多软件商(如Oracle、中圣等)推出了以客户关系管理命名的软件系统,有一些企业开始实施以客户关系管理命名的信息系统。这具有一定的必然性。总的来说,客户关系管理的兴起与下述三个方面的因素有难以割舍的关系。

（一）需求的拉动

放眼看去，一方面，很多企业在信息化方面已经做了大量工作，收到了很好的经济效益；另一方面，一个普遍的现象是，在很多企业，销售、营销和服务部门的信息化程度越来越不能适应业务发展的需要，越来越多的企业要求提高销售、营销和服务等日常业务的自动化和科学化。这是客户关系管理应运而生的需求基础。

1. 销售人员的需求

从市场部提供的客户线索中很难找到真正的顾客，销售人员常在这些线索上花费大量时间。销售人员通常会想：我是不是该自己来找线索？出差在外，要是能看到公司电脑里的客户、产品信息就好了。我这次面对的是一个老客户，应该给他报什么价才能留住他呢？

2. 营销人员的需求

假如一个营销人员去年在营销上开销了 2 000 万，他怎样才能知道这 2 000 万的回报率？在展览会上，营销人员一共收集了 4 700 张名片，怎么利用它们才好？展览会上，营销人员向 1 000 多人发放了公司资料，这些人对企业产品的看法怎样？其中有多少人已经与销售人员接触了？应该和那些真正的潜在购买者多多接触，但怎么能知道谁是真正的潜在购买者？怎么才能知道其他部门的同事和客户的联系情况，以防止重复地给客户发放相同的资料？有越来越多的人访问过企业的站点，但怎么才能知道这些人是谁？企业的产品系列很多，客户究竟想买什么？

小资料

有一家保险公司的保险推销员向客户推销保险，天天打电话，从早上 9 点一上班后就开始了。但对于客户来说，每天 9 点上班后最重要的事情就是处理 Email，因为客户所在的是一家跨国公司，国内和美国公司的时差正好是 8 小时到 12 小时，所以，早上会有很多 Email 需要处理。可就在这最忙的时候，保险推销员的电话来了，说最近公司又推出了一个新业务，想向您推荐等。第一次可以告诉推销员："对不起，我忙着呢，有时间再联系"。可是，第二次、第三次还是同样的时间来电话，客户感觉真是愤怒，只能冲推销员发火了。所以，选错了时间，只会弄巧成拙，事倍功半。

3. 服务人员的需求

很多服务人员认为，很多客户提出的机器故障其实都是自己的误操作引起的，很多情况下都可以自己解决，但回答这种类型的客户电话占去了工程师的很多时间，工作枯燥而无聊。为什么其他部门的同事都认为售后服务部门只是花钱而挣不来钱？

4. 顾客的需求

顾客从企业的不同销售人员那里得到了同一产品的不同报价，哪个才是可靠的？以前买的东西现在出了问题，这些问题还没有解决，怎么又来上门推销？一个月前，通过企业的网站发了一封 E-mail，要求销售人员和我联系一下，怎么到现在还是没人理我？已经提出不希望再给我发放大量的宣传邮件了,怎么情况并没有改变?报名参加企业网站上登出的一场研讨会,但一直没有收到确认信息。研讨会这几天就要开了,是去还是不去?为什么维修请求提出一个月了,还是没有等到上门服务?

5. 经理人员的需求

有个客户半小时以后就要来谈最后的签单事宜,但一直跟单的人最近辞职了,而作为销售经理,对与这个客户联系的来龙去脉还一无所知,真急人。有3个销售员都和这家客户联系过,作为销售经理,怎么知道他们都给客户承诺过什么?现在手上有个大单子,作为销售经理,该派哪个销售员才放心?这次的产品维修技术要求很高,我是一个新经理,该派哪一个维修人员呢?

这些方方面面的需求推动着客户关系管理的产生。

(二) 技术的推动

实际上,正如所有的"新"管理理论一样,客户关系管理绝不是什么新概念,它只是在新形势下获得了新内涵。你家门口的小吃店老板会努力记住你喜欢吃辣这种信息,当你要一份炒面时,他会征询你要不要加辣椒。但如果你到一个大型的快餐店(譬如这家店有300个座位)时,就不会得到这种待遇了,即使你每天都去一次。为什么呢?最重要的原因是,如果要识别每个客户,快餐店要搜集和处理的客户信息量是小吃店的 n 倍,超出了企业的信息搜集和处理能力。而信息技术的发展使得这种信息应用成为可能。

随着电子商务在全球范围内如火如荼地开展,企业正在改变着做生意的方式。例如,企业通过 Internet 可开展营销活动、向客户销售产品、提供售后服务、收集客户信息。

小资料

一个大型的仓储式超市对顾客的购买清单信息的分析表明,刮胡刀和尿布经常同时出现在顾客的购买清单上。原来,很多男士在为自己购买刮胡刀的时候,还要为自己的孩子购买尿布。而在这个超市的货架上,这两种商品离得很远。因此,这个超市重新分布货架,使得购买刮胡刀的男人能很容易地看到尿布。

客户信息是客户关系管理的基础。数据仓库、商业智能、知识发现等技术的发展,使得收集、整理、加工和利用客户信息的质量大大提高。随着办公自动化程度、员工计算机应用能力、企业信息化水平、企业管理水平的提高,都有利于客户关系管理的实现。很难想象,一个管理水平低下、员工意识落后、信息化水平很低的企业能从技术上实现客户关系管理。

(三) 管理理念的更新

经过二十多年的发展,市场经济的观念已经深入人心。当前,一些先进企业的经营重点正在经历着从以产品为中心向以客户为中心的转移。有人提出了客户联盟的概念,也就是与客户建立共同获胜的关系,达到双赢的结果,而不是千方百计地从客户身上谋取自身的利益。

现在是一个变革的时代、创新的时代,比竞争对手领先一步,而且仅仅一步,就可能意味着成功。业务流程的重新设计为企业的管理创新提供了一个工具。在引入客户关系管理的理念和技术时,不可避免地要对企业原来的管理方式进行改变,变革、创新的思想有利于企业员工接受变革,而业务流程重组则提供了具体的思路和方法。

在互联网时代,仅凭传统的管理思想已经不够了。互联网带来的不仅是一种手段,而且会触发企业组织架构、工作流程的重组以及整个社会管理思想的变革。

二、客户关系管理的发展历史

客户关系管理最早产生于美国,在 1980 年初便出现所谓的"接触管理"(contact management),用于专门收集客户与公司联系的所有信息。到了 1990 年,"接触管理"演变成电话服务中心支持资料分析的"客户关怀"(customer care)。

从 20 世纪 80 年代中期开始,为了更好地面对客户、降低成本、提高效率、增强企业竞争力,许多公司进行了业务流程再造。为了对业务流程的重组提供技术支持,很多企业采用了企业资源计划 ERP(enterprise resource planning),这一方面提高了企业内部业务流程的自动化程度,使员工从日常事务中解放出来;另一方面也对原有的流程进行了优化。由此,企业完成了提高内部运作效率和质量的任务,可以有更多的精力关注企业与外部相关利益者的互动,以便抓住更多的商业机会。在企业的诸多相关利益者中,顾客的重要性日益突出,他们对服务的及时性和质量等方面都提出了更高的要求。企业在处理与外部客户的关系时,越来越感觉到没有信息技术支持的客户关系管理力不从心,客户关系管理系统也就应运而生。

最初的客户关系管理在 20 世纪 90 年代初投入使用,主要是基于部门的解决方案,如销售队伍自动化和客户服务支持,虽然增强了特定的商务功能,但却未能为公司提供完整的加强与个体客户间关系的手段。于是,20 世纪 90 年代中期推出了整合交叉功能的客户关系管理的解决方案,把内部数据处理、销售跟踪、国外市场和客户服务请求融合一体,不仅包括软件,还包括硬件、专业服务和培训,为公司雇员提供全面的、及时的数据,让他们清晰地了解每位客户的需求和购买历史,从而提供相应的服务。客户关系管理这一概念直到 20 世纪 90 年代末才开始深入到一些公司。

调查资料

IBM 调查显示,大多数组织,特别是中小规模商业,仅对客户关系管理的应用有个一般了解,对特定的解决方案一无所知。并且虽然大多数这类公司都收集客户数据,但这些数据通常还是分别储存在不同的部门中,没有很好地在全公司内整合与共享。

20 世纪 90 年代后期,Internet 技术的迅猛发展促进了客户关系管理的应用和发展。Web 站点、在线客户自助服务和基于销售自动化的电子邮件,让每一个客户关系管理解决方案的采纳者进一步拓展了服务能力,客户关系管理真正进入了推广时期。

三、客户关系管理的发展前景

由于客户关系管理在企业经营管理中的重要性日益凸显,并且未来的市场潜力巨大,因此,客户关系管理的未来发展备受关注。可以肯定的是,由于客户关系管理满足了企业在客户导向时代的经营要求,它将成为指导企业经营管理的主要思想之一。同时,电子商务的迅猛发展,将促使更多的企业重视对其客户资源的管理,具体表现在我国企业未来几年对 CRM 软件的需求将迅速增加。我们也应该看到,虽然 CRM 与传统营销理念相比,在客户利益保护、客户价值最大化等方面有很大进步;但企业在具体实施过程中对于关系的维系,则更多地是以企业利益为考虑的重点和解决问题的出发点。因此,要切实实行 CRM 的管理理念,企业还需真正将客户利益放在首要地位;CRM 的广泛运用,还必须建立在与企业新的管理思想充分整合的基础上。近年来,供应链管理(SCM)、企业资源计划(ERP)等新的管理理念和思想不断提出,许多企业都将 SCM 能力视为一种重要的竞争资源,而 ERP 系统所反映的系统化管理思想也得到了越来越多企业的肯定。在这种形势下,CRM 只有与 SCM、ERP 充分整合,才会增加企业的核心竞争力,为企业有效利用自身资源、在市场竞争中取胜奠定良好的基础。

商业模式的发展与新技术的出现,对于 CRM 的设计和应用都具有重大的影响,甚至将改变现有的市场格局和未来方向。影响 CRM 发展的关键技术包括如下几方面。

(一) 电子商务

电子商务的发展使市场竞争更趋向于全球化,而全球化的竞争对企业的客户资源管理提出了更高的要求:要求企业深入了解客户的需求,并对有关数据进行挖掘和分析,从而为客户提供更好的产品和服务。在电子商务中,由于 Web 取代传统的店面、电话等,成为企业与客户间最重要的联系方式,从而形成一个大型的数据挖掘和分析综合体。这些数据如能有效利用,将使企业市场细分和目标定位的能力得到极大的提高,从而为公司创造新的营销能力。由此可以看出,电子商务的发展不断地使企业对客户关系管理提出新的要求,而满足这些新要求的过程也就成为客户关系管理日趋完善的过程。从这一意义上说,电子商务的发展对客户关系管理思想的形成和解决方案的日益完善都起到一定的促进作用。没有企业电子商务活动的发展,客户关系管理将失去发展的关键动力。

(二) 计算机与电话集成技术(CTI)

随着企业与客户联系方式的丰富化,如何将面谈、电话和 Web 访问等交流渠道协调起来,使客户既能以自己喜好的形式与企业交流,又能保证整个系统信息的完整、准确和一致是十分关键的。这就要求 CRM 有一个有效的联系管理策略,与 CTI、WAP 等集成应用,形成一个统一的联系管理中心。

(三) 商业智能

随着 CRM 软件的成熟,将来的 CRM 软件不仅能用于商业流程自动化的设计,而且还将成为管理者决策分析的工具。经过近几年的企业实践,人们已经认识到,CRM 的成功在于成功的数据仓库、数据挖掘及知识发现。CRM 软件所搜集的数据是最能帮助企业了解客户的,所谓的一对一营销,也是重在了解客户的需求,以便投其所好,以促成交易。数据是死的,但是如果能运用一些数学或统计模式,发现数据中存在的关系和规则,根据现有的数据预测未来的发展趋势,它就可成为管理者的决策参考。基于数据仓库与数据挖掘的商业智能,可以改善定价方式、提高市场占有率、提高忠诚度和发现新的市场机会等。

第二节 客户关系管理的内涵与意义

一、客户、关系与客户关系

(一) 客户的定义

韦伯斯特(Webster)和温德(Wind)对"客户"这一概念的定义是:所有本着共同的决策目标参与决策制定,并共同承担决策风险的个人和团体,包括使用者、影响者、决策者、批准者、购买者和把关者。其中:① 使用者是指那些将要使用产品或服务的人员,在多数情况下,由他们首先提出购买建议并协助决定产品价格;② 影响者是指那些能够影响购买决策制定的人员,由他们提供营销活动所需要的评价信息;③ 决策者是指那些有权决定产品需求和供应商的人员,由他们提出采购方案;④ 批准者是指那些有权批准决策者或购买者所制定计划的人员,由他们最终决定是否购买;⑤ 购买者是指那些选择供应商并进行谈判的人员,由他们具体安排采购事项;⑥ 把关者是指有权阻止卖方及其信息到达采购中心那里的人员,如代理人、接待员、电话接线员都有可能阻止销售人员和采购方的联系。如果客户被视为一个企业或家庭,确定实际客户的过程就比较复杂。一个企业和家庭并不能决定购买某种产品,只有个体决策者才是真正的购买者,所以,识别决策者显得更为重要。

对企业来讲,广义上的客户是指可以为企业提供产品和服务的外部对象,可大致地分为消费客户、中间客户和公利客户三类。

消费客户由于是企业的产品或服务的直接消费者,故又称终端客户。

中间客户购买企业的产品或服务,但他们并不是直接的消费者,销售商是典型的中间客户。

公利客户代表公众利益,向企业提供资源,然后直接或者间接地从企业获利中收取一定比例费用的客户,如政府、行业协会或媒体等。

在客户关系管理中,客户一般是指最终客户,也称为终端客户,包括消费者和商用客户。由于各个企业对客户理解的角度不同,对客户的分类也就不同。有的企业根据客户对企业的利润贡献率来划分,可分为有价值(利润)客户、无价值(利润)客户;也有根据客户忠诚度来划分,可分为忠诚客户、不忠诚客户。在关系营销中,则运用"忠诚度阶梯"把客户分为可能的客户、客户、主顾、支持者、宣传者和合作伙伴。

(二) 关系

汉语中的"关系"一词包括这么几层意思:① 事物之间相互作用、相互影响的状态;② 人和人或人和事物之间的某种性质的联系;③ 关联或牵涉等。在英文中,对关系的界定是"关系是指两个人或两群人彼此之间的行为方式和感知状态相互影响、相互作用"。由此可见,关系可以发生在人与人之间,也可以发生在人与事物之间,既可以是个体之间的关系,也可能是集体与集体之间的关系或个体与集体的关系;关系是双向的行为或感知,具有典型的互动性,而不是单向的;关系既包括行为方面的相互影响与作用,也包括感知或态度方面的相互影响与作用。

(三) 客户关系

客户关系是指客户与企业之间的相互影响与相互作用,或客户与企业之间的某种性质的联系,或客户与企业之间的关联。企业的客户群体由许多不同的客户关系构成,不同客户要求不同的关系策略,每一个客户关系在其生命周期内都能给企业带来一定的价值,而企业与所有客户的关系价值总和就形成了企业的利润。从客户关系管理的角度,可以超越产品或服务的概念,将企业看作是客户关系的经营主体。因此,对客户关系整体框架的认识是企业开展客户管理工作的基础。

企业的客户关系从对应的主体来讲,涉及企业的外延客户和内涵客户。所谓的外延客户,是指市场中广泛存在的、对企业产品或服务有不同需求的个体或群体消费者;内涵客户是指企业的供应商、分销商等合作伙伴。从对应的内容来讲,则涉及客户的接触、联络、交流、反馈、合作、评估和调整等直接方面,以及测量统计、需求挖潜、联动客户等间接方面。

实例资料

精神层面沟通与关系维护的典范:山西移动

山西移动在对金卡客户所提供的 22 项服务中,有一项服务非常特别,那就是当大客户生病住院的时候,他的客户经理会到医院亲自陪护。

可以想象到,在几天以后,这位大客户在医院的病床上慢慢地苏醒过来,微微地睁开双眼,他看到的第一个人不是自己的亲人,而是山西移动的大客户经理,神情憔悴、头发零乱、眼睛里面布满了血丝守候在病床边……

这位客户对于山西移动的忠诚度不仅仅是建立在一般商业关系的基础上,更是建立在一种感情和精神层面的相互沟通和理解的基础上。

二、客户关系管理的内涵

(一) 不同机构对 CRM 的理解

Gartnetgroup 认为,所谓的客户关系管理,就是为企业提供全方位的管理视角,赋予企业更完善的客户交流能力,使客户的收益率最大化。

Hurwitzgroup 认为,CRM 的焦点是改善与销售、市场营销、客户服务和支持等领域的客户关系有关的商业流程,并实现自动化。

IBM 把客户关系管理分为关系管理、流程管理和接入管理三类,涉及企业识别、挑选、获取、保持和发展客户的整个商业过程。

(二) CRM 的"铁三角"内涵

CRM 分为理念、技术、实施三个层面,如图 1-1 所示。

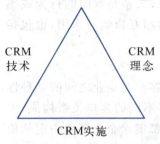

图 1-1 CRM 的"铁三角"

(1) CRM 技术。Internet 和电子商务、多媒体技术、数据仓库和数据挖掘、专家系统和人工智能、呼叫中心等。

(2) CRM 实施。CRM 软件不是一种交付即用的工具,需要根据组织的具体情况进行 CRM 实施。

(3) CRM 理念。指企业根据客户终生价值的大小,充分调配可用的资源,有效地建立、维护、发展客户的长期合作关系,以提高客户忠诚度、满意度,实现企业利润最大化。

CRM 理念是 CRM 成功的关键,它是 CRM 实施应用的基础和土壤;CRM 技术是 CRM 成功实施的手段和方法;CRM 实施是决定 CRM 成功与否、效果如何的直接因素。

三、CRM 的定义

客户关系管理的英文原文为 customer relationship management(CRM),它是企业以提高核心竞争力为直接目的,确立以客户为导向的发展战略,并在此基础上展开的包括评估、选择、开发、发展和保持客户关系的整个商业过程;它意味着企业经营以客户关系为重点,通过开展全面的客户研究,优化企业组织体系和业务流程,以提高客户满意度和忠诚度为目的,最终实现企业效率和效益的双重提高。在客户关系管理的过程中,需要借助先进的信息技术、数字化硬件以及优化管理方法,CRM 概念同时也指这些设备、技术和方法的总和。

这一概念是一个综合性的概念,它反映人们在三个不同层面对 CRM 概念的理解。

(一) CRM 是一种战略

CRM 首先是一种战略理念,在后工业化时代,随着信息技术的飞速发展,随着服务业在国民经济中所占的比重日益占据主导,也随着消费者的不断成熟,企业需要一种新的战略导向,这便是 CRM 诞生的背景。

作为一种战略,CRM 并非直接以提高利润为目的,而是以提高企业的核心竞争力为目的,遵循以客户为导向的原则,主张对客户信息进行系统化的分析和管理,通过改进提供给客户产品、服务及其品质;同时与客户建立起个别化的关系,提高客户的满意度,从而提高他们的忠诚度,最终实现企业长期利润得以增长的目的。

从这种角度来理解 CRM 是实施 CRM 的基础,它在理念层面建立起导向和原则,主张摒弃原先以利润为直接目的的做法,将利润视为客户高度忠诚的自然结果。

(二) CRM 是一种经营管理模式

CRM 意味着管理模式和经营机制的改革。作为一种旨在改善企业与客户之间关系的新型管理机制,它的实施要跨部门进行,这些部门包括营销、销售、生产(制造)、服务与技术支持等部门。当然,CRM 的成功推进也是各部门合作的结果,并非一个项目小组就能推进。

在整个 CRM 流程中,营销部需要对客户的需求进行测量,对客户进行评估和选择,并且对分类后的客户喜好和购买习惯进行深入地研究。这些信息都将与销售部、制造部、服务与技术支持等部门共享。

CRM 管理模式的一个重要突破在于其所创造的客户价值最大化的决策和分析能力。管理者可以通过管理流程和决策模型来"驾驶"企业,及时了解业务信息,并调整业务计划。CRM 系统主要集中在业务操作管理、客户合作管理、数据分析管理和信息技术管理四个方面,它使客户数据得以全面储存和分析,并消除了信息交流和共享的障碍与消耗;该系统实现了以客户价值对客户的优先级进行划分,并根据客户满意度和重购情况的分析来确定其忠诚度,还能与客户进行深入地交流以发现企业的问题;重要的是,这个管理模式强调在以上信息的基础上提供即时的业务分析和建议,反馈给管理层和各职能部门,保证决策的全面性和及时性。

(三) CRM 是一种应用系统、方法和手段的综合

在操作层面上,CRM 是一个信息产业的术语,是先进的信息技术、数字化硬件以及优化管理方法等设备、技术和方法的总和。这个应用系统通过整合企业资源、实时沟通和电子化以及自动化业务流程,不断地改进企业与客户的关系,从而为企业创造利润。

实例资料

Sybase 公司的客户关系管理

Sybase 公司在其网站上将 CRM 解决方案界定为七个方面:

(1) 客户概况分析(profiling)。包括客户所属的细分市场、层级、爱好、习惯以及该客户的诚信与风险等。

(2) 客户忠诚度分析(persistency)。即客户对某个产品、品牌或机构的忠实程度、持续购买程度和变动情况等。

(3) 客户利润分析(profitability)。指不同客户所购买产品或服务的边际利润、总利润和净利润等数据的分析。

(4) 业绩分析(performance)。指不同客户所购买的产品或服务按其种类、购买渠道、销售地点、合约年限等指标划分的销售金额。

(5) 客户预估分析(prospecting)。对客户的数量、类别、行为特点等情况的未来发展趋势进行预测和分析,以得出划分、获得客户及发展客户关系的手段。

(6) 产品分析(product)。就有关产品或服务设计、产品关联性和供应链设计等方面向有关部门提出分析结论和建议。

(7) 客户沟通分析(promotion)。包括就传播工作的各个方面(如广告、营业推广、公共关系和人员销售等活动)提出分析结论和建议。

四、实现 CRM 成功的关键因素

具体到 CRM 的实现,应该关注如下七个方面,它们对 CRM 的成功实现大有好处。

1. 高层领导的支持

这个高层领导一般是销售副总、营销副总或总经理,他们是项目的支持者,主要作用体现在三个方面。首先,他们为 CRM 设定明确的目标;其次,他们是一个推动者,向 CRM 项目提供为达到设定目标所需的时间、财力和其他资源;最后,他们确保企业上下认识到这个工程对企业的重要性。在项目出现问题时,他们激励员工解决这个问题,而不是打退堂鼓。

2. 专注于流程

成功的项目小组应该把注意力放在流程上,而不是过分地关注于技术。它认识到技术只是促进因素,本身不是解决方案。因此,好的项目小组开展工作后的第一件事就是花费时间去研究现有的营销、销售和服务策略,并找出改进方法。

3. 技术的灵活运用

在那些成功的 CRM 项目中,技术的选择总是与要改善的特定问题紧密相关。如果销售管理部门想减少新销售员熟悉业务所需的时间,这个企业应该选择营销百科全书功能。选择的标准应该是,根据业务流程中存在的问题来选择合适的技术,而不是调整流程来适应技术要求。

4. 组织良好的团队

CRM 的实施队伍应该在四个方面有较强的能力:首先是业务流程重组的能力;其次是对系统进行客户化和集成化的能力,特别对那些打算支持移动用户的企业更是如此;第三个方面是对 IT 部门的要求,如网络大小的合理设计、对用户桌面工具的提供和支持、数据同步化策略等;最后,实施小组具有改变管理方式的技能,并提供桌面帮助,这两点对于帮助用户适应和接受新的业务流程至关很重要。

5. 重视人的因素

很多情况下,企业并不是没有认识到人的重要性,而是对如何做不甚明了。企业可以尝试如下几个简单易行的方法:方法之一是,请企业未来的 CRM 用户参观实实在在的客户关系管理系统,了解这个系统到底能为 CRM 用户带来什么;方法之二是,在 CRM 项目的各个阶段(需求调查、解决方案的选择、目标流程的设计等)都争取最终用户的参与,使得这个项目成为用户负责的项目;其三是在实施的过程中,千方百计地从用户的角度出发,为用户创造方便。

6. 分步实现

欲速则不达。通过流程分析,可以识别业务流程重组的一些可以着手的领域,但要确定实施优先级,每次只解决几个最重要的问题,而不是毕其功于一役。

7. 系统整合

系统各个部分的集成对 CRM 的成功很重要。CRM 的效率和有效性的获得有一个过程,它们依次是终端用户效率的提高、终端用户有效性的提高、团队有效性的提高、企业有效性的提高和企业间有效性的提高。

五、加强客户关系管理的意义

随着市场竞争的愈演愈烈,传统的企业管理系统越来越难以胜任动态的客户渠道和关系管理，Internet 下的 CRM 系统给企业带来经营管理方式上的重大变革，对企业的发展具有非常重要的意义。

> **调查资料**
>
> 50%以上的企业利用互联网是为了整合企业的供应链和管理后勤。——世界经理人文摘网站
>
> 客户满意度如果有了5%的提高，企业的利润将加倍。——Harvard Business Review
>
> 一个非常满意的客户购买意愿将6倍于一个满意的客户。——Xerox Research
>
> 2/3 的客户离开其供应商是因为客户关怀不够。——Yankee Group
>
> 93%的 CEO 认为，客户管理是企业成功和更富竞争力的最重要的因素。——Aberdeen Group
>
> 根据对那些成功地实现客户关系管理的企业的调查表明，每个销售员的销售额增加51%，顾客的满意度增加20%，销售和服务的成本降低21%，销售周期减少了三分之一，利润增加2%。

1. 企业运营效率的全面提高

CRM 系统通过整合企业的全部业务环节和资源体系，使企业的运营效率大大提高。一套完整的 CRM 系统，在企业的资源配置体系中起承前启后的作用。向前，它可以向企业渠道的各方向伸展，既可以综合传统的电话中心、客户机构，又可以结合企业门户网站、网络销售、网上客户服务等电子商务内容，构架动态的企业前端；向后，它能逐步渗透至生产、设计、物流配送和人力资源等部门，整合 ERP、SCM 等系统。资源体系的整合，实现了企业范围的信息共享，使得业务处理流程的自动化程度和员工的工作能力大大提高，使企业的运作能够更为顺畅，资源配置更为有效。

2. 优化了企业的市场增值链

CRM 的应用使原本"各自为战"的销售人员、市场推广人员、服务人员、售后维修人员等开始真正地围绕市场需求协调合作，为满足客户需求这一中心要旨组成为强大的团队；而对于企业的财务、生产、采购和储运等部门，CRM 也成为反映客户需求、市场分布及产品销售情况等信息的重要来源。

3. 保留老客户并吸引新客户

一方面，通过对客户信息资源的整合，帮助企业捕捉、跟踪、利用所有的客户信息，在全企业内部实现资源共享，从而使企业更好地管理销售、服务和客户资源，为客户提供快速、周到的优质服务；另一方面，客户可以选择自己喜欢的方式同企业进行交流，方便地获取信息，得到更好的服务。客户的满意度得到提高，从而帮助企业保留更多的老客户，并更好地吸引新客户。

4. 不断拓展市场空间

通过新的业务模式（电话、网络）扩展销售和服务体系，扩大企业经营活动范围，及时

把握新的市场机会,占领更多的市场份额。

客户关系管理是企业管理中的一个理念,同时也是为了实现这一理念的计算机支持系统。在CRM的理念下,通过计算机支持系统的预见性、和谐性、高效性,企业能够全面调节与客户的关系。从企业主体来说,CRM能够通过营销智能化、销售自动化、客户管理高效性这三个方面来提高企业的实力;从客户角度上,CRM为客户节约采购成本,满足潜在需求,享受无微不至的服务。CRM为企业带来了在同行业中的竞争优势,即CRM的竞争壁垒优势。

总之,CRM给企业带来Internet时代生存和发展的管理体制和技术手段,成为企业成功实现电子商务的基础,使企业顺利实现由传统企业模式到以电子商务为基础的现代企业模式的转化。

第三节 客户忠诚

雷奇汉利用美国贝恩公司的数据,分析了客户忠诚对企业经济收益的影响。他发现,服务型企业能够从忠诚的客户那里获得更高的利润。忠诚客户会长期、大量地购买企业的服务,愿意为企业的产品和服务支付较高的价格,进而给企业带来更多的经济收益。对于目标客户不断发生变化的企业而言,它们往往需要花费大量的营销费用来获取新客户。与此相对,拥有大批忠诚客户的企业,通常可以节省营销费用和客户的获取费用。此外,忠诚客户的口头宣传还可以为企业吸引大批新客户,在降低广告费用的同时获得更好的宣传效果。因此,雷奇汉指出,培育客户的忠诚感应当是服务型企业经营管理的重要目标。

一、客户忠诚的概念

在当今激烈的市场竞争中,客户忠诚已经成为企业的一种重要资产。相应地,客户忠诚的概念也在过去十多年里日益得到广泛关注。在20世纪60年代和70年代,不少学者从行为视角来界定客户忠诚。美国学者纽曼和沃贝尔认为,忠诚的客户是指那些反复购买某品牌的产品,并且只考虑该品牌的产品而不会寻找其他品牌信息的客户。类似地,塔克甚至把客户忠诚界定为连续3次购买某品牌的产品或服务,劳伦斯认为客户忠诚是指连续4次购买同一品牌的产品,而布莱博格和森则强调应该把购买比例作为忠诚行为的测算基础。然而,诸如此类的客户忠诚定义只强调客户的实际购买行为,而没有考虑客户忠诚的心理含义。美国学者雅各布和柴斯那特率先探讨了忠诚的心理含义,从而对传统的行为忠诚(如重复购买)提供了有意义的补充。按照他们的观点,企业应该综合考虑客户忠诚的行为因素和心理因素。1994年,美国学者迪克和巴苏在客户忠诚中引入了态度取向的概念,用来描述客户对一项服务表露出积极倾向的程度,它反映了客户把该服务供应商推荐给其他客户的意愿和再次惠顾首选服务供应商的承诺。按照他们的看法,只有当重复购买行为伴随着较高的态度取向时,才会产生真正的客户忠诚。因此,有关客户忠诚度的描述离不开客户态度的特征,需要把客户的态度取向与购买行为相一致的各种情境因素纳入到客户忠诚的框架之中。态度的强弱和相对竞争者的态度差异构成主体对客体所持的态度取向的基础。当主体对客体怀有强烈的、积极的态度时,态度取向达到最高;当态度较弱(虽然是积极的),但与相对于竞争者的态度形成差异时,也会形成较高的态度取向,同样可能形成客户忠诚。

实际上,作为一种人类本性,人的情感往往会对行为产生重要影响。具体而言,一个人的积极情绪有使其保留或保持过去购买习惯的趋势。类似地,消极情绪可能会使其作出相反的决定,如选择离开或更换品牌。研究表明,在情感与忠诚之间存在着显著的相关性。真正忠诚的客户不仅会反复购买企业的产品和服务,而且还真正喜欢企业的产品和服务。因此,企业只有综合分析客户的购买行为和客户对企业产品和服务的态度,才能更准确地衡量客户的忠诚程度。有鉴于此,国外学者把客户忠诚定义为:"对自己偏爱的产品和服务具有的、未来持续购买的强烈愿望,以及将其付诸实践进行重复购买的客户意愿"。并且,这些真正忠诚的客户不会因为外部环境的变化或竞争对手的营销活动而出现行为转换。在此基础上,有学者进而界定了"最终忠诚客户"的内涵,即抓住任何可能的机会,不惜任何代价而购买自己所偏爱品牌的产品或服务的客户,并进一步根据客户忠诚的形成过程把忠诚划分为认知忠诚、情感忠诚、意愿忠诚和行为忠诚四大类。

综上所述,可以把客户忠诚界定为"客户在较长的一段时间内对企业产品或服务保持的选择偏好与重复性购买"。

二、客户忠诚的价值

其实,每个企业管理者都在不同程度上知道拥有忠诚的顾客是好事。可是究竟忠诚的顾客对于企业来说有多少价值,可能绝大多数企业并不知道。企业惯常所使用的会计利润常常掩盖了忠诚客户的价值。会计中的销售收入只能告诉我们量的概念,却缺少质的表达——即无法告诉我们收入中的哪一部分来自忠实的老顾客,更无法让我们知道一个忠诚顾客的一生将给企业带来多少价值。

研究资料

研究表明,在大多数情况下,顾客的利润预期与其停留的时间成正比。失去一个成熟的顾客与争取到一个新顾客,在经济效益上是截然不同的。哈佛学者以美国市场为研究标的,发现在汽车服务业,流失一位老顾客所成的利润空洞起码要3位新客户才能填满。同时,由于与老客户之间的熟悉、信任等原因使得服务一个新顾客的成本和精力要比服务一个老客户大得多。

(一)经济效益

培养忠诚的客户,可以极大地提高企业的经济效益。

研究资料

根据国外资料介绍,美国学者研究了在不同行业中忠诚的客户每增长 5% 对企业利润增长的影响:银行分行存取款业务 85%、信用卡 75%、保险经纪业务 50%、专业洗衣店 45%、办公楼管理 40%、软件 35%。

忠诚的客户究竟可以在哪些方面为企业增加利润呢?雷奇汉在 1990 年的研究表明,随着客户购买同一企业的产品或服务的年数增加,企业的利润也逐年增加。不过,任何企业在获取新客户时都要花费一定的成本。即为了获取新客户,企业需要先行投入一定的资金成本,这些成本可能包括针对新客户展开的广告宣传费用、促销费用、营业成本、客户管理费用和销售人员的佣金等。无论处于什么行业,只有把为获得客户而支付的所有费用都计算进去,才能得出获取新业务所真正花费的前期成本的数额。作为一个基本规律,争取一个新客户的成本大约是维持一个老客户的成本的 5~6 倍。在企业与客户的关系尚未建立之前,客户为企业提供的利润在起初是负值,只有在随后的时间里,忠诚的客户可以通过基本利润、购买量的增加所带来的利润、运营成本的节约、口碑效应和溢价收入等途径为企业的利润增长作出贡献。

1. 基本利润

一般来说,客户支付的价格往往会高于公司的成本,其差额就是公司所获得的基本利润,它基本上不受时间、忠诚、效率或其他因素的影响。显而易见,企业留住客户的时间越长,能够赢取这个基本利润的时间就越长,先前为获得新客户的投资也自然更有价值。

2. 购买量增加所带来的利润

在大多数行业中,客户的购买量会随时间的延续而增加,如果客户对第一次购买的产品或服务满意,在再次购买时往往会购买得更多。随着时间的推移,顾客购买同样的产品或服务时,购买量会大大增加,由此给企业带来大量的利润增长。根据雷奇汉等人的研究结果,这一规律为美国几十个行业中 100 多家企业的销售情况所证实。在其中一个行业里,在企业与某个客户建立良好关系以后,该客户给企业带来的净销售额在随后的 19 年中持续增长。一般而言,购买量的增加既可以包括重复购买特定品牌的原产品或服务的增加,也包括购买特定品牌的其他新产品。

3. 运营成本节约

随着客户与员工相互合作与交流的时间延长,彼此变得相互熟悉,往往可以直接导致服务成本的下降。一方面,随着客户与服务员工接触的时间和次数的增加,客户对企业所提供的产品和服务也会更加了解,因此,往往不会要求其提供原本不具备的服务内容,也不会依靠服务人员来了解情况和熟悉服务产品,从而节省服务人员的时间和精力;另一方面,随着服务人员对客户的熟悉程度越来越高,对客户需求也会变得更加熟悉,从而更容易满足客户的独特需求,甚至预见其需求。随着对客户熟悉程度的加深,企业甚至还可以根据客户特定的需求和偏好为客户提供特定的定制化服务,并减少货币性和非货币性的损失,从而实现劳动生产率的提高和运营成本的节约。在运营成本节约方面,在零售业和分销业表现得最为突出。客户稳定有利于协调存货的管理,减少削价处理货的囤积,还可简化存货预测等工作。与客户维持关系的时间越长,成本节约的幅度也就越大。在减少抵御竞争风险成本方面,忠诚客户也起着十分重要的作用。

4. 口碑效应

口碑交流是人们就服务商的信息进行交流,并且意识到不会为此得到任何货币性收益的一种活动。口碑效应是指忠诚的客户通过经常向潜在客户进行口头推荐,为企业带来新的生意。

研究资料

研究显示,每位非常满意的客户会将其满意的感受告诉至少 12 个人,其中,大约有 10 人在产生相同需求时会光顾该企业。早在 1955 年,卡茨(Katz)等人就发现,在影响消费者转换产品与服务品牌方面,口碑的效果大约是报纸与杂志广告效果的 7 倍,是个人销售效果的 4 倍,是收音机广告效果的两倍。1971 年,乔治·戴伊的研究结果则表明,在把消费者的消极或中立态度转化为积极态度的过程中,口碑效果是广告效果的 9 倍。

究其原因,最重要的就是多数客户都觉得,朋友或者家人的推荐往往更具有可信性。因此,长期以来,忠诚客户就是一种免费的广告资源,他们会成为公司的使者,或者像某些人称呼的那样成为"业余营销人员"。经他们推荐新客户,不仅增加了客户的数量,并且提高了客户的质量,因为这些客户一般都很有潜力成为企业的忠诚客户。一般而言,客户口碑价值主要包括两个方面,一是由于客户向所属群体宣传其忠诚的品牌,从而导致所属群体的其他成员购买该品牌的价值总额增加;二是由于客户宣传其忠诚的品牌而使该企业的品牌形象得以提升,因而导致该企业无形资产的价值总额增加。为了强化积极的口碑效应,管理者需要充分地发掘其中的关键驱动因素。其中,情感投入、服务质量和客户感知价值是 3 项非常重要的驱动因素。

5. 溢价收入

在多数行业里,老客户支付的价格实际上比新客户支付的价格要高。这可能是因为老客户对价格不太敏感,并且熟悉企业的产品和服务项目,他们可能会为了购买到自己熟悉并喜欢的产品或服务而愿意支付全价,不会等到甩卖的时候才去购买。这样,就帮助企业提高了产品或服务全价出售的百分比,使企业获得较多的溢价收入,进而提高了企业的盈利能力。比较而言,新客户则大多需要企业利用价格手段或者其他激励方式来吸引。当然,除了直接提高企业的经济效益之外,忠诚的客户还能在其他方面间接地给企业带来好处。其中,客户的信息价值和附加价值就是两种典型的形式。

(二)客户的信息价值

客户的信息价值指的是客户以各种方式(如抱怨、建议和要求等)向企业提供各类信息,从而为企业创造的价值。忠诚的客户为企业提供的信息主要包括客户需求信息、产品服务创新信息、竞争对手信息、客户满意度信息和企业发展信息等。忠诚客户的信息价值与客户忠诚度往往是相辅相成的,忠诚客户更倾向于提供基于企业现状的、合理可行的建议和忠告,而企业对信息的重视程度反过来又会促进客户忠诚度的提升。在企业与客户共同创造独特价值的时代,客户信息是企业的重要财富已是不争的事实。例如,在对不同行业的用户进行调查时发现,由用户所实现的创新比例相当大:在图书馆信息系统中,用户创新约占26%;在极限运动设备中,用户创新约占37.8%;在医疗手术设备中,用户创新约占22%。同时,有关用户创新的相关研究还表明,客户往往对自己参与设计和交付的产品与服务表现出更高的满意程度,并更愿意为之支付溢价。同时,企业还应该注意以下事实:客户之所以提供信息,可能是希望得到信息的回馈结果。由于企业与客户之间存在信息不对称性,企业与客户都希望了解对方的更多信息,以便作出决策。因此,企业是否重视客户信息的价值,对培养忠诚的客户和培育客户的忠诚都十分重要。

(三) 客户的附加价值

客户的附加价值是企业在提供客户产品或服务并获取利润的同时,通过联合销售、提供市场准入和转卖等方式,与其他组织合作所获取的直接或间接收益。客户的附加价值主要由忠诚客户提供。例如,一些知名商厦对某些新产品的准入收取费用,这是由于稳定的忠诚客户群对该商厦的认同作用可以促进新产品的销售,新产品的生产企业因此获得收益或减少费用而向商厦支付报酬。企业能够获得忠诚客户的附加价值,也可以用人类知觉的选择性来解释。在心理学上,常常把感知过程称为选择性知觉,包括选择性注意、选择性认识和选择性记忆。其中,选择性注意是指人们在接触信息时,只注意与自己的看法或态度一致的信息;选择性认识是指人们在解释信息时,往往喜欢按照自己的理解或看法去做,而不愿意改变已有的认识;选择性记忆是指人们可能只记住自己感兴趣或与自己有关的信息。由于忠诚的客户已经形成对企业固有的信任和偏好,他们在购买决策时,更容易接受与自己所忠诚的企业态度相一致的信息。企业正是把握了忠诚客户的这种行为倾向性,从而通过把这种行为倾向性的预期收益"转卖"给他人来获取利润。

此外,忠诚客户的价值还表现在营销费用的减少、市场调查成本的节约、对企业意外事故的理解和承受能力的增强、企业的竞争力和抗风险力的增强上。事实表明,忠诚客户的价格敏感度较低,即对于喜爱和信赖的产品,忠诚客户往往对其价格变动的承受能力较其他客户要大。忠诚品牌的价格上涨,或者竞争对手的低价策略,往往并不会导致忠诚客户需求的大幅度减少。因此,忠诚客户对企业利润的贡献,还表现在保障企业的稳定高额利润和抵御竞争风险上。可以说,在客户选择企业的时代,客户对企业的态度极大程度地决定着企业的兴衰成败。正是深谙此道,麦当劳公司和IBM公司的最高主管才亲自参与客户服务,阅读客户的抱怨信,接听并处理客户的抱怨电话。实际上,他们心中都有这样"一笔账":开发一个新客户的成本是留住老客户的5倍;而流失一个老客户的损失,必须争取10个新客户才能够弥补。

三、客户忠诚的形成过程

理解客户忠诚的内涵,并正确地对不同类型的忠诚客户进行划分,是客户关系管理中的重要任务。但如何培育客户忠诚更是一项异常重要的战略任务。一般而言,客户忠诚的形成要经历认知、认可、偏好与忠诚四个主要阶段。

（一）认知阶段

客户对企业或品牌的认知是客户忠诚的基础。在此阶段，人们倾向于选择已知的品牌，而不愿意选择从未听说过的品牌，以减少购买风险，尤其是在可供选择范围很广的情况下。客户对产品或服务认知的途径有广告、商业新闻、经济信息、口碑等。客户获得的产品或服务的信息，只表明产品或服务进入了客户购买的备选集，还不能保证客户就会购买。在认知阶段，客户与企业之间的关联很弱，企业需要有优质的产品和优良的服务才有可能把客户争取过来。

（二）认可阶段

客户对企业的情况有了基本的了解之后，下一步就是决定是否购买。客户有了第一次的购买，很可能表明客户对产品是认可的，但这种认可只是一种表面的、脆弱的忠诚。客户购买了产品之后，会对这次购买行为进行评估，自问是否作出了正确的购买决策。如果客户认为作出的购买决策达到了自己的期望或超出了自己的期望，就会产生满意感，从而对企业产生信任感，购买就可能进入第三个阶段——对产品或服务产生偏好。

（三）产生偏好阶段

在客户有了愉快的购买体验之后，会逐渐对产品或服务产生偏好，并进一步产生重复购买的念头。在这一阶段，首次出现了客户承诺再次购买的情感成分，客户已经对特定企业或品牌产生了一定程度的好感，不再那么轻易"背叛"该企业或品牌了。但是，客户此时还没有对竞争对手产生足够的免疫力，可能还在寻找能够为其带来更高价值的产品或服务。

（四）客户忠诚的形成阶段

如果企业加强对产生偏好的客户的管理，巩固第三阶段的成果，让这种重复购买行为继续下去，有些客户就会逐渐形成行为惯性，重复购买某一品牌的产品或服务，并对企业产生情感上的依赖，与企业之间有了强有力的情感纽带。其中，这种联结包括客户较高的重复购买行为、情感的高度依附和对竞争对手的"免疫力"。

实际上，客户忠诚的形成是一个动态过程，客户忠诚的形成与个人的认知水平和偏好有着密切的关系。客户忠诚总是相对而言的，没有一成不变的客户忠诚。随着企业提供产品或服务的变化，客户的忠诚度也会随之发生变化。对于每一位客户而言，其忠诚的建立都大致经历一个动态过程：首先，客户知道某一产品或服务的存在，这就是产品的认知过程；继而进行初次购买，这是一个认可产品的过程；然后对所购买的产品或服务进行价值评估，如果感到满意，就有可能决定重复购买，进而对产品产生偏好，形成对产品或服务的依赖，进行重复购买，即产生客户忠诚。多次决定重复购买、实际发生重复购买行为和购买后的价值评估形成一个封闭的循环。

小资料

日本的一家化妆品公司设在人口百万的大都市里，而这座城市每年的高中毕业生相当多，该公司的老板灵机一动，想出一个好点子，从此，他们的生意蒸蒸日上，成功地掌握了事业的命脉。

这座城市中的学校每年都送出许多即将步入黄金时代的少女。这些刚毕业的女学生，无论是就业或深造，都将开始一个崭新的生活，她们脱掉学生制服，开始学习修饰和装扮自己，这家公司的老板了解了这个情况后，每一年都为女学生们举办一次服装表演会，聘请知名度较高的明星或模特现身说法，教她们一些美容的技巧。在招待她们欣赏、学习的同时，老板自己也利用这一机会宣传自己的产品，表演会结束后他还不失时机地向女学生们赠送一份精美的礼物。

这些应邀参加的少女，除了可以观赏到精彩的服装表演之外，还可以学到不少美容的知识，又能个个中奖，人人有份，满载而归，真是皆大欢喜。因此，许多人都对这家化妆品公司颇有好感。

这些女学生事先都收到公司寄来的请柬，这些请柬也设计得相当精巧有趣，令人一看卡片就目眩神迷，哪有不去的道理？因而大部分人都会寄回报名单，公司根据这些报名单准备一切事物。据说每年参加的人数约占全市女性应届毕业生的90％以上。

在她们所得的纪念品中，附有一张申请表。上面写着："如果您愿意成为本公司产品的使用者，请填好申请表，亲自交回本公司的服务台，你就可以享受到公司的许多优待。其中包括各种表演会和联欢会，以及购买产品时的优惠价等等。"大部分女学生都会响应这个活动，纷纷填表交回，该公司管理员就把这些申请表一一加以登记装订，以便事后联系或提供服务。事实上，她们在交回申请表时，或多或少地都会买些化妆品回去。如此一来，对该公司而言，真是一举多得。不仅吸收了新顾客，也实现了把顾客忠诚化的理想。

四、客户忠诚的影响因素

客户忠诚是受到诸多因素的影响形成的。分析这些影响因素，对于企业理解客户、更准确地满足以至超越客户需求，具有重要作用。无数成功企业的实践表明，客户忠诚的关键影响因素主要包括客户满意、感知质量、客户感知价值、转移成本和关系收益。

1. 客户满意

在不同的研究中，人们对客户满意有着不同的描述与侧重，如客户对产品特性的满意程度、对某个销售人员的满意程度、对某次消费体验的满意程度和对特定产品或服务的满意程度等。在实践中，至少存在着两种不同界定客户满意的方式。一种是交易导向的客户满意，一种是累积性的客户满意。前者指客户对特定购买交易行为的事后评价，后者指客户基于全面购买与消费体验而进行的总体评价。由于后者考虑了客户在一段时间里的所有购买与消费体验，因而是更基本、更有效的一种界定，并能够对随后的客户购买决策产生十分重要的影响，更有助于准确了解企业过去、目前和预测未来的绩效水平。事实上，正是这种累积性客户满意的概念，才促使企业不惜对提高客户满意程度进行巨额投资。因此，人们一般所采用的都是累积性客户满意的概念，并且遵循理查德·奥立弗所提出的、得到普遍认可的客户满意的定义，认为客户满意就是客户需要得到满足以后的一种心理反应,是客户对产品或服务本身或其特性满足自己需要程度的一种评价。具体而言,客户满意就是客户对服务绩效与某一标准进行比较之后产生的心理反应。客户预期某种产品或服务能够满足自己的需要,增加快乐而减轻痛苦,从而才会去购买该种产品或服务。客户的满意程度越高,该客户可能就会倾向于购买得更多,对企业及其品牌忠诚也更持久。

理论和企业实践证明,客户满意与客户忠诚之间存在着正相关关系,即无论行业竞争情况如何,客户忠诚都会随着客户满意度的提高而提高。因此,客户满意是推动客户忠诚的最重要的因素之一。企业要加强对客户满意的研究,努力提高客户满意度,而这问题的关键就是掌握影响客户满意的关键因素。

在服务业中,除了产品或服务的具体特性及感知质量之外,消费者的情绪、归因及对公平的感知也会影响客户满意。其中,消费者的情绪既包括稳定的、事先存在的情绪,如对生活的满意程度等;也包括在购买产品或服务过程中产生的情绪,如高兴、幸福、兴奋等积极的情绪和悲伤、失望、气愤等消极的情绪。这些情绪都会在一定程度上影响客户满意。归因是指客户认为谁应该对自己的消费结果负责。客户对自己的消费结果的归因也会影响客户的满意感。一般而言,当结果比预期太好或太坏而使客户震惊时,客户往往会试图寻找原因,而对原因的评价往往会影响客户的满意度。此外,对公平的感知是指客户在得到结果后,会反思自己是否受到与其他同等级别客户平等的待遇。如果没有,客户就会体验到不好的情绪,并因而产生不满。期望—绩效理论认为,在消费过程中或消费之后,客户会根据自己的期望水平评价产品或服务的绩效。如果客户的实际体验或认知质量高于自己所期望的质量,客户就会觉得满意;否则,客户就可能会失望。因此,企业可以从三个方面来评价客户的满意程度:一是客户对自己消费结果的整体印象,即客户对本次消费的利弊的评估及客户由此产生的情感反应;二是客户对产品和服务的比较结果,即客户对产品或服务实绩与某一标准进行比较,判断实绩是否符合或超过自己的比较标准;三是客户对自己的消费结果进行归因,即客户认为谁应该对自己的消费结果负责。

2. 感知质量

尽管理论界和企业界已经围绕质量问题进行了大量的研究和探索,但基于不同目的对质量的定义却不尽相同。在营销与经济学领域,人们往往认为质量依赖于产品特性的水平;在运营管理领域,人们常常认为质量主要由两个维度组成,即合用性和可靠性;在服务管理领域,人们常常把质量视作对产品或服务的总体评价。其中,比较具有代表性的当是美国学者加文(Garvin)的"八要素模型",分别从绩效、特性、可靠性、一致性、持久性、服务性、美观性和客户感知质量来测量质量。实际上,质量包括产品和服务整体组合的客观质量和主观质量,与此相关的、可能影响客户消费心理的因素既包括产品本身的质量,还包括与产品相关的售后服务、运送服务、服务环境等。许多研究表明,质量与客户忠诚有较强的正相关关系,尽管质量不是挽留客户的唯一因素,但肯定是提升客户忠诚的重要因素。提高产品质量要根据客户的需求来设计,不仅要满足客户的基本期望,而且还要满足客户的潜在期望,并在生产过程中严加控制,以保证生产出来的产品符合设计要求。同时,还要为客户提供优质、高效的服务,以保证客户的质量认知。

在服务业,由于服务的特性,如生产和消费的同时性、涉及大量人际接触、缺乏质量衡量标准等因素,服务质量的界定相对比较复杂。

芬兰学者格朗鲁斯根据心理学的相关理论,提出了用客户感知质量来定义服务质量。他认为,服务质量本质上是一种感知,是由客户对服务的期望质量和所感知的服务绩效之间比较的结果。

普拉苏拉曼、泽丝曼尔和贝里于1988年共同开发出服务质量评价模型,进一步提出服务质量主要包括:服务的可靠性——准确可靠地执行所承诺服务的能力;响应性——帮助客户并提供便捷服务的自发性;安全性——员工的知识和谦恭态度以及能使客户信任的能力;移情性——给予客户关心和个性化服务;有形性——有形的工具、设备、人员及书面材料。后来的相关研究发现,该模型在以下三个方面特别值得注意:一是在不同的产业或消费情境下,服务质量的各个维度在对客户的态度与行为偏好和实际行为的影响方面,其相对重要性是不同的,而且随着时间的推移,上述相对重要性也会发生相应的变化;二是在不同的产业中,面对不同的产品供应或服务消费,服务质量所囊括的主要维度可能会存在一定的差异,例如,在对移动通信业务进行的实证研究中,学者们发现网络质量也是一个十分重要的因素;三是综合有关服务质量的研究,多数学者倾向于从两个角度来理解服务质量,即过程质量(功能质量)与结果质量(技术质量)。其中,过程质量指的是客户对服务过程的主观感觉和认识,体现为功能质量,即客户根据所获得的服务效果和所经历的服务感受对服务质量的主观评价;而结果质量是在服务结束后客观存在的质量,体现为技术质量。可以说,服务质量既是服务的技术和功能的统一,也是服务的过程和结果的统一。

服务质量与重复购买和推荐意愿也存在着正相关关系。研究发现,服务质量与愿意支付更高的价格和在价格上涨情况下继续保持忠诚之间有正相关关系,并且在不同的产业之间服务质量与行为倾向的关系存在差异。例如,在保健业、影剧院、快餐业、超市和游乐园等行业中,感知服务质量与客户忠诚度之间存在正相关关系。在不同的行业之间,服务质量对客户忠诚度的影响是不同的,在转移成本较低的行业,客户忠诚度低于转移成本较高的行业。

3. 客户感知价值

目前,有无数证据表明,客户感知价值是驱动客户忠诚的关键因素。有关客户感知价值的界定虽然不完全一致,但相关定义仍存在着许多共同之处:一是认为客户价值与提供物的使用密切相关;二是认为客户价值是客户对提供物的一种感知效用,源于客户的判断,并非由销售商等客观决定;三是认为客户感知价值的核心是感知利益所得与感知利益所失的权衡;四是认为客户价值是客户对产品属性、属性效能及使用结果的感知偏好和评价。因此,客户价值实质就是在考虑到期望水平时,基于客户感知利益所得与利益所失的差异而对产品或服务效用的总体评价,即客户感知利益所得与客户感知利益所失之间的权衡。其中,感知利益所得包括物态因素、服务因素以及与产品使用相关的技术支持、购买价格等感知质量要素;感知利益所失包括客户在购买时所付出的所有成本,如购买价格、获取成本、交通、安装、订单处理、维修及失灵或表现不佳的风险。

鉴于客户感知价值的战略重要性,仅仅简单地从感知利益所得与利益所失的角度来剖析和把握客户价值,并不足以确保企业获得成功。正如斯威尼等人所指出的,超越价格与质量维度,对感知利益所得与利益所失进行更深层次的分解和剖析,系统地探讨客户感知价值的构成维度,无疑将为企业真正地理解客户感知和评价产品或服务的过程提供更有意义的指导。国内学者立足于中国金融行业的实际数据,对客户价值的关键维度进行了实证研究,识别出情感价值、社会价值、功能价值和感知利益所失四个关键维度。其中,情感价值是指源于产品或服务中的情感因素所带来的效用,如购买某产品或服务可以使客户觉得开心等;社会价值是指源于产品或服务中社会自我概念的强化能力所产生的效用,如购买某产品或服务使客户容易得到社会上的认可等;功能价值是指源于产品的感知质量和预期绩效所产生的效用;感知利益所失是指在完成交易或与供应商保持关系时,客户支付或转让给供应商的所有可货币化与不可货币化的成本,如购买价格、获得成本、运输、安装、订货处理、维修保养成本、学习成本、潜在的失效风险、时间与精力花费、努力程度、存在的冲突和其他机会成本。同时,根据斯威尼等人的研究成果,客户的选择行为实际上是上述不同维度的客户价值的函数。此外,迄今为止,已经有无数成功企业的实践证明,客户价值对客户的购买意图具有显著影响,支配着客户的购买决策,从而在很大程度上影响了客户资产的提升。

由于企业和客户之间的关系终究是一种追求各自利益与满足的价值交换关系,所以,客户忠诚的实质是企业提供的优异价值,而不是特定的某家企业。在购买过程中,每一个客户都会根据各自认为重要的价值因素,如产品的品质、价格、服务和公司形象及对客户的尊重等因素进行评估,然后从价值高的产品中选择购买对象。因此,要使客户忠诚,必须为客户提供满足他们需要的价值,从而使感知价值对客户的再购买意愿产生重要影响。所以,优异的客户感知价值是培育客户忠诚的基础。企业要通过增加感知利益所得或减少感知利益所失,来提升客户的感知价值和培养忠诚客户。

4. 转移成本

转移成本又称为客户的跳槽成本,或者是客户离开企业而选用竞争对手的产品所需付出的代价。例如,某客户经理要更换已经使用了三四年的移动电话号码,但是又担心很多客户会因此找不到他,只好给每个客户打电话,告知自己的新电话号码,而且很有可能有些客户没有及时记下新号码,使得该客户经理失去这些客户。客户经理为了更换自己的电话号码而付出的上述成本就是转移成本。

客户跳槽的原因通常有三个:

(1) 技术的原因。即企业提供的产品不能达到客户的技术质量要求,所以,客户只能选择其他满足其质量和技术要求的产品。

(2) 服务的原因。产品质量如果能够达到客户的要求,但如果客户对企业在销售产品过程中的服务或是产品的售后服务不满意,也可能会造成客户离开。

(3) 资费的原因。客户在购买产品和服务时,常常用产品的价值标准进行衡量,也就是质量、服务和价格的统一。所以,除了上述技术性和服务方面的原因之外,价格过高也可能会导致客户跳槽。

但有时候,我们发现即便是有技术、服务和资费这些原因,而且客户可能已经不太满意了,但是他仍然不走。其中的一种可能原因是因为客户感觉你的竞争对手比你也强不了多少。第二个原因就是因为客户在你这里的转移成本太高。也就是说,他一旦离开,因此而付出的代价太大,大于得到的好处。

五、互联网时代客户忠诚度的培养

网上客户忠诚主要来自对电子商务公司的产品和服务的满意程度。因此,企业在制定电子商务策略时,应该从客户的角度出发,建立一个对客户友好的电子商务环境。具体来说,电子商务企业可以从建立客户信任感、提供高质量的客户服务、聚焦目标客户和建立客户数据库四个方面培育网络上的客户忠诚。

(一) 建立客户信任感

信任感是忠诚感的基础。因此,要赢得客户的忠诚感,企业必须首先赢得客户的信任感。与传统的购买方式相比较,网上购物无法像传统交易那样眼见、耳闻、手触,实实在在感受商品的存在,所能了解的信息仅限于网上的图片及文字说明,交易的手段又往往是通过银行转账支付和邮局寄送商品,因此,在网上购物的客户面临更大的购买风险和不确定性。雷奇汉和谢夫特的调研结果表明:客户是否了解与信任某个网站,是影响他们购买决策的最重要因素。因此,许多客户在选择和评价网上商家时,最看重的因素是值得信赖,而不是价格低廉或产品种类繁多。而且,信任也可以来自很多方面,如产品或服务的高质量、价格的透明合理等。在网上,至关重要的因素还包括保护客户网上信息的安全和个人隐私安全。因此,要取得客户的信任,企业可以从以下几个方面入手。

1. 保护客户网上信息安全

网上客户最担心的问题,是他们的信用卡账号、密码等被泄漏或盗用。因此,企业要投入足够的力量来保证客户网上支付的安全。网站在未经客户同意的情况下不可以将客户的身份与地址等信息透露给第三者,或是跟踪客户的网上行为。一般而言,只有客户信任某家电子零售企业,才有可能向该企业提供个人信息;而企业只有掌握这类信息,才能根据客户的特殊需要提供定制化产品和服务,进一步增强客户的信任感和忠诚感。

实例资料

亚马逊网站创造了最可靠、最值得信赖的网站,在网上图书市场上取得了支配地位。数以百万计的客户都愿意让该公司在其订货系统中储存自己的姓名、地址和信用卡号码等信息。可以说,信任感是他们与亚马逊保持长期关系的主要原因之一。如果客户不信任亚马逊公司,担心信用卡号码等个人信息会被泄露,亚马逊公司很快就会丧失其竞争优势。

2. 公开网上交易者信誉

这一点对许多中介性质的企业(如拍卖网)很重要。与陌生人进行交易时,对方的信用是人们颇为关注的问题。为了保证每个交易者的信誉,有些网站建立了一套较完善的信用评级制度,每次交易结束后买者和卖者都会互相评价,并在网站上公开每个成员的信誉,这样就加强了交易的公平性和诚信度,整个网站也就赢得了客户忠诚。例如,淘宝网和易趣网都已经建立诚信体系。另外，易趣还对每笔交易进行担保，防止买方或卖方欺骗，这样可有效地监督成员的交易行为，交易得到保障，忠诚的客户自然会越来越多。

（二）提供高质量的客户服务

网络销售说到底既是销售商品，也是销售服务。因为消费者无需走出家门，在家中就可得到其所需要的商品，这里包含商品配送和资金结算等一系列的配套服务。

调查资料

国外一家从事网络研究的公司发现：客户忠诚水平的高低往往取决于企业所提供的服务水平。调查结果显示，72%的在线客户认为客户服务对他们来说至关重要。

另外，高质量的客户服务也有助于加强客户对企业的信任感，进而增强客户忠诚度。要提供高质量的客户服务，一方面，企业要提供及时、准确的商品配送服务和方便、安全的结算方式。一个完整的商务活动，必然要涉及信息流、商流、资金流和物流四个流动过程。电子商务也包括网上信息传递、网上交易、网上结算及物流配送等多个环节。因此，对于网络商家而言，实体商品的配送或服务合同的履行是一个很重要的问题。能够及时地把客户指定的商品送达指定的地点，这对客户信任感的形成起很大作用。因此，企业需要将其网上业务与网下的后勤、服务系统相结合。如果配送系统不完善、结算方式太麻烦，客户就有可能因感到购买上的不方便而流失。对大部分企业而言，自建一个配送、服务体系过于困难，与专业配送企业结盟是一个很好的选择。另一方面，企业要建立方便的客户交流系统。除了配送和结算等服务外，企业还可以在网站上提供清晰、简明的商品目录，介绍使用和保养方法等，给客户购买提供充分的信息，使客户便捷地完成购买过程。除此之外，企业还可以提供简便的在线自助服务，如技术支持或故障排除手册等，使客户得以自行解决可能的问题，确保客户拥有满意的消费体验。如果公司的网站上每个月都发生 15 000 多笔业务，公司还可以考虑采用在线答疑、网上社区和信件自动答复等方法来进行管理，方便客户和企业、客户和客户之间的交流。

实例资料

Adobe 软件公司为用户和开发者构建了一个网站社区，使他们有一个平台可以经常交流使用经验和技巧及其他相关信息，从而把用户和公司及品牌紧密联系起来，使客户产生一种强烈的归属感，从而与客户建立十分密切的联系。

此外，要在网上市场细分的基础上聚焦目标客户。前面的分析表明，由于网上企业吸引新客户的成本比传统企业要高，客户必须在一个站点停留 2~3 年，公司才开始回收前期的投资。调研发现，大约有 50%的用户不到 3 年就流失了。因此，网站追求抓住尽可能多的用户而忽视建立长期关系是没有经济价值的。由于网上客户的广泛性，企业往往倾向于建立一个大而全的网站来吸引尽可能多的潜在购买者。但这样就必然很难针对特定客户设计网站形式和内容,很难培育客户的忠诚感。因此,正确的做法是聚焦特定目标客户,提供满足他们特定需求的产品或服务,并尽力减少客户流失率。

实例资料

美国前卫公司多年来一直专注于那些喜欢成本低、波动小的指数基金投资的投资者,在网站设计上,从形式到内容一切都以迎合目标客户的需求为主,而不提供像其他站点那样复杂的交易容量。它的不懈努力使它不仅拥有一大批忠诚的客户,而且具有比其他企业更大的成本优势。

(三)搜集客户信息并建立整合的客户数据库

与传统企业相比较,网上企业更容易通过记录客户的购买经历来获得大量客户信息,深入了解客户的需要,并根据客户的偏爱为客户提供定制化产品和服务。然而,在实际工作中,很多企业并没有尽力搜集和利用这些信息,跟踪常客购买经历,更没有深入地了解客户"跳槽"的原因。

因此,为了了解并满足客户需求,培育客户忠诚,企业首先必须建立完整的客户数据库,并以客户数据库为中心,跟踪客户购买方式,分析发掘本企业的客户忠诚感的决定因素来进一步展开促销等商业活动,以便满足客户的需要。只有这样,才能吸引和留住忠诚客户,使企业获得长期收益。"美国在线"就是一个很好的例子。

实例资料

"美国在线"充分利用搜集到的客户信息来测量客户忠诚度和购买模式,并用这些信息去指导网站建设。在决定促销方案时,公司也是在对不同消费群体的客户挽留率和生命周期分析的基础上,先对各种促销方案进行小规模的市场测试,然后才选定那些最能吸引忠诚者购买的促销方案。

戴尔计算机公司也在建立客户数据库和吸引忠诚客户方面花费很多心思。它有专门的部门和负责经理来管理客户忠诚,并用一系列的标准逐月、逐季度地跟踪监测客户的经历,并研究分析客户挽留数据。

总而言之,实施电子商务进行网上交易的企业必须清醒地认识到,因特网在很大程度上只是一种工具,而不是战略本身。企业可以利用因特网的独特优势加强与客户的沟通,更好地了解客户的需求,增加反应的灵敏度,减少客户交易成本,为客户带来更大的方便,培养客户忠诚。但是,客户忠诚不是靠技术赢得的,而是要通过企业提供一贯优良的产品服务和客户体验来获得的。

第四节　实践课业指导

一、课业任务

学生通过理解客户关系管理的概念、内涵和实践意义，联系企业客户关系管理成败案例，完成一篇约1 500字数的认识体会。

二、课业要求

在教师对客户关系管理的概念、内涵、实践意义进行讲解和《客户关系管理重要性认识体会》的写作进行具体指导的基础上，学生根据课业要求收集企业客户关系管理成败的实例材料，从理论联系实际的角度完成《客户关系管理重要性认识体会》的写作。

写作必须结构合理，内容完整，做到理论联系实际，以实例论证观点；要上升为自我认识，认识观点正确、鲜明；观点分析紧扣主题，条理清楚。

三、理论指导

1. 客户关系管理的定义

客户关系管理（CRM）是企业以提高核心竞争力为直接目的，确立以客户为导向的发展战略，并在此基础上展开的包括评估、选择、开发、发展和保持客户关系的整个商业过程；它意味着企业经营以客户关系为重点，通过开展全面的客户研究，优化企业组织体系和业务流程，以提高客户满意度和忠诚度为目的，最终实现企业效率和效益的双重提高；在客户关系管理的过程中，需要借助先进的信息技术、数字化硬件以及优化管理方法，CRM概念同时也指这些设备、技术和方法的总和。

这一概念是一个综合性的概念，它反映人们在三个不同的层面对CRM概念的理解：

（1）CRM是一种战略。CRM首先是一种战略理念，作为一种战略，CRM并非直接以提高利润为目的，而是以提高企业的核心竞争力为目的，遵循以客户为导向的原则，主张对客户信息进行系统化的分析和管理，通过改进提供给客户产品、服务及其品质，同时与客户建立起个别化的关系，提高客户的满意度，从而提高他们的忠诚度，最终实现企业长期利润得以增长的目的。

（2）CRM是一种经营管理模式。CRM意味着管理模式和经营机制的改革。作为一种旨在改善企业与客户之间关系的新型管理机制，它的实施要跨部门进行，这些部门包括营销、销售、生产（制造）、服务与技术支持等部门。当然，CRM的成功推进也是各部门合作的结果，并非一个项目小组就能推进。

（3）CRM是一种应用系统、方法和手段的综合。在操作层面上，CRM是一个信息产业的术语，它是先进的信息技术、数字化硬件以及优化管理方法等设备、技术和方法的总和，这个应用系统通过整合企业资源、实时沟通和电子化、自动化业务流程，不断改进企业与客户的关系，从而为企业创造利润。

2. 客户关系管理的内涵

CRM 分为理念、技术、实施三个层面，如图 1-2 所示。

图 1-2

① CRM 技术。包括 Internet 和电子商务、多媒体技术、数据仓库和数据挖掘、专家系统和人工智能、呼叫中心等。

② CRM 实施。CRM 软件不是一种交付即用的工具，需要根据组织的具体情况进行 CRM 实施。

③ CRM 理念。指企业根据客户终生价值的大小，充分调配可用的资源，有效地建立、维护、发展客户的长期合作关系，以提高客户忠诚度、满意度，实现企业利润最大化。

CRM 理念是 CRM 成功的关键，它是 CRM 实施应用的基础和土壤。CRM 技术是 CRM 成功实施的手段和方法，实施是决定 CRM 成功与否、效果如何的直接因素。

四、实践形式

学生利用信息技术收集企业客户关系管理成败的实例材料，经过分析汇总后，撰写认识体会。

五、课业范例

天天超市客户关系管理调查报告

天天超市创办于 1996 年，是一家以商贸经营为主的民营综合性企业集团。现已在市区主要干道形成百货、超市、购物广场三足鼎立的商业格局，其中，连锁超市已发展成为拥有门店 7 家、会员人数 14 万多人、营业总面积达 3 万多平方米的大型连锁企业。天天超市实行的是董事长领导下的总经理负责制，其组织结构是直线—职能式组织结构形式。公司采用"购、销分开，一级核算，垂直领导，直线与职能相结合"的经营管理体制，并在计算机信息管理系统提供的信息支持与控制手段下，实行大权集中、小权分散、权责明确，逐级负责的管理机制。

一、天天超市实施客户关系管理的现状

天天超市主要由以下几个部门和环节在做客户管理方面的工作。

（一）在卖场，商管处设置顾客关系部

顾客关系部主要负责接待顾客投诉，收集和整理顾客对公司经营方式、商品质量、服务质量等方面的意见和建议，研究解决服务工作出现的问题的方法。如果顾客现场反映问题，一般首先到营业柜组由营业员接待，处理不了的问题找商场经理，当商场经理还是无法解决的时候，就会将顾客领到顾客关系部。顾客关系部基本上算是仲裁部门，但也有少量的投诉解决方法，顾客认为不满意，可以找到总经理办公室，直至总经理。

（二）客户服务处

客户服务处承担发展会员和各种消费卡发放的工作。发展会员以发放会员卡为主要内容，会员卡属于积分卡，按照商品的不同属性设定购物满多少元积一分，然后以代金

券的形式返还给顾客。各种消费卡都是与银行联合发放，不记名，不挂失，只能在各连锁商场内部使用。目前，商场发展的这类会员接近 14 万多人。

（三）后勤处下面设立的质量跟踪站

质量跟踪站负责所有与商品质量有关的工作。从客户关系管理的角度来看，主要是负责关于顾客对所购商品修、退、换投诉的接待、解释、调解及裁定，并监督有关柜组、商场执行，保证公司有关商品"三包"承诺的兑现，维护公司经营声誉。

二、天天超市在实施客户关系管理中存在的问题

（一）对客户关系管理理解的偏差

企业误认为 CRM 就是取悦客户，推出各种折扣、折让、赠与等简单的促销手段来维护客户关系；过分依赖 CRM 软件的作用，认为上了 CRM 项目，就能够立即增加销售业绩和提升企业竞争力。

（二）客户数据收集环节薄弱

天天超市客户资料的收集工作主要由会员之家来完成，在给顾客办理会员卡的同时可以获取一定的信息。

（三）客户沟通渠道不灵活

天天超市销售商品主要是通过卖场进行，而把那些工作太忙没时间出门采购或不喜欢逛超市的潜在客户排除在外，这是一个损失。另外，对于目前企业主要采用的电话或直接接触沟通方式，客户大多由于时间因素或嫌麻烦而不太愿意主动采用。因此，建立更灵活、有效的沟通方式，来与现有客户沟通、争取更多的潜在客户、获取更多的信息反馈应成为企业努力的方向。

（四）缺乏个性化特点

首先，购买过程中的服务缺乏个性化。顾客想买的东西在哪？不同品牌的商品有什么区别？性价比如何？哪种更适合？等等。营业员可能由于对有关商品的专业知识不了解、对顾客情况的不了解或自己也没使用过，而无法给顾客一个满意的回答。其次，顾客激励机制缺乏个性化。

（五）缺乏相应的管理措施

由于管理层在客户关系管理方面的战略思想不明确，导致客户关系管理部门缺乏明确的管理措施，没有将发展会员、管理会员作为部门的工作重点。

（六）缺乏有效的组织保障

天天超市没有设立客户关系管理部门，其客户关系管理一直处于被动的初级阶段。

三、改善天天超市实施客户关系管理的建议

天天超市客户关系管理还处于初级阶段，要搞好客户关系管理，可从以下几个方面进行。

（一）采掘数据为顾客创造价值

➢ 加强客户信息的收集、分析和存档。

➢ 大力发展会员，增加会员卡的类型，以便大量获得客户信息。

➢ 开展多种方式的显性优惠活动，在促销的同时收集客户的信息资料。

(二) 培养客户交往能力

客户交往能力在零售业集中地体现为如何满足顾客个性化需求，从而提高顾客忠诚度。关系顾客则是一种可以与之建立起长期关系的消费群体，从其身上可以取得长期利润。

(三) 优化调整组织运行机制

CRM系统涉及企业的销售、营销、服务等直接与客户接触的各个部门，如何合理地规划各个部门的工作范围与组织关系是CRM系统取得成功的关键因素。

1. 优化调整组织机构

天天超市必须对传统的组织结构进行重新调整，减少中间管理层次，扩大管理幅度，使组织结构向扁平化方向发展。

2. 发挥人的主观能动作用

人是实施CRM成功与否的第一因素。首先，企业的高层领导人对整个实施过程的重视、支持与参与。其次，企业中层管理人员主动积极地工作，以及全体员工默契地配合。第三，企业管理骨干和可能的具体操作人员的参与。第四，为企业实施提供服务的专家的参与。

(四) 为顾客创造差异化价值

零售企业所经营的品类和品牌几乎一样，重复经营的比例高达80%以上，致使竞争无特色可言。为顾客创造差异化价值是提高竞争力的一种有效手段。

(五) 建好企业网站

拓宽企业与客户的接触渠道。企业网站是开展电子商务的必备基础，有利于宣传企业，提高知名度，争取更多的潜在客户；网站增加了企业与客户沟通的渠道，使企业得到更多的用户反馈信息；企业可以利用网站开展多样化的服务，而且成本低廉。

(六) 重塑企业文化

加强员工培训。企业发展的灵魂是企业文化，企业文化的核心是员工的思想观念，它决定着企业员工的思维方式和行为方式。成功地实施及应用CRM系统，建立"从客户利益出发"的企业理念和"客户导向"的经营组织，需要企业每一位员工的配合。

（资料来源：李慧，《企业天地》）

 前沿研究

如何做好360度的客户关系管理

客户关系管理有一个很重要的观念，就是企业必须以360度来全面进行客户关系管理。但是，很多企业的主管向美国艾克国际科技有限公司的总裁胡兴民先生询问："'360度'说起来好听，但是实务面应该怎么做，才能接近'360度'呢？"胡兴民先生对这个问题的看法是：客户关系管理有两个成功的要素，第一个是"人"，第二个是"制度及系统"。所谓的"人"，就是企业必须不断地教育、提醒企业中的所有员工（人），客户是企业最重要的资产，必须真心关怀客户的处境及需要，而不只是想要卖东西给客户。但是，即使所有员工都真诚地关怀客户，仍是不够的。因为企业中的每个人在各方面的能力不尽相同，所

以，必须有一套良好的收集或累积客户知识的制度或系统以便进行系统的分析，并且让这些知识在每次与客户接触时都能充分运用。至于如何由"360度"来"收集"、"累积"、"应用"客户知识，美国艾克提供企业朋友一个思考架构，这个思考架构已在很多不同的行业中实际运用，企业界的朋友可以拿这个架构来检视一下你所在的企业做得如何。美国艾克建议的架构是以一个2×3的矩阵来思考企业与客户相关的事情，矩阵的一边是个体，它分为"产品"、"客户"两种；矩阵的另一边则是行为目的，它分为"关怀"、"提醒或建议"及"追踪变动趋势"。所以，可以自行画出一个2×3矩阵。以下分别说明一下在这些不同组合格子内应该考虑的事。

一、产品——关怀

首先，你的企业在客户购买产品后的初期是否可能遇上什么问题。例如，新购计算机设备是否会有安装的问题，或是客户购买新的家电是否有使用上的问题，客户是否知道怎样得到售后服务。其次，当产品使用一段时间后，是否应做一些保养、维护的工作。旅游业可能也必须了解客户返家后对行程、餐饮或导游服务安排的看法、意见或建议。能真正地关心客户对产品的反应，就能立即避免客户的不满，同时更可能获得进一步的商机。

二、客户——关怀

指的则是先抛开"客户"这个词，而先用"朋友"来取代。你要假设，如果想和对方成为朋友，你会怎么做：遇到他（她）生日时你会怎样，他（她）的家庭成员、年龄、生日等特殊日子是哪一天；当特殊事件或灾害发生时，如台风造成内湖淹水，如果你知道他（她）住在内湖，你会怎样。这些细微的动作看似与商业行为无关，但是如果你在客户最需要朋友时出现，你和他（她）的关系就非比寻常了。

三、产品——提醒或建议

指的是在客户使用你公司的某一项产品后，你除了了解他使用的原因、情形，在适当的时间也可以根据产品关联分析，推荐他适当的产品。例如，Amazon对同类书籍的推荐，或是他去年夏天参加你的"关岛之旅"，今年夏天是否可以推荐几个"热带岛屿"之旅。又如，你公司最近推出新的保险产品，你是否试着找出原有保户中谁可能会需要。

四、客户——提醒或建议

这一类通常是指当客户在不同的生活阶段，如就学、就业、结婚、生子，你是否替他想到该有哪些不同保险的安排。或是当客户购买或拒绝你的科技基金产品时，你是否顺便问他对哪一类基金会比较感兴趣。也可能是当他享有某个权益，如当客户享有积点兑换时，特别提醒他（她），以免丧失应有的权利。

五、产品——追踪变动趋势

这里通常指的是R.F.M.（recency, frequency, monetary）分析，你必须从整体面看

到个别消费者面,以便掌握客户消费产品的变动趋势。例如,券商必须掌握每一个客户在不同时间(周或月)向你下单的总金额、次数,以及最近是否有一段时间没向你下单了。找出重要客户的R.F.M.指针有显著变动,就可以及早避免客户流失。

六、客户——追踪变动趋势

针对客户的变动趋势,则是掌握客户消费地点、消费时间、客户询问或浏览、客户价值等变动。例如,证券公司若能追踪出某一特定客户,最近常浏览某一特定产业的股票,就可推断客户偏好类别改变,所以,向该客户推荐的股票种类就应该随之改变。

以上六种类型虽不能说涵盖所有的客户关系,但对不同行业所思考客户关系管理却多次被证实是个有用的工具,如果你的企业正打算改善客户关系管理,不妨试试用它来做一个诊断工具。

(资料来源:李慧,http://www.chinabyte.com/Enterprise/218725873883283456/20010910/195811.shtml)

案例

将情感赋予钻石

MaBelle钻石是香港利兴珠宝公司推出的大众钻石品牌,自1993年成立以来,目前已经在香港开设了46间分店,成为深受时尚人士青睐的钻石品牌。

MaBelle的母公司利兴集团成立于1949年,刚开始时从事宝石进口和批发生意,在全世界搜购优质宝石和玉石,销往亚洲市场。从1966年开始,利兴由原有的宝石及玉石生意改为专注进口和批发钻石生意,旗下拥有Mabros、Falconer等高端钻石品牌。1993年,利兴集团的高层经过市场调查,发现几乎市场上所有的钻石品牌都在中高端竞争,大众市场基本上空白。于是,它们推出了MaBelle钻石,成为香港首间开放式的钻石连锁店,专售价格相对便宜的钻石首饰。MaBelle以款式多样、时尚为主要卖点,将流行元素融入传统的钻石。独特、自由、轻松的购物模式,将钻石在香港普及化。当年推出的千元价格的"黄钻",更是在香港创造了钻石消费的潮流。但是公司高层管理人员清醒地意识到,价格绝对不能成为MaBelle的核心竞争力。顾客只因为价格便宜而购物,并不能令客人的忠诚度上升。不断创新的设计是MaBelle与其他品牌区别的主要特征,而与顾客建立情感上的沟通,赋予顾客与众不同的优越感,才能为企业创造更多的价值。

和一般珠宝零售商和品牌相比,MaBelle最与众不同的地方就是设立"VIP俱乐部"。这个俱乐部通过为会员带去钻石以外的生活体验,通过加强MaBelle店员与顾客之间的个人交流以及会员之间的情感联系,将情感赋予了钻石。

目前,MaBelle在香港拥有30多万活跃会员,这些会员大部分是20~40岁的白领女性和专业人士。一般来说,顾客购买了一定数额的MaBelle钻石就可以注册为"VIP俱乐部"会员。公司对销售员工的要求是,必须定期通过电邮、电话、手机短信等方式和顾客建立个人关系,这种私人关系无疑增加了顾客对公司的情感。MaBelle还定期为会员举办关于选购钻石的知识以及钻石款式方面的讲座,增加了顾客对企业产品的了解。MaBelle 还经常为"VIP 俱乐部"会员安排与钻石无关的各种活动,根据公司掌握的不同会员的年龄、职业和兴趣等,邀请会员参与这些活动。例如,母亲节为妈妈们准备了"母亲节 Ichiban 妈咪鲍翅席",情人节为年轻情侣筹办浪漫的"喜来登酒店情人节晚会",为职业和兴趣相近的会员安排的"酒店茶点聚餐",以及节假日为年轻会员安排的"香港本地一日游"。

香港的生活节奏非常快,人们的学习和工作都很紧张,人际交往比较少,这些活动不但给会员提供了难忘的生活体验,而且还帮助他们开拓交际圈,通过俱乐部结识了不少朋友。很多会员参加过一些活动后,都邀请自己的亲友也加入 MaBelle 的俱乐部,真正起到了"口耳相传"的效果。

(资料来源:成功营销 http://finance.sina.com.cn)

案例思考题

1. MaBelle 钻石为什么要培养忠诚客户?
2. MaBelle 钻石是如何培养忠诚客户的?

练习与思考

一、名词解释

客户　客户关系　客户关系管理　客户忠诚度

二、填空题

1. 对企业来讲,广义上的客户是指可以为企业提供产品和服务的外部对象,可大致地分为_____、_____和_____三类。
2. 企业的客户关系从对应的主体来讲,涉及企业的_____客户和_____客户。
3. 客户忠诚的关键影响因素主要包括_____、_____、_____、_____和关系收益。
4. 影响 CRM 发展的关键技术包括_____、_____和_____。

三、单项选择题

1. 客户关系管理最早产生于( )。
   A. 中国　　　B. 英国　　　C. 法国　　　D. 美国
2. 客户忠诚形成经历的四个主要阶段依次为( )。
   A. 认可阶段—认知阶段—产生偏好阶段—客户忠诚的形成阶段
   B. 认知阶段—产生偏好阶段—认可阶段—客户忠诚的形成阶段
   C. 认知阶段—认可阶段—产生偏好阶段—客户忠诚的形成阶段
   D. 产生偏好阶段—认知阶段—认可阶段—客户忠诚的形成阶段
3. 客户关系管理这个词的核心主体是( )。
   A. 客户　　　B. 关系　　　C. 服务　　　D. 管理

4. CRM 产品的应用对象不适合（　　）。
   A. 市场营销人员　　　　　　　　B. 销售人员
   C. 仓库管理人员　　　　　　　　D. 服务人员
5. （　　）是指客户对某一特定产品或服务产生了好感，形成了偏好，进而重复购买的一种趋向。
   A. 客户满意度　　　　　　　　　B. 客户价值
   C. 客户忠诚度　　　　　　　　　D. 客户利润率

四、多项选择题

1. CRM 的概念集中于具体的企业经营管理模式中，主要体现在（　　）业务领域。
   A. 市场营销　　　　　　　　　　B. 销售实现
   C. 客户服务　　　　　　　　　　D. 决策分析
2. 电子商务企业可以在（　　）方面培育网络上的客户忠诚。
   A. 建立客户信任感　　　　　　　B. 提供高质量的客户服务
   C. 聚焦目标客户　　　　　　　　D. 建立客户数据库
3. 在客户关系管理里，（　　）属于客户忠诚的表现。
   A. 对企业的品牌产生情感和依赖
   B. 重复购买
   C. 即便遇到对企业产品的不满意，也不会向企业投诉
   D. 有向身边的朋友推荐企业的产品的意愿
4. 客户忠诚给企业带来的效应包括（　　）。
   A. 新的成本　　　　　　　　　　B. 回头客
   C. 额外的价格　　　　　　　　　D. 良好的口碑
5. 大量的研究表明，客户满意度和客户忠诚度之间存在一定的关系，如下说法中正确的是（　　）。
   A. 提高客户满意度和忠诚度，是指一定要提高所有客户的满意度和忠诚度
   B. 客户满意度不一定必然导致客户忠诚
   C. 客户忠诚度的获得必须有一个最低的客户满意度
   D. 客户满意度上升或下降都不会引起客户忠诚度的巨大变化

五、简答题

1. 简述客户关系管理的本质。
2. 加强客户关系管理对企业有何意义？
3. 互联网时代的客户忠诚度该如何培养？

第二章 客户关系管理的理论体系

 **学习目标**

学完本章,你应该能够:
1. 了解客户关系管理系统的概念。
2. 掌握客户关系管理系统的几块重要内容。
3. 掌握客户终身价值的概念。
4. 掌握客户生命周期的概念。
5. 结合客户关系管理体系应用客户的满意度、忠诚度以及客户的生命周期。

 基本概念

CRM　客户满意度　客户终身价值　客户生命周期　客户关系管理系统

面对日益复杂的竞争,企业的生存离不开坚强有力的后盾——客户。该选取什么样的客户?客户需要什么?客户打算花多少钱?他们在哪里买?都是企业需要考虑的问题。由此而来的客户关系管理已经逐渐成为企业研究的重点。

如何寻找并保持正确的客户,在正确的时间、以合适的价格、通过适当的方式,为客户提供优质的产品或服务的基础上,获取企业自身的最大价值,已经是每个企业追求的目标。目前,对客户关系的管理已逐步形成为一个体系,准确地把握并会合理运用这个体系,是每个发展的企业所追求的目标之一。

第一节　客户关系管理系统的一般模型

一、客户关系管理系统的定义

CRM 是一种目的在于该企业和客户之间关系的管理机制。CRM 成功的关键在于理念,同时也是 CRM 实施应用的基础;信息系统和技术是 CRM 成功实施的手段和方法;管理是决定 CRM 成功与否、效果如何的直接因素。如何正确地选择合适的手段去发现和联系客户、开发合适的产品或服务,并且把其感兴趣的产品或服务推销给他们呢?

这就必须借助现代的信息技术手段,运用先进的管理思想,通过业务流程与组织上的深度变革,帮助企业最终实现以客户作为中心的管理模式。利用对客户的深入理解、分析、接触和高度自动化的交互方式,这就是新型客户关系管理系统的主要目标。

客户关系管理系统带来的个性化服务,可以使企业在一个越来越复杂的市场中合理分配和优化资源、找到最佳的服务和投资方向、获得最合适的收益-风险比。客户关系管理系统的目的在于,促使企业从以一定的成本取得新顾客转变为想方设法留住现有顾客,从取得市场份额转变为取得顾客份额,从发展一种短期的交易转变为开发顾客的终生价值。由此,可以归纳总结出CRM系统的核心目标有以下三方面。

(一) 以客户为中心,整合所有的对外业务

以客户为中心是客户关系管理的灵魂,是进行所有对外业务的出发点与落脚点。CRM系统整合了营销、销售、客户服务以及电子计算机技术支持等多个牵涉客户切身利益的相关业务,而众多相关业务所遵循的最高指导原则就是以客户为中心、满足顾客多种需求,从而避免交叉服务带来的偏差,以及各个部门因为个别员工自身原因带来的偏差,最终建立起本企业与客户之间通畅、高效的沟通与反馈。

(二) 培养和维护客户的忠诚度

培养客户的忠诚度是CRM的最根本目的。客户永远是企业生存乃至发展的最根本源泉,当今社会竞争激烈,争夺客户关系到企业的切身利益。所以,市场竞争的重点已经逐步转移到争夺客户资源上来。而维持住一个客户又远比争取一个新客户要难得多,因此,如何在获得优质客户之后,稳固住这些客户资源,又成为一个重点内容。维护的重点就在于建立顾客的忠诚度。

(三) 利用个性化服务关注重点客户群体

长期的市场实践研究表明:企业的利润与客户的结构之间遵循"80/20"原则,即企业的80%的利润来自20%的企业客户。这就意味着,不同的客户对企业的价值是不同的,对贡献度大的客户,企业应该重点关注,为其提供个性化的服务,这样才能确保企业利润的持久与稳定。

根据以上特点,要求企业从客户满意度、客户忠诚度和客户生命周期三个维度出发,综合应用相关的技术对客户关系管理体系做支持。

二、客户关系管理系统的功能

按照CRM系统的具体操作来分类,CRM系统的功能大致有以下几方面。

(一) 客户往来

对客户信息进行全面管理,如查询客户的相关详细信息、客户购买产品的信息、客户反馈信息等。

(二) 客户管理

包括客户资料管理、客户交互管理、客户跟进管理、客户提醒管理、客户回款管理、流失客户管理、合同文档管理等。

(三) 市场管理

(1) 现有客户数据的分析。识别每一个具体客户,按照共同属性对客户进行分类,并

对已分类的客户群体进行分析。

(2) 提供个性化的市场信息。在对现有客户数据的分析基础上,发掘最有潜力的客户,并对不同客户群体制定有针对性的市场宣传与促销手段,提供个性化的、在价格方面具有吸引力的产品介绍。

(3) 提供销售预测功能。在对市场、客户群体和历史数据进行分析的基础上,预测产品和服务的需求状况。

(四) 销售管理

(1) 提供有效、快速而安全的交易方式。一般的 CRM 系统均会提供电话销售(telesales)、移动销售(mobile sales)、网上销售(E-commerce)等多种销售形式,并在每一种销售形式中,考虑实时的订单价格、确认数量和交易安全等方面的问题。

(2) 提供订单与合同的管理。记录多种交易形式,包括订单和合同的建立、更改、查询等功能。可以根据客户、产品等多种形式进行搜索。

(五) 销售支持与服务

呼叫中心服务(call center service)。订单与合同的处理状态及执行情况跟踪,实时的发票处理,提供产品的保修与维修处理。记录客户的维修或保修请求,执行维修和保修过程,记录该过程中所发生的服务费用和备品、备件服务,并在维修服务完成后,开出服务发票。记录产品的索赔及退货。

(六) 竞争者分析

(1) 记录主要竞争对手。对竞争者的基本情况加以记录,包括其公司背景、目前发展状况、主要的竞争领域和竞争策略等内容。

(2) 记录主要竞争产品。记录其他企业所提供的同类产品、近似产品和其他可替代产品,包括其主要用途、性能及价格等内容。

(七) 统计分析

包括客户分析、产品销售分析、利润贡献分析、业务员业绩分析,反映出客户、产品销售、利润与业务员之间的关系。

(八) 系统设置

可以对数据库备份、恢复,系统初始化,操作员修改密码,基础资料设置,商品信息设置等。

三、客户关系管理系统的分类

按照目前市场上流行的功能分类方法,客户关系管理应用系统可分为运营型客户关系管理、分析型客户关系管理和协同型客户关系管理。

运营型 CRM(见图 2-1)通过基于角色的关系管理工作平台实现员工授权和个性化,使前台交互系统和后台的订单执行系统可以无缝实时地集成连接,并与所有客户交互活动同步。通过以上手段可以使相关部门的业务员能够共享可维护资源,减少信息流动的滞留点,从而使企业作为一个统一的信息平台面对客户,大大地减少客户在与企业接触的过程中而产生的种种不协调。

分析型 CRM(见图 2-2)主要是分析营运 CRM 中获得的各种数据,进而为企业的经

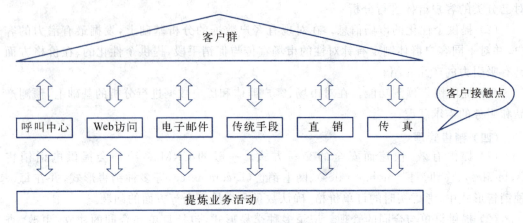

图 2-1 运营型 CRM

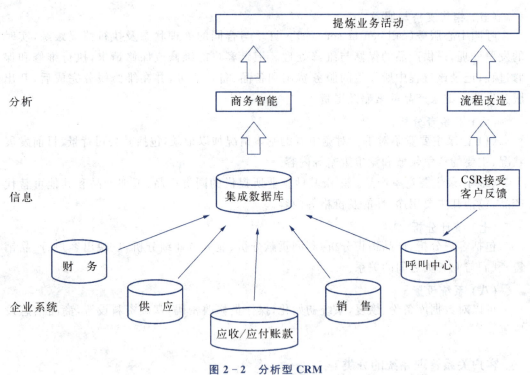

图 2-2 分析型 CRM

营决策提供可靠的量化依据。这种分析需要用到多种数据分析工具,从客户的各种"接触点"将客户的各种背景数据和行为数据收集并整合在一起,这些运营数据和外来的市场数据经过整合和变换,装载进数据仓库。之后,运用 OLAP 和数据挖掘等技术,从数据中分析和提取相关规律、模式或趋势。最后,利用精美的动态报表系统和企业信息系统等,把有关客户信息和知识在整个企业内得到有效的流转和共享。这些信息和知识将转化为企业的战略和战术行动,用于提高在所有渠道上同客户交互的有效性和针对性,把合适的产品和服务,通过合适的渠道、在适当的时候提供给适当的客户。使顾客在得到良好服务的同时,公司可以快速地选择有效客户,并同这些客户保持长期和有效的关系。

协同型客户关系管理系统注重各部门之间的业务协作,能够让企业员工同客户一起完成需要的活动。帮助企业集成前、后台所有业务流程时,用套装方式提供各种直接面对顾客需求的自动化服务功能与应用。主要包括过去协助企业后台集成,进而提供订单承诺与订单追踪等管理功能的企业资源规划系统与供应链管理系统,以及致力于前端的销售、营销与顾客服务自动化、套装化。这种客户关系管理系统目前主要有呼叫中心、客户多渠道联络中心、帮助台以及自助服务帮助导航等。具有多媒体、多渠道整合能力的客户联络中心,是协同型 CRM 的发展趋势。

第二节　客户终身价值

用终身价值来分配营销资源,哪些顾客关系值得维系,哪些不值得,这是困扰大多数企业的一个难题。为此,很多企业不仅仅考虑顾客过去和现在为企业创造的利润,还设法预测未来他们将为企业带来的价值,并根据顾客全生命周期利润和终身价值来分配营销资源。

一、客户终身价值

实例资料

罗伊·加德夫先生有一家经营邮购业务的公司,最近,为了节省开支,他决定要砍去部分未来价值不高的顾客。市场分析人员交给加德夫先生三类顾客的名单:第一类顾客在过去几年内光顾过公司几次,但是购买的数量极少;另一类顾客只光顾过一次,但是一次购买的数量很大;第三类顾客和公司有着长期的,零星的购买关系。加德夫陷入了困境!究竟该砍掉哪一部分顾客呢?

如何从这些资料中判断顾客的未来价值呢?企业实行客户关系管理已经有许多年的历史了,现在它们在整理其客户数据时经常会遇到类似的问题。对付这种复杂而且日益突出的问题,顾客终身价值的衡量方法就派上了大用场。

按照科特勒给出的定义,客户终身价值就是由客户未来利润产生的价值,公司可以从预期收入中减去用来吸引和服务顾客以及销售所花费的预期成本来计算客户的终身价值。简单的定义,客户终身价值(customer lifetime value)指的是每个购买者在未来可能为企业带来的收益总和。宾夕法尼亚大学沃顿商学院的彼得·费德教授在他的论文《从顾客的购买历史来衡量顾客价值,可能带来管理推论偏见》中指出:对于大多数企业来说,它们主要的营销策略就是要不断地考虑,到底哪些客户关系值得企业维持,哪些不值得。因此,营销经理需要对顾客数据进行更加精细地研究,更加精确地测量出顾客终身价值。

其实,仔细分析加德夫的顾客,可以按照单次交易收益和重复交易次数将他们分成四个类别,分别是:

（1）黄金顾客。愿意与企业建立长期互利互惠关系，每次交易都能为企业带来收益。

（2）流星顾客。喜欢不断尝试新的选择，并不总与该企业交易，但每次交易都能为企业带来一定的收益。

（3）小溪顾客。愿意与企业建立长期的业务关系，但每次交易都只能为企业带来较小的收益。

（4）负担顾客。有些顾客在众多企业中比较选择，只在企业为吸引顾客将价格压到极低甚至是负收益时，才与企业交易。

研究资料

伦敦商学院高级研究员 Tim Ambler 最近的研究表明，很多大企业已经开始计算单个顾客或某个细分市场未来30年的顾客收益率了。它们按照顾客的终身价值来分配企业的营销资源，使得企业的营销经费得到更好地利用。如同某种产品一样，顾客对于企业利润的贡献也可以分为导入期、快速增长期、成熟期和衰退期。对于那些终身价值很低的顾客，企业基本上不会对他们进行投资，让他们自己慢慢地退出。

但是，很多企业却认为客户终身价值非常难以捉摸。首先，它非常难以准确地测量与计算；其次，它非常难以应用。要预测顾客会和公司能保持多长时间的关系以及他们的"成长性"，的确不是一件简单的事情。

二、解析客户终身价值

每个客户的价值都由以下三部分构成：

➤ 历史价值。到目前为止已经实现了的顾客价值。

➤ 当前价值。如果顾客当前行为模式不发生改变的话，将来会给公司带来的顾客价值。

➤ 潜在价值。如果公司通过有效的交叉销售可以调动顾客购买积极性，或促使顾客向别人推荐产品和服务等，从而可能增加的顾客价值。

实例资料

斯图·伦纳德在美国经营一家高盈利超级市场，他说每当他看到一位满脸愠怒的顾客，就会看到50 000美元从他的店中溜走了。为什么呢？因为他的顾客平均每周开支100美元，一年到商场购物50周，并且在该区域生活10年。所以，如果顾客有过一次不愉快的经历，并转向其他超级市场，斯图·伦纳德就会损失50 000美元的收入。如果考虑到失望的顾客传播商店的坏话并造成其他顾客离去，这一损失还是被低估了。因此，斯图·伦纳德要求他的雇员遵循两条法则：

法则1：顾客永远是正确的；

法则2：如果顾客错了，参照法则1。

分析客户终身价值的主要步骤包括以下几点。

1. 收集客户资料和数据

公司需要收集的基本数据包括个人信息（年龄、婚姻、性别、收入、职业等）、住址信息（区号、房屋类型、拥有者等）、生活方式（爱好、产品使用情况等）、态度（对风险、产品和服务的态度，将来购买或推荐的可能）、地区（经济、气候、风俗、历史等）、客户行为方式（购买渠道、更新、交易等）、需求（未来产品和服务需求等）、关系（家庭、朋友等）。这些数据以及数据随着时间推移的变化，都将直接影响客户的终身价值。

2. 定义和计算终身价值

影响终身价值的主要因素是：所有来自顾客初始购买的收益流，所有与顾客购买有关的直接可变成本，顾客购买的频率，顾客购买的时间长度，顾客购买其他产品的喜好及其收益流，顾客推荐给朋友、同事及其他人的可能、适当的贴现率。

3. 客户投资与利润分析

可以直接基于交易成本或资金投入进行计算，或者根据过去类似客户的行为模式，利用成熟的统计技术预测客户将来的利润。

国外的汽车业早已进入了"潜在客户终身价值"管理营销时代，它们是这样计算顾客终身价值的：把每位上门顾客一生所可能购买的汽车数，乘上汽车的平均售价，再加上顾客可能需要的零件和维修服务而得出这个数字。它们甚至更精确地计算出加上购车贷款所带给公司的利息收入。通过这样的计算，一个忠诚顾客终身平均可以为公司带来40万美元的收入。

实例资料

为了最大程度地发掘客户的终身价值，丰田汽车信奉的是"我们不是在卖汽车，而是在帮助顾客买汽车"的经营理念，推出了"保姆式"的服务计划。美国卡迪拉克想得更周到，在它的每一个汽车维修点都已备好车，只要它的用户车一坏，即可把坏的车放下，开走备用车；待用户的坏车一修好，马上开到你的门上去，一点也不耽误用户的时间。

4. 客户分组

从第三个步骤中，企业可以看出如何在顾客终身价值中赢得最大的利润，随后企业可以根据这些数据将顾客分成具有不同特征、不同行为模式和不同需求的组。例如，企业可以用聚类分析法将顾客分成苛刻的顾客、犹豫不决的顾客、节俭的顾客和久经世故的顾客，根据每个组制定相应的措施。

5. 开发相应的营销战略

衡量客户终身价值的目的不仅仅是确定目标市场和认知消费者，而是要设计出能吸引他们的交叉销售方法、向上销售方法、附带销售方法、多渠道营销和其他手段。这些手段都能够帮助企业运用RFM模式来提高客户价值，尽可能地将客户的潜力开发出来。

三、提高客户终身价值的方法

根据客户终身价值的定义，客户的终身价值可以用下面公式表示，即：

客户终身价值＝顾客单次消费金额×顾客消费频率

这只是客户终身价值最初级的定义,这里所说的客户终身价值绝不仅止于此,它还包括对客户需求的深度挖掘和伴随客户共同成长的经营理念。

客户终身价值的复杂性和变化性,使得采用何种方法准确地测量和计算都成为企业面临的最大挑战之一。介于客户终身价值是一个非常重要的概念,对企业业绩提升的方法具有深远的影响。从短期的直接改善,发展到长期的系统改善,为企业战略确定了方向和思考点,并有助于形成企业无可替代的产业链竞争优势。下面结合一些实例说明提高客户终身价值的具体方法。

(一) 基于客户分析的产品结构细分

假设你是一家电脑公司,你一定会有不同款式和价格的电脑;假设你是一家美容院,你也会有适合不同需求的各类项目,这就是产品组合。

当然,你也会有不同的客户。有人一个月来10次,有人可能一年才来3次;有人每年在你公司花费20万元,有人只花费5 000元;有人在你这里办了最高级别的会员卡,有人只办了最低级别的会员卡。

现在,你需要按照价格将产品组合细分:AAA类客户、AA类客户、A类客户、B类客户、C类客户,再按照客户价值把客户进行分类:产品一、产品二、产品三、产品四、产品五。

当你按客户名单对照上面的分级时,你会发现:原来有很多客户的潜力并没有充分发挥。你会发现你的某一个AA类客户完全可以消费你的产品四,但却没有;你的另一个A类客户应该用产品五取代他们消费的产品二。这时,你就可以设计针对性的销售策略。通常,应用这个方法可以提高客户终身价值50%～100%,而客户终身价值的提高也就意味着业绩提升。

(二) 基于客户需求预测的产品组合设计

客户的需求分为现实的需求、未来的需求和潜在的需求。例如,一个减肥的少女,现实的需求是减掉20斤的体重,未来的需求可能是显得年轻漂亮,潜在的需求也许是找一位如意郎君。

也许你现在的产品只能满足客户的一部分现实需求和一部分未来需求,而这就是你产品组合设计的空间,也是提升客户终身价值的空间。

(三) 伴随客户共同成长的经营策略

有一群淘金者顶着炎炎烈日向前行进,一条大河挡住了他们前往西部的道路。正当大家犯愁时,有人发现了A公司立在河边的广告牌。上面写道:"如果你不想因大河阻挡而绕道,只需付1美元,即可坐我们的渡船过河。"很少有人因为吝啬一点小钱而不坐渡船。

前往西部的路,漫长而艰难。最难以忍受的便是炎热与口渴。每隔一段距离,淘金的人们就会发现A公司的售水亭,上面赫然写着"1美元喝个够"。

到达西部的时候,淘金者再次看到A公司出售绳子、工具和帐篷的售货点。

当然,最醒目的是一个出售金属探测器的广告牌:"金属探测器,售价:1 000美金;你也可以选择租用,租金:每月100美元;同时,您必须每月提供一顶您用旧的帐篷。"

3个月后,很多淘金者的衣服磨破了。这时,A公司的另一条广告引起了大家的注意:"出售牛仔服系列:世界上最不易磨损的服装,用帐篷制成,售价:10 美金。"

半年后,终于有人淘到了金子。这时,A 公司的推销员会出现在你的面前:"你需要保镖押运您的金子吗？我们收取 5%的保安费。"

这时,A 公司已经成为了必然的赢家。因为,它伴随客户一起成长,满足了客户发展中的所有需求。更重要的是,A 公司已经形成了产业链竞争优势。

假设有一个竞争对手进入了卖水的领域,A 公司只需要发布一则广告:"凡购买本公司工具或牛仔服的淘金者,每天免费获得 3 桶饮用水。"

阿尔费雷德·斯隆曾说过:"获取利润的快捷之道,就是按照客户想要的方式为之服务。"这也是提高客户终身价值的唯一途径,只有这样,企业才能在快车道上前进。

第三节　客户生命周期及价值

一、客户关系生命周期的定义

客户关系具有明显的生命特征的观点早已被一些学者提出。客户关系生命周期概念实际上是产品生命周期的时代性深化。1985 年,芭芭拉·杰克逊强调关系营销学,此后,关系营销和 CRM 逐渐深入人心,西方的一些学者将产品生命周期、CRM 和关系营销结合起来,提出了关系生命周期。

作为企业的重要资源,客户具有价值和生命周期。客户生命周期理论也称客户关系生命周期理论,是指从企业与客户建立业务关系到完全终止关系的全过程,是客户关系水平随时间变化的发展轨迹,它动态地描述了客户关系在不同阶段的总体特征。

二、客户关系生命周期的不同阶段及特征

关于客户生命周期阶段的划分,不同的研究人员从不同的角度进行了大量的研究。客户关系生命周期一般分为吸引、获得、管理和保留四个阶段。

Ford(1980)认为,客户生命周期大致分成五个阶段:预备阶段、早期阶段、发展阶段、长期意向阶段、终极关系阶段。后来,Walkman 和 Salmon(1987)考察了广告代理领域的客户生命周期,将关系分为四个阶段:预备阶段、发展阶段、维持阶段、终止阶段。此外,Dwyer、Schurr 和 Oh 认为,客户买卖关系的发展一般要经历认知、考察、扩展、承诺和解体五个阶段。2000 年,该理论有了新的发展,Jap 和 Ganesan 参考 Dwyer 五阶段模型,将客户生命周期划分为考察、形成、成熟、退化和恶化五个阶段,简称 Jap-Ganesan 模型。陈明亮综合已有文献,将客户生命周期划分为考察期、形成期、稳定期和退化期。

(一)考察期

考察期是关系的探索和试验阶段。在这一阶段,双方考察和测试目标的相容性、对方的诚意、对方的绩效,考虑如果建立长期关系双方潜在的职责、权利和义务。双方相互了解不足、不确定性大是考察期的基本特征,评估对方的潜在价值和降低不确定性是这一阶段的中心目标。在这一阶段,客户会下一些尝试性的订单,企业与客户开始交流并

建立联系。因客户对企业的业务进行了解，企业要对其进行相应的解答，某一特定区域内的所有客户均是潜在客户，企业投入是对所有客户进行调研，以便确定出可开发的目标客户。此时，企业有客户关系投入成本，但客户尚未对企业作出大的贡献。

（二）形成期

形成期是关系的快速发展阶段。双方关系能进入这一阶段，表明在考察期双方相互满意，并建立了一定的相互信任和交互依赖。在这一阶段，双方从关系中获得的回报日趋增多，交互依赖的范围和深度也日益增加，逐渐认识到对方有能力提供令自己满意的价值（或利益）和履行其在关系中担负的职责，因此，愿意承诺一种长期关系。在这一阶段，随着双方了解和信任的不断加深，关系日趋成熟，双方的风险承受意愿增加，双方的交易也不断增加。当企业对目标客户开发成功后，客户已经与企业发生业务往来，且业务在逐步扩大，此时已进入客户成长期。企业的投入和开发期相比要小得多，主要是发展投入，目的是进一步融洽与客户的关系，提高客户的满意度、忠诚度，进一步扩大交易量。此时，客户已经开始为企业作贡献，企业从客户交易获得的收入已经大于投入，开始盈利。

（三）稳定期

稳定期是关系发展的最高阶段。在这一阶段，双方或含蓄或明确地对持续长期关系作了保证。这一阶段有如下明显特征：

（1）双方对对方提供的价值高度满意。

（2）为能长期维持稳定的关系，双方都作了大量有形和无形投入。

（3）大量的交易。

因此，双方的交互依赖水平在这一时期达到整个关系发展过程中的最高点，双方关系处于一种相对稳定状态。此时，企业的投入较少，客户为企业作出较大的贡献，企业与客户交易量处于较高的盈利时期。

（四）退化期

退化期是关系发展过程中关系水平逆转的阶段。关系的退化并不总是发生在稳定期后的第四阶段，实际上，在任何一阶段关系都可能退化。引起关系退化的可能原因很多，如一方或双方经历了一些不满意、需求发生变化等。

退化期的主要特征有：交易量下降；一方或双方正在考虑结束关系，甚至物色候选关系伙伴（供应商或客户）；开始交流结束关系的意图等。

当客户与企业的业务交易量逐渐下降或急剧下降，客户自身的总业务量并未下降时，说明客户关系已进入衰退期。

此时，企业有两种选择，一种是加大对客户的投入，重新恢复与客户的关系，进行客户关系的二次开发；另一种做法是不再做过多的投入，渐渐地放弃这些客户。企业的两种不同做法自然就会有不同的投入产出效益。当企业的客户不再与企业发生业务关系，且企业与客户之间的债权债务关系已经理清时，意味着客户生命周期的完全终止。此时，企业有少许成本支出而无收益。

三、基于客户关系生命周期的客户关系管理策略

每个企业都想尽可能地延长客户关系的生命周期，尤其是成熟期。因为较长的客户

生命周期,意味着可以更多地从该企业获取利润。在掌握了客户的生命周期特点之后,应适时地根据客户所处的不同生命周期阶段采取不同的个性化服务,从战略到操作实行差别化策略,最大可能地降低成本、提高收益,从而增强企业的竞争力。

在潜在的客户期和客户开发期,企业的主要策略是吸引客户,建立客户关系;在客户的成长期和成熟期,企业的主要策略是留住客户,更好地维系客户关系;在客户的衰退期,企业的主要策略是挽留客户,恢复客户关系;而在客户的终止期,企业的主要策略则是放弃客户,终止客户关系,同时挖掘新的客户关系。下面分别对这四种策略进行简单介绍。

(一)吸引客户,建立客户关系

企业运用各种措施挖掘获取新客户。当企业发现自己企业客源不足;现有客户数量以及带来的利润不能满足企业发展;市场上出现大批有吸引力的潜在客户时,需要重视吸引新客户的工作。

企业可以通过改善自身形象、打响品牌的方式吸引顾客,王老吉在汶川地震时的捐款就是一个很好的树立企业品牌、打响知名度的例子。也可以通过各种营销策略,如价格优惠、新颖服务等方式来吸引顾客。

(二)留住客户,维系客户关系

企业可以通过提高客户认知的方式或提高客户跳槽成本的方式来维持客户群,前者显然优于后者。提高客户认知,从个性化服务和产品着手,不断满足客户日新月异的需求,使客户对企业有认同感,从而愿意长期支持该企业,是顾客自愿的行为;提高顾客跳槽成本的本质是,通过顾客长期对企业相关产品和服务的依赖,跳槽选择其他品牌会给顾客带了许多不便以及附加成本,从而留住顾客,使顾客不得不继续与企业维持关系。这种方式虽能维系客户关系,但不是从根本上维系顾客关系,一旦顾客的跳槽成本降低或者竞争对手诱惑太大,顾客可能就会流失。

维系客户关系的目标是增强与现有客户之间的关系,提高客户保留率。当企业客户流失率较高,现有客户的忠诚度降低时,需要重点关注客户关系的维系。

(三)挽留客户,恢复客户关系

当客户由于这样那样对企业不满意的评价而减少交易进入客户关系衰退期的时候,企业需要尽可能地改善自己的产品或服务去挽留客户。这个过程中需要注意两点问题:第一,改正自己的缺点,针对不同的客户需求提供不同的服务;第二,提供适当的补偿,为顾客带来心理上的安慰感,可以从价格、沟通、产品改进、分销等策略上进行调整。对于自己的错误,必须在纠正的同时让顾客感觉到态度的诚恳及改正的效率。在改正过程中,产品和服务是重点,价格、沟通也是重要方面,尽量与客户达成共识。

(四)放弃客户,终止客户关系

导致与客户终止关系的情况有三种:一是企业的原因,自己的产品或者服务存在瑕疵,没有办法达到客户的要求,导致客户跳槽;二是竞争原因,竞争对手向客户提供了更优惠的价格或者更优质的服务,客户决定跳槽;三是客户自身原因,企业无法继续为顾客提供服务,如客户搬家甚至移民,导致客户离开服务范围。

不论是上述哪种情况导致企业与客户无法继续保持关系,企业都应该及时地终止与该客户的关系,避免带来更多的潜在损失。

第四节　客户关系管理系统的评价

一、客户关系管理系统的优缺点

1. 客户关系管理系统的优点

（1）客户关系管理系统可以使销售人员快速得到所有有用的客户信息，使企业能够高效地完成一项交易。

（2）除了能够管理客户与潜在客户的关系外，客户关系管理系统还可以帮助企业了解有关个人或企业的信息，并且吸收和存储学习到的知识或经验教训。

（3）企业可以使用客户关系管理系统挖掘更多的潜在客户和销售线索，增加销售额、扩大现有客户的平均有效期，并跟踪和服务现有客户。

（4）客户关系管理系统放大了销售人员的时间利用率，还可以让销售人员互相分享信息变得更加容易。

（5）客户关系管理系统还有机遇管理功能，这使得销售人员可以根据一定的标准，如潜在客户的规模或该潜在客户是否要求提供关于产品或服务的信息等，对潜在销售线索进行评分。

（6）客户关系管理系统也可以用于基于事件营销，例如，某些客户可能在某个特定的时间需要某些产品，通过搜集这些客户信息，并将这些信息用于产品营销，能够大大提高营销人员的成功率。

2. 客户关系管理系统的缺点

（1）让自己的员工学会使用客户关系管理系统软件非常花时间，由于功能强大，让每个人了解系统的运转和使用需要很长的时间。

（2）CRM系统的另一个局限性是成本太高。该软件安装、维护的成本非常昂贵，故普及客户关系管理系统也存在相当高的代价。

（3）采取托管模式——客户关系管理数据库位于供应商的数据中心，而用户只需通过网络就能访问，往往是一种更经济实惠的选择。但托管模式的缺点是一旦网络瘫痪或者无法访问网络，企业就无法使用该系统。

（4）客户关系管理系统虽可以做很多事情，但有时由于该系统被添加了太多华而不实的功能，使得系统过于复杂，很难学习或使用。

二、客户关系管理的现状与发展

（一）我国的CRM应用现状

谈到CRM，大企业往往希望CRM能迅速促进企业的销售业绩，但庞杂的业务和功能多维交叉的部门设置，却使这个过程显得艰难而漫长；小企业很想与CRM一亲芳泽，但媒体宣传天文数字般昂贵的投资和软件系统的复杂程度往往使其望而却步。深入审视和分析我国CRM市场的现状，会发现一组很有意思的对比。

1. CRM 概念涵盖面很广,但与中国企业现状契合度很小

在静态层面,可以将 CRM 概括为一种管理思想在管理软件系统中加以体现。其目标是通过采用信息技术,使企业市场营销、销售管理、客户关怀、服务和支持等经营环节的信息有序地、充分地、及时地在企业内部和客户之间流动,实现客户资源的有效利用。其核心思想是将客户群体看作企业宝贵的外部资源,并第一次将客户的所有权提升到企业一级而不是单个部门。

从动态的方面考察,CRM 的生命周期包括数据集成、客户分析、面向客户的战略决策三个阶段,其中,CRM 实施成功与否的关键是第二步。即要用先进理念和精准模型对集成化数据进行模拟和分析,从而挖掘客户潜在价值,发展潜在客户。

但是,如果深入中国企业的管理实践,能够为理论中的 CRM 找到的现实支撑点却很少。长期以来,我国的企业生存在由计划经济向市场经济转轨的无序氛围中,卖方市场条件下形成的营销体系、不甚健全的市场反应机制、基础薄弱的企业信息化建设和中国特色明显的管理体制,是建设现代企业机制的四大"死穴",也成为 CRM 在中国的最大阻力。

CRM 发轫于 1990 年,20 多年的发展经历了"销售力量自动化系统—客户服务系统—呼叫中心"的 3 次跃迁,综合了现代市场营销和现场服务的理念,集成了 CTI(计算机电话集成技术)和 Internet 技术。

显然,CRM 的理论提炼与西方企业管理科学化的进程紧密相伴,而这恰恰是中国企业的差距,从业务规模到管理水平,注定了在中国照搬洋理论只能是水土不服。

目前,Oracle、Sieble、艾克、SAP 等公司的 CRM 相继浮现。在中国企业中,普及 CRM 必然是一个双向渐进的过程:其一,利用客户关系管理的基本思想和模型构建伸缩性更强、更实用的中国版本;其二,借助 CRM,以营销环节的信息化、科学化拉动整个企业管理体制和水平的进步。本土 CRM 厂商在充分研究了国内企业信息化进程缓慢的现状后,终于挑起了面向中国企业的 CRM 这杆大旗。联成互动、Turbo、创智等 IT 企业在一番势力划分后,已担当了中小企业 CRM 的旗手。

2. CRM 全套解决方案中的功能模块很多,但真正能在企业内部达成应用共识的却很少

建设 CRM 要渐进而行,国外也一样。因为一整套的 CRM 功能模块实在太多,几乎每个环节的实施都涉及对旧有模式的颠覆或重构,企业需要一个接受的过程。

调查资料

Harte-Hanks

来自 Harte-Hanks 的最新调研表明,CRM 目前仅有一个重要组成部分得到公认,也就是在一个营销组织内的多个部门之间共享客户资料,70% 的公司把为内部销售人员访问顾客资料作为 CRM 解决方案的一个必不可少的部分。此外,企业对 CRM 系统其他功能的需求表现出了不同的态度,按照重要程度依次为:顾客服务/技术支持(67%)、外部销售(59%)、营销交流(51%)、会计/财务(41%)、产品营销(41%)、呼叫中心(40%)。

据保守估计,现在全球有超过 600 家知名企业涉足 CRM 产品领域,各家的概念、产品、标准、接口各不相同,带给客户的影响自然也是林林总总、各窥一斑。

国内市场也是如此,从企业级的综合软件开发商用友、金蝶到 CRM 专业软件开发商联成互动,甚至各种以系统集成为主业的小公司,都把 CRM 纳入自己的产品链。但在这种表面繁荣的背后,却是中国企业内部 CRM 应用普遍集中于数据集成的初级阶段。这种现实在短期内并非坏事,因为中国企业迫切需要补上从感性到理性、从经验到数字的基础课,但如果长期囿于这种低水平应用,则会从根本上削弱 CRM 在中国的成长基础。今天的中国市场迫切需要致力于 CRM 产品开发的专业厂商,企业迫切需要能够得到业务部门普遍认同的应用模块。

3. 目前 CRM 的品牌很多,但真正能够为中国中小企业提供实惠且实用服务的却很少

根据应用规模,CRM 产品可分为三类:最大的是以全球企业或者大型企业为目标客户的企业级产品,其次是以 200 人以上、跨地区经营的企业为目标客户的中端产品,第三是以 200 人以下企业为目标客户的中小企业产品。

国内外的知名品牌(如 Oracle、Sieble、用友、金蝶、Onyx、Pivotal 等),几乎都已在国内市场露面,目标直指大中型企业级市场。应该说,国际知名品牌的 CRM 产品在设计理念和稳定性、安全性方面都有独到之处。但中国市场的现实是,一方面,国内企业的绝对规模在国际企业的参照系中都要"降级处置",大多数属于中小企业甚至"超小型企业";另一方面,即使是在规模较大的中国企业内部,组织体系、业务交叉和流程管理的复杂程度也远逊于国外。于是,对于中国企业而言,国外产品的设计理念和研发思路很可能过于复杂和"超前",而代价是价格不菲甚至是惊人的美元。此外,中国企业实施 CRM 是业务流程重构的开端,整个过程需要有 CRM 开发商有力的服务支持和技术参与,这样才能保证 CRM 模块的伸缩性和实用性。然而,基于收益的因素考虑,国际厂商和国内综合型开发商很难对绝大多数中国企业客户保持这样的耐心,真正实用且实惠的专业服务只能来自本土的 CRM 专业厂商。

(二) CRM 系统未来的发展

尽管 CRM 在中国市场已经获得了一些阶段性的发展,但其发展到成熟阶段需要一定的过程。CRM 还要经过一个市场培育期。严酷的市场环境和技术力量的不足,也使得本土厂商的发展不会顺利。但也应该看到,CRM 本身正处于一个动态的发展过程中,这为肯于下力气搞创新的厂商提供了大量的机会;同时,北美厂商近期内不会投入太大力量关注中国市场,也为中国本土厂商提供了巨大的市场空间。而 CRM 何时走出低谷,还要取决于 CRM 供应商和广大传统企业用户的共同努力,但决定未来 CRM 市场发展的关键因素很多。

从软件厂商来看,CRM 软件厂商应进一步提升产品的功能水平和应用能力,尤其是产品的分析能力以及与其他主流应用系统的集成能力;同时,应深入开发服务行业的 CRM 应用,并且进一步关注中低端企业的 CRM 应用。

从用户角度来看,用户应该进一步提升对 CRM 的理解、加大对分析型 CRM 的投资,详细确定需求,制定投资目标,同时加强对数据的管理。

从项目实施来看，CRM项目实施的方法和流程需要进一步规范，CRM项目推进需要更多专业化的CRM实施咨询公司的出现。

根据大中华区客户关系管理组织的研究报告，可以推断未来中国CRM市场将呈现出以下四大主要发展趋势：

（1）中国市场还会保持几年市场培育阶段。在近期内，中国大量的中小企业需要集ERP和CRM功能于一体的电子商务解决方案。

（2）北美厂商近两年内仍然不会投入太大力量关注中国市场。

（3）在中小企业市场，将以价格竞争为主，不幸的是，这会使CRM市场出现像其他中国产品市场一样重价格、不重服务的现象，这会使CRM理念无法在CRM产品本身实践。

（4）各提供商将对已有功能进一步强化，功能扩展行动得以继续，但本土型厂商要开发灵活丰富的客户化工具及业务流程设计工具将有很大的难度。

第五节　实践课业指导

一、课业任务

选择一家企业，根据客户生命周期理论对该企业的客户进行生命周期分析。

二、课业要求

对处在不同生命周期阶段的客户从收益、客户关系成本、产品成本、净现值等角度进行简要概括。

三、理论指导

关于客户生命周期阶段的划分，不同的研究人员从不同的角度进行了大量的研究。客户关系生命周期一般可划分为考察期、形成期、稳定期和退化期。

（一）考察期

考察期是关系的探索和试验阶段。在这一阶段，双方考察和测试目标的相容性、对方的诚意、对方的绩效，考虑如果建立长期关系双方潜在的职责、权利和义务。双方相互了解不足、不确定性大是考察期的基本特征，评估对方的潜在价值和降低不确定性是这一阶段的中心目标。在这一阶段客户会下一些尝试性的订单，企业与客户开始交流并建立联系。

（二）形成期

形成期是关系的快速发展阶段。双方关系能进入这一阶段，表明在考察期双方相互满意，并建立了一定的相互信任和交互依赖。在这一阶段，双方从关系中获得的回报日趋增多，交互依赖的范围和深度也日益增加，逐渐认识到对方有能力提供令自己满意的价值(或利益)和履行其在关系中担负的职责,因此,愿意承诺一种长期关系。在这一阶段,随着双方了解和信任的不断加深,关系日趋成熟,双方的风险承受意愿增加,双方的交易不断增加。此时,客户已经开始为企业作贡献,企业从客户交易获得的收入已经大于投入,开始盈利。

(三) 稳定期

稳定期是关系发展的最高阶段。在这一阶段,双方或含蓄或明确地对持续长期关系作了保证。这一阶段有如下明显特征:

- ➤ 双方对对方提供的价值高度满意;
- ➤ 为能长期维持稳定的关系,双方都作了大量的有形和无形投入;
- ➤ 大量的交易。

(四) 退化期

退化期是关系发展过程中关系水平逆转的阶段。退化期的主要特征有:交易量下降;一方或双方正在考虑结束关系甚至物色候选关系伙伴(供应商或客户);开始交流结束关系的意图等。当客户与企业的业务交易量逐渐下降或急剧下降,客户自身的总业务量并未下降时,说明客户关系已进入衰退期。

四、实践形式

将班级分成若干个小组,每小组为4—6人,每组确定一个项目负责人。选择一家企业,经过对企业的调查分析,对该企业的客户进行生命周期分析。

五、课业范例

Sacramento 的客户生命周期分析

在美国西海岸加州的 Sacramento,西北主干道靠近第 5 国道的地方,有一个加油服务站,他们将重点定位在两类不同的客户。

第 1 类:附近的顾客

特点:频繁光顾的顾客,通常从他们搬到附近即开始购买行为,直到他们搬离这个地区(见表 2-1)。

表 2-1 附近顾客的客户关系生命周期

阶 段	潜在客户	新增客户	重点客户关系	衰减的客户
收益	无	第一次加油费	从家庭中的第二次、三次开始购买汽油产生增幅	离开,收益终止
客户关系成本	加油站的告示牌	欢迎邻居;关怀计划	通过忠诚卡计算家庭购买的数量;定期提供免费洗车服务、咖啡券和 x 加仑的兑换券	无
产品成本	无	汽油	汽油	无
净现值	负值	增长	增长,波峰	衰减

第 2 类：州际长途卡车司机

特点：对大的客户每次进行重复。其中，有些司机定期会路过这个加油站，而其他人会非定期地通过该加油站（见表 2-2）。

表 2-2　州际卡车司机的客户关系生命周期

阶　段	潜在客户	新增客户	峰值期的客户关系	衰减的客户
收益	无	第一次加油费	司机再次光顾时收益增高。波峰取决于司机的路途安排	离开，收益终止
客户关系成本	在精良的食品和休息设施方面的投资	友好；欢迎仪式；记得司机姓名	保障食品本身、食品和加油服务的高质量，清洁洗手间，设立吸烟区；根据"Joe sent me"的推荐计划，兑现奖品	"Joe sent me"推荐计划同司机们到访该加油站受到的礼遇不符
产品成本	无	汽油和食品	汽油和食品	无
净现值	负值	增长	增长，波峰	衰减

以上案例在对客户进行大类细分的基础上，对每种不同特点的客户再根据生命周期进行分类讨论，分析出处在不同生命周期阶段的客户分别对于企业的收益和成本，以及企业应该采取的应对策略。

（资料来源：冯美玲，《客户世界》）

前沿研究

基于生命周期理论的客户知识挖掘

随着知识经济时代的到来，知识作为生产力的要素之一，它的重要性日趋显现，并逐渐成为现代社会经济发展的重要推动力量。以知识为核心的管理——知识管理，作为一种全新的经营管理模式越来越受到企业的重视，并被越来越广泛地运用到企业实践中。伴随着企业向"以客户为中心"的转变，客户知识管理作为企业知识管理中的重要一环，日渐成为企业管理者关注的焦点。如今，企业信息化水平的提高已经使企业有能力获得广泛的客户数据和信息，但是如何对这些数据资料进行科学地分析、处理，从而挖掘出对管理和决策过程有益的信息和知识，却是企业面临的主要挑战，利用现代化、智能化的知识挖掘技术可以有效地解决这一问题。

客户与企业发生联系的全过程的不同阶段和状态构成客户的生命周期。客户在与企业发生业务的过程中，从未发生接触到初次接触，形成销售机会，再到签约，直至成为用户，并发生购买，客户所处的阶段和状态随时都在变化。针对不同状态的客户，需要不同的策略。将知识挖掘技术应用于客户生命周期的各个阶段，有利于充分利用客户知识，洞察客户关系的动态特征，提高企业客户关系管理能力，提升客户价值。

为了保持持续竞争力，企业总是希望能从销售、市场、客户服务等与客户直接接触的部门获得有关客户的信息。通过对这些信息进行整理、保存、更新、应用、测评、传递、分享和创新等基础环节后,形成关于客户的知识,并通过知识的生成、积累、交流和应用管理,复合作用于组织的多个领域,以实现客户知识的资本化和产品化。客户知识管理就是企业通过与客户互动过程中所获得的知识的创造、交流和应用,使企业业务增长和价值最大化,实现创造公司价值、维持竞争优势的过程。

过去,由于技术的限制,企业信息系统的开放性不足,跨系统的整合较难实现,客户知识管理难以真正落实。而今,在电子商务广泛普及的情景下,通过跨平台的整合,借助数据仓库和知识挖掘技术,企业能够更有效地掌握客户信息、行为及需求,实现客户知识管理。基于知识挖掘的客户知识管理过程,如图2-3所示。

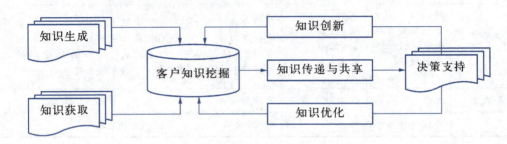

图2-3 客户知识管理过程

知识挖掘是从大量的、不完全的、有噪声的、模糊的数据中,提取出可信的、新颖的、潜在有用的、能被人理解的信息、模式和知识的过程。概括而言,知识挖掘可以实现分类、预测、关联分析、聚类、异常性分析、演变分析等功能。知识挖掘是一个智能化的过程,它在客户知识管理中的价值主要体现在知识发现和知识学习上。知识挖掘可以基于特定领域,对知识进行收集、分析和可视化处理,提高分析结果的质量和价值。同时,知识挖掘可以实现隐性知识的显化,并从已有知识资产中选取出可利用的决策知识,形成决策智慧、辅助决策和行动方案的制定。客户知识挖掘能够按照既定的目标对海量的客户数据进行搜索,将其模型化成有序的、分层次的、易于理解的信息,并进一步转化成可用于干预预测和决策的客户知识,从而提升客户知识管理的质量。

客户作为企业的主要资产,他们并不是静止不变的实体,他们的行为随时间而动态变化,从而展现出一种类似生命周期的变化形式。了解这种变化是客户知识挖掘价值的一个重要部分。客户生命周期描述了客户从一种状态(一个阶段)向另一个状态(另一个阶段)运动的发展轨迹和总体特征,它通常展现出如图2-4所示的形式。

客户在生命周期的不同阶段受不同因素的影响而表现出不同的行为,企业唯有针对不同阶段采取相应的行为措施,获取、激活、管理、保持和赢回客户,才能够保证企业与客户之间关系的持续、良性发展,为企业创造价值。需要指出的是,图2-4中描述了一个理想的客户生命周期模式,经历了完整的四个阶段。各阶段之间具有不可跳跃性,但是客户在任何一个阶段都有可能退出。将知识挖掘技术应用于客户生命周期的各个阶段,有利于洞察客户关系的动态特征,充分利用客户知识,提高企业客户关系管理能力,延长客户生命周期的持续时间,维持和提升客户价值。

在客户生命周期的不同阶段,客户的行为特征不同、驱动企业对客户关系发展的因素不同、对客户知识的需求也不同,因此,在使用知识挖掘工具时,应该根据不同需求而

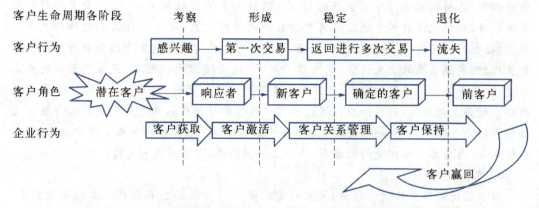

图 2-4 客户生命周期各阶段及其相应的客户行为、客户角色与企业行为

区别对待。下面基于客户生命周期理论,从动态的角度分析客户生命周期各阶段中知识挖掘技术在客户知识管理中的应用。

1. 客户获取

客户获取是指吸引潜在客户,并将他们变成客户的过程。客户获取包括发现那些对企业产品或服务不了解的顾客,或是以前接受竞争对手服务的顾客。并非市场中的所有个体都能成为企业的潜在客户,他们中的大部分人会因为地理、年龄、支付能力以及对产品或服务的需求等各种原因而被排除在潜在客户群体之外。利用知识挖掘技术,对基于地理层次的人口统计学数据进行挖掘和分析,对目标进行分类、聚类或协同过滤,可以帮助企业筛选出有价值的潜在客户。另外,利用企业已有客户的信息特征也可以识别出可能的潜在客户。与此同时,知识挖掘的关联分析功能可以帮助企业了解怎样的广告投放和定向营销方式能取得对潜在客户的最佳宣传效果。

2. 客户激活

客户激活过程是指潜在客户从对企业产品作出响应,到进行第一次交易活动的过程。在此过程中,客户通常会留下大量信息,包括住址、电话号码、身份证号、银行账号等基本信息,个体或团体、产品使用者或市场中介等客户类型信息,年龄、收入、兴趣、文化背景、组织性质、组织规模、组织购买力等客户属性信息。这些信息作为客户激活的初始条件,通常是长期客户行为的有效预报器。利用数据仓库和知识挖掘对这些客户信息进行有效地整理、保存和更新,将大大有益于后续的客户关系管理。同时,如果客户激活失败,知识挖掘则能够帮助企业找到失败的原因,从而改良客户激活的操作过程。

3. 客户关系管理

客户关系管理是知识挖掘的重要应用领域。在客户知识管理中,需要挖掘的数据和知识的最主要来源就是已建立的客户。企业能够利用知识挖掘分析客户在此阶段所表现出来的个性化行为,用来预测客户需求,减少信用风险,完善客户服务,提高销售收益。知识挖掘可以通过特征化、分类和聚类方法把大量的客户分成不同的类别,在每一个类别里的客户具有相似的属性和群体行为,从而了解不同客户群的消费偏好,针对不同层次客户制定个性化的策略,提供有针对性的产品和服务,进而提高客户满意度。通过分析客户的行为、信用记录和背景信息,知识挖掘能够建立预警模型,对客户拖欠的可能性进行预测,从而采取手段降低企业的损失。通过对客户数据的多维分析、聚类分析和孤立点分析,知识挖掘能够发现客户消费过程中的异常现象,对可能存在的欺诈行为进行报警,使企业能及时快速地作出反应。知识挖掘可以应用关联规则方法分析得出最优的销售搭配,实现商品的交叉销售,扩大客户关系,进而使客户从更多、更满足需求的产品中受益,使企业的销售额增长,实现客户与企业的双赢。同时,企业客户知识中包含大量的客户服务支持信息,利用知识挖掘技术可以将这些结构化或是半结构化的客户服务支持信息转化成客户服务知识,储存在客户知识库中,供企业在客户关系管理中应用、分享和创新,进而为客户提供更好的服务,为企业提供快速、有效的决策支持。

4. 客户保持

由于获得新客户的代价昂贵,并且短期内新客户往往比已有客户带来的收益更小,因而客户流失导致的损失不容忽视。客户保持对企业而言至关重要,然而,并非所有的客户都值得保留。客户保持的目标是保留住有价值的客户。知识挖掘有利于识别有价值的客户,根据客户的历史纪录评估每一位客户的流失风险,发现容易导致客户流失的突发事件,进而将优惠服务集中锁定于既有价值又具有流失风险的客户,并采取行动预防客户关系中的突发事件而导致客户流失。

5. 客户赢回

客户流失后,并不意味着企业完全失去了他们,客户赢回的目标就是设法拉回有价值的客户。客户赢回的手段通常包括提供激励、产品和价格奖励等。知识挖掘能够帮助企业发现客户流失的原因,进而调用知识库中的知识。采取有针对性的手段实施客户赢回策略。

伴随着企业间日益激烈的竞争,资本与技术已不能使企业保持长久的优势地位,知识成为企业唯一的可持续优势,客户成为企业的主要资产,企业必然要向客户知识管理的方向转变。在客户知识管理过程中,面对复杂的数据和信息,知识挖掘是一种很好的分析和处理工具。将知识挖掘技术引入客户知识管理,在客户生命周期的各个阶段正确、合理地利用知识挖掘技术,有助于洞察客户关系的动态特征,保证客户关系的持续良性发展,提升客户价值,提高客户知识管理的质量。

(资料来源:杜蓉、孙烨,http://www.newmaker.com/art_36220.html)

案例

客户终身价值的挖掘

美国的主机行业竞争非常厉害,各大域名主机提供商主要是通过联署营销方式进行推广,但奇怪的是,这些主机提供商给的佣金却有可能超过产品的销售价格。

例如,Hostgator 这家美国主机提供商热卖的一款主机是无限空间无限流量的,可以有无数个网站,还赠送 100 美元 adwords 广告优惠券等。价格非常低,每月仅需 7.96 美元,也就是一年只需要 95.6 美元,但它们给联署营销商的佣金是 100 美元。计算一下的话,它们是在赔钱,因为卖 95.6 美元的产品,佣金反而给 100 美元,同时自己还要提供虚拟主机服务,肯定赔钱。

如果 Hostgator 赔钱的话，它们是不可能做到行业前几名的，它们肯定赚钱。那么，它们如何赚钱？它们为什么要进行"赔钱"的推广呢？因为它们看重的是客户终身价值。

从第一年来看，它们确实是赔钱的，但是大部分购买了它们虚拟主机的客户，会长期使用。假如一个客户使用它们主机的时间是5年，这5年中客户付给它们的是5个95美元，所以，它们最后还是赚钱的。正因为它们看重的是客户的终身价值，它们才把佣金调得非常高，几乎把第一年的销售额都给了帮助它们进行推广的联盟成员，正因为佣金非常高，全世界非常多的网站都会帮它做推广，它才能够在激烈的竞争中发展得非常迅速，并且越做越大。

客户终身价值指的是每个购买者在未来可能为企业带来的收益总和。假如，你有2 000的稳定客户，这些客户与你合作的时间平均是两年，并且在过去两年中给你带来的净利润为150万元。客户终身价值可以计算为：

$$1500000 元 / 2000 = 750 元$$

这意味着，每一个新客户在两年中平均可以给你带来750元的利润。

如果你没有数字，也要实际估算一下你的客户终身价值是多少，当你知道了客户终身价值之后，你再比较一下这个客户第一次购买你的产品给你带来的价值，你就会发现他们之间的巨大差别了。很多企业仅仅看到了第一次的价值，而看不到客户终身价值，常常会做一些比较短视的行为，从而制约了其销售增长。

为什么第一次的销售价值和客户终身价值差很多呢？因为信任是逐步建立的。客户第一次购买是对你的产品的一个尝试，如果你的产品用得好，他会更加地相信你，他还会继续购买，甚至推荐给朋友购买。

如何挖掘客户终身价值让企业的销售业绩倍增呢？

1. 以客户终身价值为衡量标准，提高你的推广佣金，促使更多的合作伙伴帮你拓展业务。

2. 开发后端产品，给客户更多的产品和服务，赚取更多的销售收入。

3. 提高服务质量，持久地留住客户。

（资料来源：《企业发展》http://www.yingxiaoquan.com/）

案例思考题

1. 为什么企业要强调顾客终身价值？
2. 为了获得顾客终身价值而牺牲企业的短期利益是否值得？
3. 如何挖掘企业客户的终身价值？

练习与思考

一、名词解释

客户关系 客户终身价值 客户生命周期及价值 客户关系管理系统

二、填空题

1. 以_____为核心的世界新技术革命把我们带入了知识经济时代。
2. 从管理科学的角度来考察 CRM，CRM 是以_____为基础的。

三、单项选择题

1. 以下说法正确的是(   )。
   A. 争取新客户的成本低
   B. 保留老客户的成本低
   C. 争取新客户的成本与保留老客户的成本差不多
   D. 争取新客户和保留老客户的成本要根据实际情况来定
2. 客户关系生命周期从动态角度研究客户关系，可以分为四个阶段，其中,(   )关系是发展的最高阶段。
   A. 考察期　　　B. 形成期　　　C. 稳定期　　　D. 退化期
3. 客户关系生命周期从动态角度研究客户关系，可以分为四个阶段，其中,(   )关系是探索和试验阶段。
   A. 考察期　　　B. 形成期　　　C. 稳定期　　　D. 退化期
4. 客户关系管理的终极目标是(   )的最大化。
   A. 客户资源　　　　　　　　　B. 客户资产
   C. 客户终身价值　　　　　　　D. 客户关系
5. (   )是客户与企业关系开始到结束的整个客户生命周期的循环中，客户对企业的直接贡献和间接贡献的全部价值总和。
   A. 客户终身价值　　　　　　　B. 创造价值
   C. 获取价值　　　　　　　　　D. 让渡价值

四、多项选择题

1. 客户关系生命周期可分为(   )阶段。
   A. 考察期　　　B. 形成期　　　C. 稳定期　　　D. 退化期
2. 导致客户与企业终止关系的原因有(   )。
   A. 竞争原因　　　　　　　　　B. 企业原因
   C. 宏观原因　　　　　　　　　D. 客户自身原因
3. 按照单次交易收益和重复交易次数，可将顾客分为(   )。
   A. 流星顾客　　　　　　　　　B. 黄金顾客
   C. 小溪顾客　　　　　　　　　D. 负担顾客
4. CRM 系统的核心目标包括(   )
   A. 以客户为中心
   B. 培养和维护客户的忠诚度
   C. 利用个性化服务关注重点客户群体
   D. 整合企业内部资源
5. 一般企业从(   )维度出发，综合应用相关的技术对客户关系管理体系做支持。
   A. 客户满意度　　　　　　　　B. 客户忠诚度

C. 客户购买力 D. 客户生命周期

五、简答题

1. 什么是客户生命周期？它可以分为哪几个阶段？
2. 基于客户生命周期理论有哪些客户关系管理战略？
3. 什么叫客户终身价值？如何提升客户的终身价值？
4. 客户关系管理系统有哪几种分类方法？

第三章

客户信息管理

 学习目标

学完本章,你应该能够:
1. 掌握如何获取客户。
2. 掌握如何建立客户信息档案。
3. 掌握如何对客户资料进行分析。
4. 了解如何管理网络中的客户信息。

 基本概念

客户信息　客户来源　客户信息档案　客户资料

前面提到,企业开发一个新客户的成本远比维持老客户的成本高得多,从某种意义上说,现有客户还能间接地帮助介绍新客户。所以,如何维持住老客户,掌握好客户的基本资料信息,适时方便、有效地提取客户资料,对客户资料进行分析,是客户关系管理中的一个重要研究课题。

本章从对客户信息进行管理的角度,讨论如何高效地从客户的来源到客户资料的保存、分析,乃至如何应用网络中的客户资源,对其资料进行管理。

第一节　建立客户来源中心

一、建立客户来源中心

做生意,客户资料就是个宝,所谓知己知彼,方能百战百胜。当然,和客户成为朋友,谈起生意来也就容易多了。想要成功,就必须了解客户。准客户的资料是企业最珍贵的资产,各行各业都应该建立客户的资料库,对有价值的客户资料进行归集、整理、保存,有些企业将客户资料看作企业的"机密"文件,防止自己企业客户资料的遗失和外泄。

获取客户资料是利用客户资料的最基本要求。获取了资料却未能妥善地处理好客户资料,很可能使宝贵的客户资料成为废纸一张,没有存在价值,而且还占地方。如何获取客户的资料,建立起企业的客户来源中心,是保管客户资料的第一步。

1. 获取客户资料的来源

(1) 企业经营过程中获得的客户资料。企业经营过程中获得的客户资料是一手资料,也是最重要、最直接,并且花费企业成本最多的数据资料。销售获取这些资料或多或少都要花费一定的成本。例如,电话销售需要付电话费;上门拜访需要公交费、打印复印资料费;市场调查需要打印费,有时需要发放小礼品;邀请客户吃饭、唱歌,还需要业务费支出;等等。获取这些一手资料需要花费大量的时间、精力和成本。因此,如何有效地保管、利用、开发好这些数据,对企业而言至关重要,也是企业建立客户数据库最根本的需求。

(2) 通过第三方获得的客户数据。除了上述获取一手资料的方式之外,现在出现了多种获取客户资料的方法。例如网络查看数据、从行业协会获取数据、购买的资料、政府公开发布的资料、专业的咨询机构提供的数据等。这些资料当中的客户大多是潜在的客户。如何确定资料的来源是否可靠,以确定目标客户范围,又是对企业的一大考验。对不确定真假的数据进行市场调研,以确定数据的可靠性,从而正确地利用数据,也是一个重要问题。

2. 获取客户资料的方法

(1) 直接购买法。在实践中,获取潜在客户资料的方式很多,但是资料的质量是至关重要的。为了获取高质量的潜在客户资料,最终实现潜在客户向现实客户的转化,购买有关潜在客户的资料是一个十分有效的方式。

(2) 原始记录法。如果一个公司刚刚开始建立客户资料库,查阅公司的销售记录是一个最直接和简单的方法。因为从销售原始记录中,不仅可以得到过去和现有客户的名单与信息,还可通过公司销售记录发现客户的类型,以推导出可能的潜在客户。

(3) 无限连锁法。让客户推荐新的客户,再让新客户推荐下一个客户,如此持续下去。

(4) 新增记录法。随身准备一台掌上电脑或笔记本电脑,只要听到或看到一个可能人选的潜在客户,就立刻记录下来,以免忘记。

(5) 熟人法。常言道:"熟人好说话"。因此,发掘潜在客户,亲戚和朋友就是你的捷径。

(6) 名单寻找法。通过邮政黄页或地址簿的名单查找。

(7) 互利互惠法。把其他营销人员的客户拉到你的队伍中来。例如,找个合适的时间,讨论互相提供线索之事,或请他们在合适的时机帮助推荐你的产品或服务。当然,你也应为他们做同样的服务作为回报。

(8) 报刊名册法。报刊、名册是世界上最好的寻找潜在客户的工具之一。

(9) 询问记录法。通常情况下,高质量的潜在客户往往是那些对公司的产品和服务有兴趣的人。因此,记录那些以不同方式进行询问的人,是获取潜在客户信息的有效办法。

(10) 直接访问法。所谓直接访问法,就是走进陌生人的家里、办公室或工厂,挨家挨户地访问推销。这种方法常用来训练新营销人员的胆识。

（11）反馈信息法。已经使用了你公司的产品或服务，并对其优缺点较熟悉的人，是最佳的客户来源。

（12）社会关系法。得到对其周围具有影响力的人的协助，并利用其影响力，把其影响范围内的人都变成潜在客户的方法。

（13）重复销售法。如果平时与旧客户保持着良好的关系，就能够不时地取得各项情报。

（14）电子邮件法。随着科技的进步，对于远程潜在客户的开发，可以通过电子邮件和聊天的方式进行。因为这一方式除了具有发送速度快、简捷等优点外，最大的优点还在于：经常使用电子邮件的人，如果对某类信息感兴趣，他们就会马上回复信件。

二、选取目标市场

目标市场是指具有同质的共同特征，以其行业、地域、收入、喜好等诸多因素而形成的特定的群体或集合。

1. 目标市场的分类

目标市场可以按照年龄、性别、文化程度、职业、收入、区域等分类。

2. 目标市场的选择

（1）拥有大量同质客户。

（2）地域较集中。

（3）市场和自身有好的切合点。

（4）投入与产出的比例恰当。

3. 目标市场开拓技巧

（1）有计划、有步骤地进行。

（2）认真搜集并分析目标市场信息、资料，建立客户档案。

（3）精心准备展业工具。

三、建立客户资料库

完备的客户资料库是公司的宝贵财富。它不仅在保持客户关系方面有重要作用，而且对公司各个部门及最高决策层的决策都具有重要意义。这也正是客户资料库日益受到重视的原因。

客户资料库包括客户服务的对象、目的与公司决策需要以及公司获取客户信息的能力和资料库整理成本等。客户资料库中即使是已经中断交易的客户，也不应放弃。客户资料库一般包括三个方面的具体内容：

（1）客户原始记录。即有关客户的基础性资料，它往往也是公司获得的第一手资料，具体包括个人和组织资料、交易关系记录等。

（2）统计分析资料。主要是通过客户调查分析或向信息咨询业购买的第二手资料，包括客户对公司的态度和评价、履行合同的情况与存在的问题、与其他竞争者的交易情况。

(3)公司投入记录。应包括公司与客户进行联系的时间、地点、方式、费用开支记载、提供产品和服务的记录,为争取和保持客户所付出的费用等。

第二节 建立客户信息档案

一、客户信息档案立档管理

对客户信息进行合理、恰当地立档,既可以及时、有效地反映工作情况,又可以为以后开展工作提供参考资料和文献。所以,加强企业的客户档案立档工作,对客户进行科学管理,对每个企业都具有至关重要的意义。

> **实例资料**
>
> 在戴尔计算机公司销售部的办公桌上分别放着IBM、联想、惠普等品牌的计算机,营销人员随时可以了解竞争对手的产品情况。
> IBM公司在培训新员工时,就专门增加了了解竞争对手资料这一项内容。
> 竞争对手资料包括以下几方面内容:
> (1)产品使用情况;
> (2)客户对其产品的满意度;
> (3)竞争对手销售代表的名字、销售的特点;
> (4)该销售代表与客户的关系等。

1. 立档范围

(1)客户的基本信息。对于个体客户,要记录客户的姓名、性别、年龄、地址、电话等(见表3-1)。对于企业客户,主要包括客户名称、客户地址、负责人、联系方式等(见表3-2)。

表3-1 个体客户资料的基本内容

类别	详细内容
客户档案内容	姓名、昵称(小名)、职称、公司名称、地址、办公室和住宅电话号码、出生年月、出生地、籍贯、身高、体重、身体五官特征
教育背景	高中学校名称与就读时间,大学名称及毕业日期;大学时代得奖记录;大学时所属社团、擅长的运动;如果客户未上过大学,他是否在意学位、其他教育背景;兵役军种、退役时军衔
家庭情况	婚姻状况、配偶姓名;配偶文化程度;配偶兴趣、活动社团;结婚纪念日;子女姓名、年龄,是否有抚养权;子女所在学校;子女喜好

续表

类 别	详 细 内 容
业务背景资料	客户的前一个工作单位名称、地址、受雇时间、受雇职务;在本单位的前一个职务、现职、日期;参与的团体、所任职位;是否聘顾问;客户与本公司其他人员有何种业务上的关系,关系是否良好;本公司其他人员对客户的了解;客户对自己公司的态度;客户长期事业目标为何,短期事业目标为何
特殊兴趣	客户曾参加的俱乐部及目前所在的俱乐部或社团;参与的政治活动、政党;是否热衷社区活动,如何参与;是否热衷宗教信仰;对客户特别机密且不宜谈论的事件(如离婚等)是什么;客户对什么主题特别有意见(除生意之外)
个人生活	过去的医疗病史,目前健康状况;饮酒习惯及嗜好,如果不嗜好酒,是否反对别人喝酒;是否吸烟,若否,是否反对别人吸烟;最偏好的午餐地点、晚餐地点,最偏好的菜式;嗜好与娱乐,喜欢读什么书,喜欢观赏什么运动,喜欢什么话题;喜欢引起什么人注意,喜欢被这些人如何重视;会用什么来形容本客户;客户自认为最得意的成就是什么;你认为客户眼前的个人目标是什么

表3-2 企业客户资料的基本内容

类 别	详 细 内 容
基础资料	客户最基本的原始资料主要包括客户的姓名、地址、电话、所有者,以及他们个人的性格、爱好、家庭、学历、年龄、创业时间、与本公司的起始交易时间,企业组织形式、业种、资产等
客户特征	主要包括服务区域、销售能力、发展潜力、经营理念、经营方向、经营政策、企业规模、经营特点等
业务状况	主要包括销售实绩、经营管理者和销售人员的素质、与其他竞争对手之间的关系、与本公司的业务关系及合作态度等
交易现状	主要包括客户的销售活动现状、存在的问题、保持的优势、未来的对策、企业形象、声誉、信用状况、交易条件,以及出现的信用问题等

(2) 客户的经营业绩。主要包括客户的经营规模、经济实力。

(3) 客户关系。主要包括客户与企业的主要业务来往记录。还需要了解顾客需求的变化,调整店铺经营方案,维系顾客数量;了解顾客对店铺产品及服务的满意程度,客户对促销活动的态度及建议。

(4) 购物信息。包括曾购买过什么商品、购买习惯、购买数量以及购买频率;对于发生的交易订单、咨询以及投诉等。

(5) 建立客户数据库。会使用数据信息挖掘大客户;提供消费咨询和挖掘新客户等。

2. 归档质量要求

(1) 为统一立卷规范,保证案卷质量,立档工作由相关部室兼职档案员配合,档案室文书档案员负责组卷、编目。

（2）案卷质量总的要求是：遵循文件的形成规律和特点，保持文件之间的有机联系，区别不同的价值，便于保管和利用。

（3）归档的资料种数、份数以及每份文件的页数均应齐全完整。

（4）在归档的资料中，应将每份文件的正本与附件、印件与定稿、请示与批复、转发文件与原件、多种文字形成的同一文件，分别立在一起，不得分开，文电应合一立卷。绝密文电单独立卷，少数普通文电如果与绝密文电有密切联系，也可随同绝密文电立卷。

（5）不同年度的资料一般不得放在一起立卷，但跨年度的请示与批复，放在复文年立卷；没有复文的，放在请示年立卷；跨年度的规划放在针对的第一年立卷；跨年度的总结放在针对的最后一年立卷；跨年度的会议文件放在会议开幕年；其他文件的立卷按照有关规定执行。

（6）客户档案资料应区别不同情况进行排列。密不可分的材料应依序排列在一起，即批复在前、请示在后；正件在前、附件在后；印件在前、定稿在后。其他材料依其形成规律或特点，应保持资料之间的密切联系，并进行系统的排列。

（7）客户资料应按排列顺序，依次编写页号，并对装订的案卷应统一在有文字的每页材料正面的右上角、背面的左上角打印页号。

（8）永久、长期和短期案卷必须按规定的格式逐件填写卷内文件目录，填写的字迹要工整。卷内目录放在卷首。

（9）有关资料的情况说明，都应逐项填写在备考表内。若无情况可说明，也应将相关负责人的姓名和时期填上以示负责。备考表应置卷尾。

（10）案卷封面应逐项按规定用毛笔或钢笔书写，字迹要工整、清晰。

（11）案卷的装订和案卷各部分的排列格式：装订前，卷内材料要去掉金属物，对被破坏的材料应按裱糊技术要求托裱，字迹已扩散的应复制并与原件一并立卷，案卷应用三孔一线封底打活结的方法装订。

（12）案卷各部分的排列格式：软卷封面（含卷内文件目录）—客户资料—封底（含备考表），以案卷号排列次序装入卷盒，置于档案柜内保存。

二、客户档案管理

（一）建立客户档案卡

作为客户档案管理的基础工作，是建立客户档案卡（又称客户卡、客户管理卡、客户资料卡等）。采用卡的形式，主要是为了填写、保管和查阅方便。

客户档案卡主要记载各客户的基础资料，这种资料的取得主要有三种形式：

（1）由推销员进行市场调查和客户访问时整理汇总。

（2）向客户寄送客户资料表，请客户填写。

（3）委托专业调查机构进行专项调查。

然后，根据这三种渠道反馈的信息，进行整理、汇总，填入客户档案卡。

在上述三种方式中，第一种方式是最常用的。第二种方式由于客户基于商业秘密的考虑，不愿提供全部翔实的资料，或者由于某种动机夸大某些数字（如企业实力等），所以，对这些资料应加以审核。但一般来讲，由客户提供的基础资料绝大多数是可信的且应比较全面。第三种方式主要是用于搜集较难取得的客户资料,特别是危险客户的信用状况等,但需要支付较多的费用。

通过推销员进行客户访问建立客户档案卡的主要做法是:编制客户访问日报(或月报),由推销员随身携带,在进行客户访问时,即时填写,按规定时间上报,企业汇总整理,据此建立分客户的和综合的客户档案。另外,还可编制客户业务报表和客户销售报表,以从多角度反映客户状况。

为此,需制定推销员客户信息报告制度(其中包括日常报告、紧急报告和定期报告),还需制定推销员客户信息报告规程。

(二)客户分类

利用上述资料,将企业拥有的客户进行科学地分类,目的在于提高销售效率,促进企业营销工作更顺利地展开。客户分类的主要内容包括以下几方面。

1. 客户性质分类

分类的标识有多种,主要原则是便于销售业务的展开。例如,按所有权划分,有全民所有制、集体所有制、个体所有制、股份制、合资等;按客户性质划分,有批发店、零售商、代理店、特约店、连锁店、专营店等;按客户地域划分,有商业中心店、交通枢纽店、居民社区店、其他店铺等。

2. 客户等级分类

企业根据客户的实际情况,确定客户等级标准,将现有客户分为不同的等级,以便于进行商品管理、销售管理和货款回收管理。

3. 客户路序分类

为便于推销员巡回访问、外出推销和组织发货,首先将客户划分为不同的区域,然后再将各区域内的客户按照经济合理原则,划分出不同的路序。

(三)客户构成分析

利用各种客户资料,按照不同的标识将客户分类后,分析其构成情况,以从客户的角度全面把握本公司的营销状况,找出不足,确定营销重点,采取对策,提高营销效率。客户构成分析的主要内容包括以下几方面。

1. 销售构成分析

根据销售额等级分类后,分析在公司的总销售额中各类等级的客户所占的比重,并据此确定未来的营销重点。

2. 商品构成分析

通过分析企业商品总销售量中各类商品所占的比重,以确定对不同客户的商品销售重点和对策。

3. 地区构成分析

通过分析企业总销售额中不同地区所占的比重,借以发现问题、提出对策、解决问题。

4. 客户信用分析

在客户信用等级分类的基础上,确定对不同客户的交易条件、信用限度和交易业务处理方法。

实例资料

当一位联想电脑的用户遇到机器故障并打电话到 Call Center 求助时,接待人员可以马上从 CRM 系统中清楚地知道该客户的许多信息,如住址、电话、产品型号、购机日期、以前的服务记录等,而不用客户再繁琐地解释,就能很快地为他安排好解决问题的方案,客户的心里会是什么感觉?如果这时接待人员再提醒客户,您的互联网免费接入账号还有 10 天就要到期了,并向他介绍如何购买续费卡,客户又会是什么感觉?

一个营销人员要联络一位重要客户前,他可以通过 CRM 系统了解这个客户的全部情况,包括他们单位以前的购买情况、服务情况、资信状况、应用需求、谁是决策人、联想公司都有哪些部门的哪些人与他们联络过、发生过哪些问题、如何解决的等诸多信息,其中的许多情况都是由联想公司的其他部门完成的,如果不借助这个系统是根本不可能了解到的。这时,这个营销人员是否应该更加胸有成竹了呢?如果此时你主动通知客户,他们急需的某种产品已经到货,同时,联想又有两款新产品可以更好地满足他们的应用需求时,客户的反应会怎么样呢?

(四)客户档案管理应注意问题

在客户档案管理的过程中,应注意下列问题:

第一,客户档案管理应保持动态性。客户档案管理不同于一般的档案管理,如果一经建立后便置之不顾,就失去了其意义。因此,需要根据客户情况的变化,不断地加以调整,消除过旧资料,及时补充新资料,不断地对客户的变化进行跟踪记录。

第二,客户档案管理的重点不仅应放在现有客户上,而且还应更多地关注未来客户或潜在客户,为企业选择新客户、开拓新市场提供资料。

第三,客户档案管理应"用重于管",提高档案的质量和效率。不能将客户档案束之高阁,应以灵活的方式及时、全面地提供给推销人员和有关人员。同时,应利用客户档案作更多的分析,使死档案变成活资料。

最后,确定客户档案管理的具体规定和办法。客户档案不能秘而不宣,但由于许多资料公开会直接影响与客户的合作关系,不宜流出企业,只能供内部使用。所以,客户档案应由专人负责管理,并确定严格的查阅和利用的管理办法。

三、客户信息资料使用管理

为了保证客户信息完整、安全,客户信息使用也必须符合一定规则。查阅信息由申请查阅者写出查阅报告,在报告中写明查阅的对象、目的、理由、查阅人的概况等情况。查阅单位(部门)需要盖章,负责人要签字,客户服务部要对申请报告进行审核,理由充分、手续齐全的,才可以批准查阅。

非本企业人员查阅信息,必须持介绍信或工作证,查阅密级文件必须经客户服务经理批准;对存档的客户信息,不得外借,只能复印或者浏览,借阅者必须填写借阅登记册。

任何部门和个人不得以任何借口分散保管客户信息或据为己有。借阅人员写出借阅报告,借阅部门盖章,负责人签字,信息管理专员对其进行审核、批准。对于进行外借的档案,需要把借阅时间、材料名称、份数和理由等都填写清楚,并由借阅人员签字后方可借出。

本企业人员借阅资料信息,必须经客户服务经理同意后方可借出,借出时间不得超过3天。归还时,应及时在外借登记上注销。

四、客户信息资料情报管理

无论做什么营销,客户情报收集都是最关键的一个环节。只有对客户情报了解,销售人员才能与客户建立关系,然后才能挖掘需求,找到营销突破口,有针对性地介绍产品,等客户接受之后进行价格谈判,最后通过服务让客户满意。

(一) 客户情报收集步骤

1. 发展内线

内线是指客户内部认可企业的价值并愿意帮助的人。客户内部的人永远是掌握客户资料最多的人,而客户情报收集需要派出侦查或查阅资料的人员,往往只可能得到皮毛信息。

2. 个人资料收集

全面了解客户的个人资料,包括兴趣爱好、家庭情况、喜欢的运动和饮食习惯,行程及所有的一切。

3. 分析客户的组织结构

对客户的组织结构进行分析。从客户的级别、职能以及在决策中能扮演的角色,将与之有关的客户内部人员都挑出来,从中找到入手的线索。

4. 销售机会分析

销售人员的时间和资源有限,不必要将时间与资源花费在不会产生效益的客户身上。

(二) 客户情报收集需注意的问题

(1) 在第一次拜访中,切勿马上谈及交易内容。毕竟,对方有许多方面仍无法令我们充分信任。所以,表面上是"希望彼此能进行交易",实际上却是先搜集客户的有关资料情报。

(2) 在还未熟悉搜集的方法之前,最好先在事前将所要问的问题依照项目整理在记事本上,再据此询问。必须注意的是,不可固执地追问。

(3) 所要询问的项目应平均插入所有的话题中,有意识地不让对方感觉自己是在被询问。一开始就问及所有项目,实在相当困难,也容易被对方察觉是在调查。所以,最好分散在几次的拜访中提出。

(4) 先决定在最初阶段务必问及的项目。只不过,问话的顺序虽然不必拘泥,却要让对方配合自己而进行。最好的办法是在谈话之间,很巧妙且不露痕迹地插入调查项目。谈话的内容可记于记事本,或视情况在告辞离开后马上加以记录。

(三) 客户情报的管理

1. 客户情报的种类和方法

客户情报分为日常报告、紧急报告和定期报告。日常报告采取口答的方式;紧急报告采取口答或电话的方式;定期报告需要写客户情报报告书。

2. 客户的级别分类

依据客户的信用状况,需要将客户划分为不同的等级。通常划分为三个级别:①A级,以企业的规模划分,较佳的信用状态;②B级,一般的信用状态,大多数优良客户属于此等级;③C级,较差的信用状态。

根据客户的等级,需要对信用状况差的客户重点关注。例如,尚欠款达×万元以上的A等级以外的企业;尚欠款达×万元或未满的企业,与本企业的交易额比较多的客户;从业人员×人以下的小企业或个人商店;有信用问题前科的企业与业界评判不佳的企业;新开发的客户等。

第三节　客户资料分析

一、信用分析

西方商业银行在长期的经营实践中,总结归纳出了"5C"原则,用以对借款人的信用风险进行分析;有些银行将分析的要素归纳为"5W"因素,即借款人(who)、借款用途(why)、还款期限(when)、担保物(what)及如何还款(how);还有的银行将其归纳为"5P"因素,即个人因素(personal)、借款目的(purpose)、偿还(payment)、保障(protection)和前景(perspective)。目前,信用分析的标准有以下几种。

1. 信用"5C"的标准

"5C"分析法最初是金融机构对客户作信用风险分析时所采用的专家分析法之一,主要集中在对借款人的道德品质(character)、还款能力(capacity)、资本实力(capital)、担保(collateral)和经营环境条件(condition)五个方面进行全面的定性分析,以判别借款人的还款意愿和还款能力。

近年来,"5C"分析法被更广泛地应用在企业对客户的信用评价,如果客户达不到信用标准,便不能享受企业的信用或只能享受较低的信用优惠。信用"5C"分析法就是通过"5C"系统来分析顾客或客户的信用标准,"5C"系统是评估顾客或客户信用品质的五个方面:

(1) 品质(character)。指顾客或客户努力履行其偿债义务的可能性,是评估顾客信用品质的首要指标。品质是应收账款的回收速度和回收数额的决定因素。

(2) 能力(capacity)。指顾客或客户的偿债能力,即其流动资产的数量和质量以及与流动负债的比例。

(3) 资本(capital)。指顾客或客户的财务实力和财务状况,表明顾客可能偿还债务的背景,如负债比率、流动比率、速动比率、有形资产净值等财务指标。

(4) 抵押(collateral)。指顾客或客户拒付款项或无力支付款项时能被用做抵押的资产,一旦收不到这些顾客的款项,便以抵押品抵补,这对于首次交易或信用状况有争议的顾客或客户尤为重要。

(5) 条件(condition)。指可能影响顾客或客户付款能力的经济环境,如顾客或客户在困难时期的付款历史、顾客或客户在经济不景气情况下的付款可能。

2. 信用"5P"的标准

"5P"是从不同角度将信用要素重新分类,条理上更加易于理解。它包括人的因素(personal factor)、目标因素(purpose factor)、还款因素(payment factor)、保障因素(protection factor)和展望因素(perspective factor)。

对以上两种标准的说明如下:

➤ 个人或品格主要衡量借款人的还款意思。
➤ 能力或偿付(还款)主要衡量借款人的还款能力。
➤ 目的或资本主要分析贷款的用途,评价借款人的举债情况。
➤ 保障或担保主要分析贷款的抵押担保情况和借款人的财务实力。
➤ 前景或状况主要分析借款人的行业、法律、发展等方面的环境。

3. 信用"6A"的标准

"6A"是美国国际复兴开发银行提出的,它们将企业要素归纳为经济因素(economic aspects)、技术因素(technical aspects)、管理因素(managerial aspects)、组织因素(organizational aspects)、商业因素(commercial aspects)和财务因素(financial aspects)。

二、法人信用信息管理

所谓法人信用信息,是指从一个合法角度对客户进行的基本签约资格或履约能力的信息考查。

作为企业管理人员或销售人员,在与客户建立正式的交易关系之前,应当了解该客户是否具有合法的经营资格及履约能力。

1. 需要搜集的主要信息

(1) 客户的名称与地址。
(2) 客户的法律形式和注册资本金。
(3) 客户的所有权。
(4) 客户的经营范围及所属行业。
(5) 客户的注册日期或经营年限。
(6) 客户的内部组织机构及主要管理者。

2. 可能发生的业务风险

(1) 由于使用客户错误的法人名称,而导致最终的信用风险损失。
(2) 由于使用客户错误的地址,而招致信用风险损失。
(3) 忽视客户的合法经营范围或常规业务范围。
(4) 注册资本金不足或虚假出资问题。

三、客户财务信用信息管理

所谓客户的财务信用信息,是指反映客户的财务能力及财务结构的合理性方面的信息,反映客户资信状况或偿债能力。

(1) 风险管理要点。客户的财务状况恶化,往往成为其不能对外履行付款责任的最直接原因。一种情况是客户的流动资金不足,这将导致其短期偿付风险,企业的账款被拖延支付;另一种情况是客户的自有资金不足或负债比重过大,导致长期经营困难甚至破产倒闭,此时,企业将面临生成坏账的风险。因此,密切地关注客户的财务状况,是客户资信管理中的一项核心内容。

(2)需要搜集的主要信息。客户的资本状况与利润的增长情况;客户的资产负债状况;客户的资本结构;客户的资本总额。

上述财务状况的关键信息主要来源于客户的资产负债表和损益表。其中,关键的数据包括流动资产、固定资产、流动负债、长期负债、股东权益、营业额或销售额、税后利润。上述七项财务数据与企业的日常经营活动密切相关,较为直接地反映了客户的财务信用能力。

(一)企业的偿债能力分析

偿债能力分析包括短期偿债能力分析和长期偿债能力分析两个方面。

1. 短期偿债能力

短期偿债能力主要表现在公司到期债务与可支配流动资产之间的关系,主要的衡量指标有流动比率和速动比率。

(1)流动比率,其计算公式表示为:

$$流动比率 = \frac{流动资产}{流动负债}$$

即用变现能力较强的流动资产偿还企业短期债务。通常认为,最低流动比率为2。但该比率不能过高,过高则表明企业的流动资产占用较多,会影响资金使用效率和企业获利能力。

(2)速动比率,又称酸性测试比率,其计算公式表示为:

$$速动比率 = \frac{速动资产}{流动负债}$$

速动资产是指流动资产扣除存货之后的余额,有时还扣除待摊费用、预付货款等。影响速动比率的重要因素是应收账款的变现能力,投资者在分析时可结合应收账款周转率、坏账准备计提政策一起考虑。通常认为,合理的速动比率为1。

2. 长期偿债能力

长期偿债能力是指企业偿还一年以上债务的能力,与企业的盈利能力、资金结构有十分密切的关系。企业的长期负债能力可通过资产负债率、长期负债与营运资金的比率及利息保障倍数等指标来分析。

(1)资产负债率,其计算公式为:

$$资产负债率 = \frac{负债总额}{资产总额的比率}$$

对债权投资者而言,总是希望资产负债率越低越好,这样其债权更有保证;如果比率过高,他会提出更高的利息率补偿。股权投资者关心的主要是投资收益率的高低,如果企业总资产收益率大于企业负债所支付的利息率,那么,借入资本为股权投资者带来了正的杠杆效应,对股东权益最大化有利。合理的资产负债率通常在40%～60%之间,规模大的企业可以适当大些;但金融业比较特殊,资产负债率90%以上也是很正常的。

(2) 长期负债与营运资金的比率,其计算公式为:

$$长期负债与营运资金的比率 = \frac{长期负债}{营运资金} = \frac{长期负债}{流动资金 - 流动负债}$$

由于长期负债会随着时间推移不断地转化为流动负债,因此,流动资产除了满足偿还流动负债的要求,还必须有能力偿还到期的长期负债。一般来说,如果长期负债不超过营运资金,长期债权人和短期债权人都将有安全保障。

(3) 利息保障倍数,其计算公式为:

$$利息保障倍数 = \frac{息税前利润}{利息费用} = \frac{利润总额 + 利息费用}{利息费用}$$

一般来说,企业的利息保障倍数至少要大于1。在进行分析时,通常与公司历史水平比较,这样才能评价长期偿债能力的稳定性。从稳健性角度出发,通常应选择一个指标最低年度的数据作为标准。

(二) 企业的营运能力分析

营运能力分析是对企业资金周转状况进行的分析,资金周转得越快,说明资金利用效率越高,企业的经营管理水平越好。营运能力指标包括应收账款周转率、存货周转率、流动资产周转率和总资产周转率等指标。

1. 应收账款周转率

应收账款周转率又称应收账款周转次数,指年度内应收账款转为现金的平均次数,说明应收账款的变现速度。从时间角度分析,反映企业应收账款变现的指标应该是应收账款周转天数,即企业从发生应收账款到收回现金所需要的时间。其计算公式为:

$$应收账款周转率 = \frac{主营业务收入}{应收账款平均余额}$$

$$应收账款周转天数 = \frac{360}{应收账款周转率}$$

一般而言,企业的应收账款周转率越高,平均收账期越短,说明企业的应收账款回收得越快;反之,则企业的营运资金过多地呆滞在应收账款上,会严重影响企业资金的正常周转。

2. 存货周转率

存货周转率也叫存货周转次数,是企业一定时期的主营业务成本与平均存货的比率,其计算公式为:

$$存货周转率(周转次数) = \frac{主营业务成本}{存货平均余额} = \frac{主营业务成本}{(期初存货 + 期末存货) \div 2}$$

$$存货平均周转天数 = \frac{360}{存货周转率}$$

通常情况下,存货在企业的流动资产中所占的比重较大,企业存货的流动性如何,将直接影响企业的流动比率。一般而言,企业存货的周转速度越快,存货的资金占用水平就越低,流动性就越强,存货的变现速度越快。所以,提高存货周转率可以提高企业的变现能力。

3. 流动资产周转率

流动资产周转率又叫流动资产周转次数,是销售收入与全部流动资产平均余额的比率,反映的是全部流动资产的利用效率。用时间表示流动资产周转速度的指标叫流动资产周转天数,表示流动资产平均周转一次所需的时间。其计算公式为:

$$流动资产周转率=\frac{主营业务收入}{流动资产平均余额}$$

$$流动资产周转天数=\frac{360}{流动资产周转次数}$$

流动资产周转率是分析流动资产周转情况的一个综合指标。流动资产周转快,会相对节约流动资产,相当于扩大了企业资产投入,增强了企业的盈利能力;反之,若周转速度慢,为维持正常经营,企业必须不断投入更多的资源,以满足流动资产周转的需要,导致资金使用效率低,也降低了企业的盈利能力。

4. 固定资产周转率

固定资产周转率是企业的主营业务收入与平均固定资产净值的比率,其计算公式为:

$$固定资产周转率=\frac{主营业务收入}{平均固定资产净值}$$

$$平均固定资产净值=\frac{年初固定资产净值+年末固定资产净值}{2}$$

固定资产的周转率越高,周转天数越少,表明公司固定资产的利用效率越高,公司的获利能力越强;反之,则公司的获利能力越弱。

5. 总资产周转率

总资产周转率是企业主营业务收入与平均资产总额的比率,反映企业用销售收入收回总资产的速度,其计算公式为:

$$总资产周转率=\frac{主营业务收入}{平均资产余额}$$

总资产周转次数越多,周转天数越少,则表明一家公司全部资产的利用效率越高,公司的获利能力就越强。

(三)企业的盈利能力分析

盈利能力是指企业获取利润的能力,是投资者取得投资收益、债权人收取本息的资金来源,是经营者经营业绩的体现,也是职工集体福利设施不断完善的重要保障。因此,盈利能力分析十分重要。盈利能力分析是财务分析中的一项重要内容,盈利是企业经营的主要目标,主要用企业资金利润率、销售利润率、成本费用利润率去评价。

1. 销售利润率

销售利润率是企业利润总额与企业销售收入净额的比率,其计算公式为:

$$销售利润率 = \frac{利润总额}{销售收入净额} \times 100\%$$

该项比率越高,表明企业为社会新创价值越多、贡献越大,也反映企业在增产的同时,为企业多创造了利润,实现了增产增收。

2. 成本费用利润率

成本费用利润率是指企业利润总额与成本费用总额的比率,其计算公式为:

$$成本费用利润率 = \frac{利润总额}{成本费用总额} \times 100\%$$

该比率越高,表明企业耗费所取得的收益越高,这是一个能直接反映增收节支、增产节约效益的指标。企业生产销售的增加和费用开支的节约,都能使这一比率提高。

3. 总资产利润率

总资产利润率是企业利润总额与企业资产平均总额的比率,即过去所说的资金利润率,其计算公式为:

$$总资产利润率 = \frac{利润总量}{资产平均总额} \times 100\%$$

资产平均总额为年初资产总额与年末资产总额的平均数。此项比率越高,表明资产利用的效益越好,整个企业获利能力越强,经营管理水平越高。

4. 资本金利润率和权益利润率

资本金利润率是企业的利润总额与资本金总额的比率,是反映投资者投入企业资本金的获利能力的指标,其计算公式为:

$$资本金利润率 = \frac{利润总额}{资本金总额} \times 100\%$$

这一比率越高,说明企业资本金的利用效果越好;反之,则说明资本金的利用效果不佳。

权益利润率又称资产收益率,缩写是 ROE,是按照股东应占净利润除以该年股东权益的加权平均值计算。ROE 反映净资产(股东权益)的盈利能力,其计算公式为:

$$股东权益利润率 = \frac{净利润}{平均股东权益} \times 100\%$$

稳健经营的公司的权益利润率在 10%—25% 之间。公司获得高权益利润率通常会吸引其他人加入同业成为竞争者,并需要保持增长及(或)消减成本,以便维持两位数的股东权益利润率。

第四节　网络中的客户信息管理

一、网上客户关系管理兴起的原因

随着互联网的普及、地域范围的扩大和经营成本的降低,采购、生产力和供应链效率的提高给建立销售和增加收入到来了前所未有的机遇。最终的驱动力是实时的和交互的客户交互应用,如 Web、电子邮件、自动取款机、呼叫中心和在当今快速变化的商业环境下无线装置对客户的非电气活动的服务。特别是,无线技术已成为用于访问互联网一个新的渠道,将会对客户交互有一个较大的影响。

一个成功的网上客户关系管理解决方案的基本要求,是一种搜集所有的客户信息在一个单独的视图的挑战。这样,可以很方便地跨渠道共享信息和有意义地与客户之间进行跨渠道的对话,形成与未来客户的实时交流和为个性化提供服务的基础。

二、网络中的客户信息管理的意义

互联网具有跨时空、交互性、拟人化、超前性、高效性、经济性的特点,可以将企业和客户紧密地结合在一起,真正实现以客户为中心的网络营销观念对企业服务的能动作用。在整个网络营销环节中,客户信息发挥着重要的作用。

1. 客户信息是企业资源的组成部分

客户不仅是普通的消费者,而且成为信息的载体,能有效地为企业提供包括有形物品、服务、人员、地点、组织和构思等大量信息。而信息是不能脱离客户而单独存在,它成为企业争夺的重要资源。在互联网上,客户的地位和作用正在发生着变化。客户可以控制自己作为产品和服务的潜在购买者的价值。但是客户却没有认识他们作为人口统计信息和交易史的价值,并没有从他们的信息所创造的经济价值中得利。另一方面,企业需要大量的投入以获得客户信息。双方都缺乏对信息的正确认识,因为客户信息不仅是企业资源,也成为个人的一部分价值。对企业而言,有效客户信息的获得成为它们开拓市场、取得成功的第一步。

2. 客户信息是企业创新的合作伙伴

创新是企业生存的灵魂。企业创新的过程,就是不断地研发新产品、开拓新市场的过程。而客户信息提供了关于未来产品的价格和性能的变化趋势,及时反映最新的市场动向,便于加强客户和企业的联系。客户信息成为企业和市场的一座桥梁,熟练地运用客户信息可以加快企业的创新步伐。

3. 客户信息是企业利润的部分来源

随着互联网技术发展的成熟和互联成本的低廉,信息传播的速度加快,客户与企业之间对信息的享有和发布具有对等的权利。客户可以利用信息,根据企业的报价,选择最具有吸引力的企业。而企业也将从中获益。首先,企业可以利用互联网更容易地找到客户,减少搜寻费用,而且还可以获得关于这类产品的潜在客户的信息。另外,在交易过程中，企业的信息由客户跨时空地传递，使得企业在全球范围内拥有更多的客户。在这个过程中，客户信息间接地为企业创造了利润。由于客户信息自身的特点，以及企业对其认识不足，目前，客户信息的使用较为混乱，没有统一的方法和高效的管理策略。主要的问题在于，以商品物流为中心的闭环系统缺乏对客户信息的足够重视，不能及时反馈消费者的潜在需求和消费热点，从而造成信息不对称。客户信息管理在现代企业中已显得日益重要。

三、网络中的客户信息管理内容

科学的客户信息管理是凝聚客户、促进企业业务发展的重要保障。客户信息是一切交易的源泉。由于客户信息自身的特点，进行科学的客户信息管理是信息加工、信息挖掘、信息提取和再利用的需要。通过客户信息管理，可以实现客户信息利用的最大化和最优化。

网络营销中的客户信息管理，是对客户信息进行收集、抽取、迁移、存储、集成、分析和实现的全过程，具体内容如下。

1. 客户信息的收集

客户信息的收集是客户信息管理的出发点和落脚点。客户信息的收集可以广泛地利用各种渠道和手段，最为有效的是网络营销所提供的大量信息。但也不能忽视传统的方式（如电话咨询和面对面交谈）发挥的作用，它们可以作为因特网的有效补充，保证客户信息的全面性。

2. 客户信息的抽取和迁移

客户信息的抽取和迁移也是在进行客户信息的收集，但其不是直接面对客户，而是利用已有的信息进行一定的加工。各种行业所需的客户信息是千差万别，所以，各个企业都占有大量的为本企业所用的客户信息。为了实现信息使用的高效率，有必要在各个行业之间推行一套客户信息的使用标准，最大限度地取得信息的一致性。

信息的抽取机制是建立在不同行业的客户信息基础之上。它使用信息过滤和信息模糊检索技术，在其他企业的客户信息数据库中取得所需的客户信息。它强调两个企业之间客户信息数据的相似性，从共性出发，实现信息的抽取。信息的迁移机制是从客户信息的整体角度考虑，在不同企业之间实现客户信息的共享。信息在迁移过程中，忽视细微的差别，重视整体的一致性，花费较少的精力取得较大的效果。

3. 客户信息的存储和集成

客户信息的存储和处理技术是客户信息管理的核心技术，数据仓库技术在其中占有重要地位。因为客户信息是十分巨大的数据，为了能够实现数据使用的便捷、高效，需要对使用的数据库进行慎重选择。建议采用大型的关系型数据库管理系统，并带有对并行处理、决策查询优化的组件。客户信息在存储过程中，应考虑冗余问题，避免浪费大量有效的空间。客户信息的集成是指客户信息数据按照时间或空间的序列保存，并进行一定层次的划分后存储在数据库中。用户在查询、统计中都使用集成后的数据，可以提高运行效率。

4. 客户信息数据库的设计

客户信息数据库是以家庭或个人为单位的计算机信息处理数据库。针对不同的行业有不同的数据单元,而且客户信息数据库的更新频率较高,数据处理量逐步增大。

(1) 索引的使用原则。使用索引可以提高按索引查询的速度,但是会降低插入、删除、更新操作的性能。应选择合适的填充因子,针对客户信息数据库更新频繁的特点,选择较小的填充因子,在数据页之间留下较多的自由空间,减少页分割和重新组织的工作。

(2) 数据的一致性和完整性。为了保证数据库的一致性和完整性,可以设计表间关联,这样,关于父表和子表的操作将占用系统的开销。为了提高系统的响应时间,有必要保证合理的冗余水平。

(3) 数据库性能的调整。在计算机硬件配置和网络设计确定的情况下,影响到系统性能的因素是数据库性能和客户端程序设计。数据库的逻辑设计去掉了所有冗余数据,提高了系统的吞吐速度。而对于表之间的关联查询,其性能会降低,同时也提高了客户端的编程难度。因此,物理设计对于两者应折中考虑。

(4) 数据类型的选择。数据类型的合理选择对于数据库的性能和操作具有很大的影响。在该数据库中应注意避开使用 Text 和 Image 字段,日期型字段的优点是有众多的日期函数支持,但其作为查询条件时服务器的性能会降低。

5. 客户信息的分析和实现

客户信息的分析是客户信息数据库的落脚点,是直接为企业开展其他一系列工作服务的。客户信息的分析是指从大量的数据中提取有用的信息,该信息主要可以分为直接信息和间接信息。直接信息是可以从数据中直接取得,价值量较小,使用范围较小;而间接信息是经过加工获得的较有价值的信息。分析过程主要包括基本信息分析、统计分析、趋势分析、关联分析等。基本信息分析是利用客户的基本情况信息,分析本企业或产品的主要客户的特点,包括年龄、性别、职业、工资状况、学历、地理位置等;统计分析是利用所有的信息进行统计,分析企业或产品的销售额、利润额、成本量等经济指标,也包括大客户分析和业务流量分析;趋势分析是利用本企业的信息和同行业其他企业的信息,并结合国民经济的整体运行状况,对长期和短期的业务状况进行预测;关联分析是利用客户信息对产品信息、市场信息、企业信息进行分析,综合评价企业的运行状况和产品的供需比例。

四、客户信息管理的实施

网络营销中,客户信息管理的实施主要是指客户信息数据库的实现。在当前环境下,客户信息数据库技术中数据仓库技术是企业使用的主流,该技术的实现也表明了当代客户信息管理系统的走向。以数据仓库系统为核心技术的数据仓库型客户信息管理系统的广泛应用,为在技术实施以客户为中心的个性化服务提供了可能,又极大地影响了企业业务流程的转变,使机构向扁平化方向发展。

数据仓库是面向主题的、集成的、稳定的、不同时间的数据集合,用以支持经营管理活动中的决策制定过程。面向主题是指数据仓库内的信息按照企业重点关心的数据进行组织,为按主题进行决策的信息过程提供信息;集成是指数据仓库内的信息不是从各个业务系统简单抽取的,而是经过系统加工、汇总和整理,保证数据仓库内的信息是整个企业的全面信息;随时间变化数据仓库内的信息并不是关于企业当时或某一时刻的信息，系统记录了企业从过去某个时刻到目前各个阶段的信息，通过这些信息，可以对企业的发展历程和未来趋势作出定量分析和预测；稳定是指一旦某个数据进入数据仓库，一般情况下将被长期保留，也就是数据仓库中一般有大量的插入和查询操作，但修改和删除操作比较少。

数据仓库的特点可以描述为主题突出的、集成性的信息管理系统，由源数据、仓库管理和分析工具组成。数据仓库的数据来源于多个数据源，包括本企业的内部数据，也有来自外部的相关数据。网络营销中源数据主要从开展网络营销的实践中获得，包括企业所关注的关于客户的各类信息。仓库管理是根据信息需求的要求进行数据建模，从数据源到数据仓库的数据抽取、处理和转换，确定数据存储的物理结构等。这一阶段是进行客户信息管理的基础，因为大量的源数据经过仓库管理进行了初步处理。分析工具指完成决策所需的各种信息检索方法、联机分析方法和数据挖掘方法。这一阶段是针对企业的客户群服务的，它直接与客户发生联系，因为企业的产品企划就是在这里完成的。数据仓库型客户信息系统继承了以往信息管理系统的一切手法，并以其强大的数据检索和分析功能，为企业提供了综合性的及时信息服务手段，成为客户信息管理系统发展的主流，如图3-1所示。

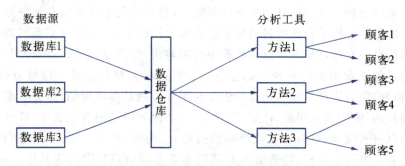

图3-1 数据仓库型客户信息管理系统

客户信息管理在各个方面的运用，已经显示出了强大的生命力。特别是在当今企业以网络营销为支撑来开展业务的情况下，由于网络信息的复杂性和多样性，开展信息管理迫在眉睫。客户信息管理已经也必将会成为企业生存取胜的重要一环。

五、网上客户信息管理的发展趋势

任何一家视客户关系为核心资源的企业，都不希望因为地域、时差、人员等客观条件而致使企业素来优良的服务能力出现下降，也无法忍受由于办公条件、通信传输与数据分析的局限而导致响应客户需求的周期拖得很长。如今，每一家企业对"随时、随地、随心意"的客户服务能力，对不受限制的实现移动条件下的相应客户需求的能力，对跨越时空的信息和决策支持等的追求，已经逐步清晰起来。

建立在Internet、WAP基础上的网络CRM，在业务操作管理方面，将支持营销和销售人员使用笔记本电脑、PDA、手机等移动信息终端调用企业CRM系统，传递和共享关键信息；在客户合作管理方面，将体现对网上沟通渠道的重点支持；在数据管理方面，通过手机等移动联系渠道为客户服务时，将充分调用数据仓库，同时为客户服务的过程产生的来自手机、PDA 或网络的信息又要能被数据仓库所记录；在信息技术方面，CRM 技术管理子系统将提供与手机、PDA 等工具的通信接口，支持网络应用、无线传输和无线 LAN 应用等。

第五节 实践课业指导

一、课业任务

选择一家企业门店，根据企业产品和消费者特点，为企业设计一张客户资料表。

二、课业要求

明确企业需掌握顾客的哪些信息，分析信息间的关联度，设计客户信息表格内容。客户资料收集尽可能全面，资料卡上内容尽可能完善。

◇ 反映客户基本资料的信息有哪些？
◇ 反映客户对产品、服务的消费信息有哪些？
◇ 反映客户持续支持与保障服务的信息有哪些？
◇ 与顾客互动过程与结果的信息有哪些？
◇ 其他必要的信息。

三、理论指导

对客户信息进行合理、恰当地立档，既可以及时有效地反应工作情况，又可以为以后开展工作提供参考资料和文献。故加强企业的客户档案立档工作，对客户进行科学管理，对每个企业都存在至关重要的意义。客户信息立档的范围包括：

➢ 客户的基本信息。对于个人客户，要记录客户的姓名、性别、年龄、地址、电话等。对于企业客户，主要包括客户名称、客户地址、负责人、联系方式等。

➢ 客户的经营业绩。主要包括客户的经营规模、经济实力。

➢ 客户关系。主要包括客户与企业的主要业务来往记录。还需要了解顾客需求的变化；了解顾客对产品及服务的满意程度；客户对促销活动的态度及建议等。

➢ 购物信息。包括曾购买过什么商品、购买习惯、购买数量以及购买频率；对发生的交易订单、咨询以及投诉等。

➢ 建立客户数据库。会使用数据信息挖掘大客户；提供消费咨询，挖掘新客户等。

四、实践形式

学生分组讨论，每组选择一家有代表性的企业，整理相关资料，设计客户资料卡。并根据收集的客户资料数据对客户进行分析。

五、课业范例

客户信息卡

基本信息

销售顾问		留档日期	_____年____月____日
留档渠道	○电话 ○进店 ○外拓	潜客类别	○个人 ○单位 （名称_____）
客户姓名		年　　龄	
性　　别	○男 ○女	联系号码	
所在地区	_____市_____区	联系地址	

客户来源

电话或进店留档	销售渠道	○总部分配 ○车主再购买 ○朋友推荐媒体：○网络广告 ○搜索引擎 ○户外移动 ○电视 ○广播 ○报纸 ○杂志 ○短信 ○直邮 ○其他

客户分级

现有交通工具：	车辆用途：

曾考虑的其他车型和配置：

计划用车时间：○2周内 ○2周-1个月 ○2个月内 ○2个月后

购车预算：○10万以下 ○10-15万 ○15-20万 ○20-25万 ○25万以上

资金准备：○已到位 ○未到位 ○等待旧车置换

付款方式：○按揭 ○一次性 ○其他

意向级别：○首次接触即下单 ○2周内 ○1个月 ○3个月 ○其他

预计进店：○5天 ○10天 ○15天 ○未知 ○约定日期（____月____日）

跟进级别：○3天首次之后至少3天 ○3天首次之后至少7天 ○7天首次之后至少15天 ○15天首次之后至少30天

需求描述

购买用途：○私人 ○公司 ○政府 ○其他

适合车型：○A型 ○B型 ○C型	外观颜色：

通话关注点：○价格 ○促销 ○活动 ○供货情况 ○产品信息 ○其他

竞争状态

客户首选	○本品牌 ○竞争品牌	主要竞争品牌	

对比关注：○品牌 ○安全 ○质量 ○技术情况 ○服务水平 ○售后成本 ○亲友意见 ○其他

前沿研究

生机缘于网络

目前，位居全球十大汽车零件制造商的Valeo的产品范围从离合器系统到车窗雨刷一应俱全。从1999年中期开始，它们就关注并相信网络工具对公司经营方面的作用，于是,公司决定加大投入,建立起适应公司运营的网络架构,并取得了初步效果,特别是一个称为"e-procurement@supplier-integration"(也称"e@ si"计划)的方案。最特别的是Valeo的经营文化也由此开始出现变化,网络的使用在公司内部引起了部门之间的良性竞争。例如,该公司目前有20条生产线,当其中一条取得技术上的进步时,所有的相关资料马上可以通过网络流传到各部门。

据该公司的研究分析发现,在一个产品结构复杂的公司组织中,网络确实有着非常大的应用潜力。例如,该公司生产的零件范围非常广泛,从后车灯等单一零件,到后车厢这种需要结合多种零件(车灯、电子设备、雨刷和安全系统)的组合式大型零件。不论哪种零件,它们都必须与客户(汽车制造商)密切合作,而且零件越复杂,合作的要求越大,该公司对汽车制造过程初期的涉入也就越深,而且对汽车的制造经常具有决定性的影响。因此,它们必须清楚汽车的所有细节,才能精确地提供所需的零件。精确性的要求往往超乎人们的想象,而要达到这种精度,公司就必须持续地与汽车制造商交换信息,这种工作通过网络进行是非常简单的。

与客户通过网络沟通的需求由此越来越强,这不仅因为汽车制造商有把成本转移到零件制造商的趋势,而汽车零件厂商要想成为大车厂的策略伙伴,只能追随这种趋势。使用网络的另一个好处是,公司可以更有效地应用研发资金。

Valeo公司在全球设有180个生产部门,并有100个以上的业务分部。整个分布是非常传统的中心化布局——由一个总部来支持各个独立的部门。但先前各部门间的沟通效率很低,各分部间的主管并没有互相沟通配合的整体运营观念。

这种状态自该公司的网络配置完成后就有了大幅度的改变。其中,最大成就是用7个新的主要"领域"来取代旧的部门布局,而7个领域的划分是以汽车结构为依据的,包括内部空调、电子能源控制、汽车安全系统等。通过整合旧的部门分配,新的领域划分具有促进团队合作的效果,同时,这种划分对客户来说更有吸引力。因为它们可以非常容易地找到特定的部门。

(资料来源:http://www.cnw.com.cn/cnw_old/2001/htm2001)

案例
上海金丰易居的客户关系管理

上海金丰易居是集租赁、销售、装潢、物业管理于一身的房地产集团。由于房地产领域的竞争日趋激烈,花一大笔钱在展会上建个样板间来招揽客户的做法已经很难起到好的效果,在电子商务之潮席卷而来时,很多房地产企业都在考虑用新的方式来吸引客户。

金丰易居在上海有很多营业点,以前,如果客户有购房、租房的需求,都是通过电话、传真等原始的手段与之联系。由于没有统一的客服中心,而服务员的水平参差不齐,导致用户常常要多次交涉才能找到适合解答他们所关心的问题的部门。又由于各个部门信息共享程度很低,所以,用户从不同部门得到的回复有很大的出入,由此给用户留下了很不好的印象,很多客户因此干脆就弃之而去。更让金丰易居一筹莫展的是,尽管以前积累了大量的客户资料和信息,但由于缺乏对客户潜在需求的分析和分类,这些很有价值的资料利用率很低。

金丰易居的总经理意识到,在 Internet 时代,如果再不去了解客户的真正需求,主动出击,肯定会在竞争中被淘汰。1999 年 5 月,金丰易居与美国艾克公司接触后,决定采用该公司的 eCRM 产品。

经过双方人员的充分沟通之后,艾克认为金丰易居的条件很适合实施客户关系管理系统。

首先,金丰易居有很丰富的客户资料,只要把各个分支的资料放在一个统一的数据库中,就可以作为 eCRM 的资料源;另外,金丰易居有自己的电子商务平台,可以作为 eCRM 与客户交流的接口。

通过对金丰易居情况的分析,决定先从以下几个部分实施:

(1) 金丰易居有营销中心、网上查询等服务,因此,需要设立多媒体、多渠道的即时客服中心,提高整体服务质量,节省管理成本。

(2) 实现一对一的客户需求回应,通过对客户爱好、需求分析,实现个性化服务。

(3) 有效利用已积累的客户资料,挖掘客户的潜在价值。

(4) 充分利用数据库信息,挖掘潜在客户,并通过电话主动拜访客户和向客户推荐满足客户要求的房型,以达到充分了解客户,提高销售机会。

(5) 实时数据库资源共享使金丰易居的网站技术中心、服务中心与实体业务有效结合,降低销售和管理成本。

根据这些需求,艾克公司提供了有针对性的解决方案,主要用到艾克 eCRM 产品 enterpriseⅠ,该产品结合了网页、电话、电子邮件、传真等与客户进行交流,并提供客户消费行为追踪、客户行销数据分析功能,实现一对一行销。另外,结合艾克的电子商务平台 eACP,与金丰易居现有的系统有效整合。

1. 建立多渠道客户沟通方式

这一步骤包括 UCC-Web,UCC-Ware 和 UCC-Approach。

① UCC-Web。客户通过 Web 进来时,客户的基本信息与以往交易纪录一并显示于服务界面,客服人员可给予客户个性化服务,并根据后端分析结果做出连带的销售建议。

② UCC-Ware。客户租房、买房等咨询电话经话务分配后到达专门的服务人员,同时自动调用后台客户数据显示于客服界面供客服人员参考,而一些标准问题,可以利用 IVR 系统做自动语音、传真回复,节省人力。

③ UCC-Approach。根据 CRM 系统分析出数据所制定的服务和行销计划,对目标客户发送电话呼叫,将接通的电话自动转到适当的座席,为客户提供产品售后回访或者新产品行销服务。

2. 实现 OTO 分析与前端互动功能的整合

利用 OTO 分析结果,直接进入 UCC 的 Planer 数据库,作为建议事项及外拨行销依据。目前,金丰易居有 4 项主营业务,已积累了大量的客户资料。

应用艾克的客户关系管理系统之后,金丰易居取得了很好的效果,统一的服务平台不仅提高了企业的服务形象,还节省了人力和物力。通过挖掘客户的潜在价值,金丰易居制定了更具特色的服务方法,提高了业务量。另外,由于客户关系管理整合了内部的管理资源,降低了管理成本。

结合企业自身特点,了解用户的特殊需求,实施符合企业的CRM系统,先实施一部分功能,然后根据客户的反馈意见作一些改动,直到稳定之后,接着继续实施其他功能。

(资料来源:http://zhidao.baidu.com/question/85683709.html)

案例思考题

1. 客户信息管理为企业发展带来哪些好处?
2. 结合本案例,说明信息技术在企业客户关系管理中的应用。

练习与思考

一、名词解释

客户信息　客户信息档案　客户资料分析　客户信息管理

二、填空题

1. 客户资料可以通过_____和_____两个来源来获得。
2. _____是指具有同质的共同特征,以其行业、地域、收入、喜好等诸多因素而形成的特定的群体或集合。
3. 客户构成分析中的_____分析是指通过分析企业商品总销售量中各类商品所占的比重,以确定对不同客户的商品销售重点和对策。
4. 对于客户的信用状况,通常将其按A,B,C三个级别划分,其中,_____级表示企业的信用状态较佳。
5. 信用标准的"5C"分析标准是指_____、_____、_____、_____和_____五个方面的能力。
6. 企业的偿债能力分析包括_____和_____两个方面。
7. 总资产周转次数越多,周转天数越少,则表明一家公司全部资产的利用效率越_____,公司的获利能力就越_____。
8. 网络营销的方法有_____、_____、_____等。

三、单选题

1. 在获取客户资料的方法中,让客户推荐新的客户,再让新客户推荐下一个客户,如此持续下去的方法叫(　　)。
   A. 原始记录法　　　　　　B. 新增记录法
   C. 无限连锁法　　　　　　D. 名单寻找法
2. 对于远程潜在客户的开发,最好使用(　　)方法获取客户资料。
   A. 电子邮件法　　　　　　B. 社会关系法
   C. 直接访问法　　　　　　D. 报刊名册法

3. (　　)不属于企业客户资料。
   A. 基础资料　　　　　　　　　B. 业务状况
   C. 家庭情况　　　　　　　　　D. 交易现状
4. 信用分析的"5C"标准中,(　　)指顾客或客户努力履行其偿债义务的可能性,是评估顾客信用品质的首要指标,也是应收账款的回收速度和回收数额的决定因素。
   A. 品质　　　B. 能力　　　C. 资本　　　D. 抵押
5. (　　)指标不属于长期偿债能力分析指标。
   A. 资产负债率　　　　　　　　B. 长期负债与营运资金比率
   C. 流动比率　　　　　　　　　D. 利息保障倍数

四、多项选择题

1. 获取客户信息的方法有(　　)。
   A. 直接购买法　　　　　　　　B. 熟人法
   C. 电子邮件法　　　　　　　　D. 询问记录法
2. 客户的基本资料包括(　　)。
   A. 名称　　　　　　　　　　　B. 教育背景
   C. 家庭状况　　　　　　　　　D. 业务背景
3. 对于公司客户调查表,需要调查的内容有(　　)。
   A. 人员情况　　　　　　　　　B. 家庭状况
   C. 经营状况　　　　　　　　　D. 付款方式
4. 收集客户资料之后,要对客户资料进行(　　)。
   A. 归档　　　B. 反馈　　　C. 分析　　　D. 筛选
5. 档案管理需要注意的问题有(　　)。
   A. 动态管理　　　　　　　　　B. 专人管理
   C. 借阅制度　　　　　　　　　D. 查询制度
6. 对客户信息进行分析的标准包括(　　)。
   A. 信用"5C"标准　　　　　　　B. 信用"5P"标准
   C. 信用"6A"标准　　　　　　　D. 财务信息标准
7. 对客户经营状况进行分析的标准有(　　)。
   A. 偿债能力　　　　　　　　　B. 盈利能力
   C. 营运能力　　　　　　　　　D. 客户信用度

五、简答题

1. 简述如何对客户信息进行管理。
2. 可以从哪些方面对客户进行信用度分析?
3. 网络中收集客户信息的渠道有哪些?

第四章 大客户管理

 学习目标

学完本章,你应该能够:
1. 了解大客户的概念。
2. 了解选择和判断大客户的方法和技巧。
3. 知道如何制定大客户计划。
4. 熟悉与大客户建立关系的途径。
5. 熟悉为大客户服务的方法和程序。

 基本概念

大客户 修正采购 垄断型大客户 选择型大客户 密集型大客户

大客户是企业效益的主要来源,创造了企业收入的绝大部分,对企业的生存起着至关重要的作用,是企业真正意义上的生存之本、发展之源。

第一节 识别和选择大客户

一、大客户的概念

大客户又称关键客户或核心客户,是指消费量大、消费频次高,对企业整体利润贡献大,承担企业绝大部分销售量的重点客户。

 实例资料

2002年进入上海后的花旗银行浦西支行让很多中国人大跌眼镜,与国内银行不同的是,上海花旗银行浦西支行的营业厅分为上下两层,现金柜台被安排在二楼,而方便大众服务的一楼则被设置成"一对一"理财咨询服务柜台和VIP服务,这样一来,那些只想存取现金的人只能花点时间爬到二楼,而相对有闲钱且

> 有投资理财欲望的客户则可以在一楼享受"一对一"的个性化服务。同时,花旗银行还规定,总存款低于 5 000 美元的客户还要收取 6 美元/月的服务费用,这样的策略显然和中国银行所奉行的传统服务是截然不同的。可以预见,"一对一"的营销战略将会成为主流方式,而"一对一"的核心就是:从传统的"市场份额"转变成实用的"顾客份额"。

1. 大客户的主要条件

(1) 影响公司的生存和发展。
(2) 处于公司产品销售的合理的经济区域内。
(3) 能带动其所在区域、产业、行业或消费层的销售量不断增长。
(4) 需求量在企业销售总量中占有一定的地位。
(5) 在市场中享有较高的信用度。
(6) 能在公司新产品推广中起到一定的推动作用。
(7) 在其所在行业、产业或区域能够起一定的示范作用。

满足以上条件的客户,可作为企业的大客户,应强化管理,努力与其建立长期的战略伙伴关系,并保障双方的共同利益。

2. 判断和选择大客户的注意点

企业在判断和选择大客户时,必须避免将一些"假大户"视为"大客户"。具体应注意以下三点:

(1) 不要将偶尔消费量大的团购客户视为大客户。这些客户不一定能为企业贡献持续的利润。
(2) 不单纯地将需求量大的重复消费客户视为大客户,应将目标集中于其利润提供能力和业绩贡献度。
(3) 不将盘剥企业的"扒皮大户"视为大客户。对企业来说,这类客户不具备长期发展的价值。

二、大客户的分类

1. 按照大客户与企业的关系

可将大客户分为普通大客户、伙伴式大客户和战略型大客户。

(1) 普通大客户。由大客户经理与采购方的决策部门组成,主要包括一些低值易耗行业。
(2) 伙伴式大客户。这类大客户涉及双方的总经理、销售经理、财务经理、物流经理,人员较多,在采购计划、成本核算等多个领域都有合作。
(3) 战略型大客户。这类大客户既涉及人员,又涉及企业,包括基层销售员、采购员、高层董事长、总经理,大多成立产品研发小组、财务小组、市场营销小组、董事会联合会等组织,建立专门的合作关系处理机构。

2. 按照大客户对企业的影响程度

可将大客户分为垄断型大客户、选择型大客户和密集型大客户。

（1）垄断型大客户。独家买断某一类产品。如果企业失去这一类型的客户，往往会导致企业生产能力过剩、产品积压、资源浪费。

（2）选择型大客户。通过代工或贴牌生产获得。如果失去这一类型的客户，往往会使企业部分市场出现空白，市场混乱。

（3）密集型大客户。通过包销方式获得独家推广权。如果失去这类客户，企业可能会出现不良口碑，引发其他客户"叛离"。

三、大客户的特征

大客户也是商业客户中的一员。所以，它必然具备商业客户的基本特征，包括采购目的、采购主体、采购方式和采购后续要求上都具备的普遍的特征。但是，大客户作为商业客户中的龙头客户，其必有一些独特的特征。

1. 购买次数频繁，单次数量多

大客户一般采用集中购买的方式采购生产和运营的必需品；对于临时出现的新品购买，也是多购置进行备损；而对易耗品，大客户会与供应商签订长期间歇性的供应合同。

2. 销售管理工作复杂

首先，大客户的销售管理工作是随大客户本身的业务发展而不断发展的，增设新业务、合并、收购使客户的需求和数量都随时发生着变化；其次，许多大客户对于生产原料或运营必需品采用集中向生产方直接购买的方式，大客户同时会向多家销售企业询价，了解市场环境和行情后，它们拥有了更多地向卖方企业压价的机会；最后，随着产品技术变得越来越复杂，大客户的购买决策层里会有更多的部门和人员参与采购决策。这使得一般的销售人员可能不具备向大客户进行有效推销所需的权威性和把握能力。

3. 采购的集中性很强

大客户经常召开行业内的供应商会议，进行大批量集中采购，一是供应商集中有利于行业内统一价格的调整，二是可以就一些个性化定制的要求进行探讨，三是为了控制上游供应商的出货，以制约竞争对手的产量。

4. 服务要求高

大客户的服务要求都很高，涉及面也广。除了使用前后及时、周到和全面的安装调试、实验、试用、问题解决等服务性工作要求外，还包括财务支付要求、供货周期及运输要求。大客户的生产流程要求严格、品质要求较高，因此，对供应商要求严格，特别在售后服务方面。在一般情况下，售后服务的优劣都会直接纳入企业的供应商评估体系中，作为重要指标进行考查。

5. 建立长期采购意愿

因为采购工作频繁，采购管理制度化，生产供给保障严格，所以，大客户们都希望供应渠道相对稳定。基于以上的考虑，大客户在进行采购时，往往表现出长远考虑的迹象，甚至以长期合作的思维来要求供应商。大客户的这个意愿当然是供应商求之不得的，但实际上也是一把双刃剑，掌握不好很可能导致供应商对这个客户的销售出现恶性循环。

6. 采购目的性强

大客户采购的目的主要有三类：

（1）为满足企业经营生产和加工而引发的生产资料的需求。这种需求主要来自生产型企业，而针对该类大客户的销售主要为生产资料性的产品。例如，电视机厂一般在年初的时候进行显像管的订货采购，就属于这一目的。

（2）为满足企业维持正常运营提供工作必备品的需求。这种需求的来源可能是任何类型的企业，销售的范围可以从企业办公用品到生产易耗品。例如，机械厂定期采购办公用品（如复印纸）和生产易耗品（如锯条），就属于采购的第二类目的。

（3）为满足企业自身发展和提高的投入需求。这类购买往往集中在维持企业可持续发展的固定资产的范围内，例如，网络公司购买或升级服务器就属于这一目的。

7. 采购主体复杂

从企业内部职能上分析，可以把大客户进行产品采购时的主体简单地看成是采购部门，该部门在生产型企业里的正式名称一般为工装部、设备科等。但是对于大客户而言，实际销售过程中的采购流程非常复杂，可能对采购起到关键作用的采购者包括多个方面和层面，有决策管理层、技术管理层、一线使用员、财务管理人员、产品维护人员等，每一个层面的关键人物都对采购拥有发言权，一般情况下，决策管理层和技术管理层还拥有对采购一票否决权。在很多生产型企业中，总工程师往往具有采购的最终决定权，因为生产技术上的权威直接形成了产品使用上的绝对控制权。从上述分析不难看出，大客户内部的采购主体具有多面性。由于众多不同层面的决策人，从不同角度结合产品与企业的实际进行企业内部多元化的综合考查，使采购的主体是多维的、复杂的，并且每个层面的决策人都必须承担决策的责任压力。

8. 采购方式固定

大客户采购一般都有固定的采购流程，可以简单地概括为：提出需求──→定向的询价──→市场行情询价──→方案的分析──→计划的讨论──→最终合同订立等6个步骤。但在现实的企业采购中，销售过程一般只出现以上流程的部分环节，并不一定遵循全部的流程模式。例如，作为销售方的产品供应商往往采取各种方法，直接上门或直接与采购环节的关键人物接触，来获得销售的可能；又如，企业的产品使用部门，则会直接面向市场采购用品。

9. 采购后续要求复杂

大客户的采购后续要求比较复杂，可以分为服务要求、财务支付要求、供货周期要求及运输要求。服务要求包括使用前后的及时、周到和全面的安装调试、实验、实用、问题解决等工作。财务支付要求来自财务部门，主要是因为财务结算和采购单位财务制度的需要而产生的针对合同付款条款的要求，例如，有的采购单位要求按照产品到位的程度进行分期付款，有的采购单位要求货到使用一定时间后才开始付款。供货周期要求主要是企业为了自身生产和运营需要而制定的原料供应计划，由采购方来制定。与此相匹配的还有对运输的要求，如采取什么运输方式、运输的消耗、运输的成本付出等。

四、大客户开发

大客户管理最终必须付诸两种行动──选择和开发。

(一) 大客户的选择

大客户管理中最难作的选择之一就是作最终选择：选择谁不选择谁，如果认识到这是一个双向选择，就会发现这要简单一些。你会追求能帮助你实现目标的客户，同样，如果你能满足他们的需要，他们也会追求你。如果一个客户能同时满足这两种要求，你就有了大客户，客户也有了重要供应商。

1. 相对于公司能力的客户需求

如果公司相对于竞争者而言具有不同的能力来满足客户需求时，客户的不同需求便具有战略意义。在其他条件不变时，公司便可加强其竞争优势。客户的增长潜力越大，它对公司产品需求的稳步增长的可能性就越大。在供应来源一定的条件下，固有的价格谈判实力可能成为客户施加于供方的杠杆。或许大客户愿意以价格换取其他产品特性，从而维持供方利润。客户特定的购买需求与该企业的相对能力相匹配，这种匹配使企业与竞争者相比获得了较高的差异化。

2. 增长潜力

三个直接条件决定一个产业中某个客户的发展潜力：
- 客户所在产业的增长速度；
- 客户细分市场的增长速度；
- 客户在产业中及主要细分市场占有率的变化。

3. 结构地位

主要是指客户固有的价格谈判实力以及运用这种实力要求压低价格的意向。客户固有的价格谈判实力包括五个方面：一是客户购买量。小批量客户无力要求价格让步、承办货运等其他特殊照顾。二是客户选择来源。如果客户所需产品几乎无从选择，客户的价格谈判实力是极其有限的。三是客户交易代价。在获得可选择报价、谈判或执行交易等方面面临特殊困难的客户具有的固有实力较小，寻找新的供应商代价太大，客户将失去价格谈判杠杆。四是客户转换成本。例如，客户自己的产品规格受制于某供应厂商的规格或在学习使用某供方设备方面投资很大。五是服务成本。如果这些成本较高，则按其他标准评价出来的好客户可能会丧失其吸引力，因为这些成本会抵销供货中较高的售货盈利或较低的风险。因此，大客户的最终选择是公司对这些因素的综合衡量和平衡的过程。

(二) 大客户开发步骤

1. 对现有或潜在大客户进行分类

根据公司经营方向和发展的重点，将公司现有客户或准客户按照产品类别、客户性质、服务内容等方式来加以分类，以便大客户小组的分类开发能更有效。以办公文具行业为例，如果是办公用纸生产商，其潜在大客户按横向可以划分为机器设备生产商、通用耗材生产商和传统文具生产商等。这些生产商可以是行业内的巨头，他们的部分商品也是行业内市场份额最高的，这样的合作就像海尔洗衣机和宝洁洗衣粉、金龙鱼食用油和苏泊尔锅之间的合作。按纵向的可以分为终端和渠道两种，终端的有各级政府部门、行政机关、银行、电信部门等这种用量特别大的客户，渠道则可以分为大型文具零售企业、超市商场、传统批发商等。

2. 对大客户进行分析

在开发每一个大客户之前，都必须首先了解客户，知道客户的优势和劣势及其可利用的资源，这样有利于企业更全面地了解并迅速开发出其潜在需求，并通过企业产品和服务来扩大优势，把劣势缩小到最小。主要分析的内容有：

➢ 客户的流动资产率——客户是否有买单的现金实力是很关键的。

➢ 客户的净利润率——这个可以衡量整个公司的收益状况。

➢ 客户的资产回报率——这个可以比较客户的投资与收益，并用来评估客户公司的管理水平。

➢ 回款周期——可衡量客户公司内部的现金是用来偿还贷款还是作为流动资金来使用的。

➢ 存货周期——可以衡量出客户的销售能力或实际使用量，还可以看出其现金流动的速度。

调查一个大客户如何管理这些核心工作是大客户小组的中心工作，如果选择大客户失误，将给公司带来莫大的损失，包括人力资源、物流配送的浪费、成本的上升、应收款的危险等问题。当然，客户状况需要了解的内容还有很多，例如，企业的产品被客户转卖到了哪里？商品最终被谁买走了？是什么层次什么性别什么年龄的人买的？为什么会买企业的产品？客户又是用什么方式来卖我企业的产品？这些内容都需要企业花时间去了解、分析。这些内容可以更有利于企业提高服务的效益，提高竞争力，以便在客户碰到问题时企业能在第一时间内给以解决，从而加以改进。

3. 大客户购买过程分析

大客户采购者所涉及的资金都是相当庞大的，其购买决策并不是一、两个人就能决定的，甚至这些产品的采购会改变该公司的经营方向和盈利方式，所以，其购买过程就会显得漫长和复杂。一般地，大客户的购买方式有三种：

（1）初次购买。这类客户的开发时间是比较长的，有的甚至超过 1 年，如二手车、叉车之类的大宗产品。让这类客户认识企业的产品本来就需要一段时间，难度也会很大，需要从头到尾的一个销售周期。

（2）二次或多次购买。这是在已经购买了企业产品以后的第二次购买，这个过程就相对很短了，大客户在前期已经认可企业的产品，不需要解说最基本的东西，这是大客户在出现需要时就会发生的。在这样的购买过程中，大客户所关注的内容也会有变化，他关心的是企业的服务标准变了吗？产品质量一样吗？价格能更便宜吗？有足够的库存吗？

（3）购买其他产品。有时候，客户需要调整公司的战略或者产品和服务，因此，也要求供应商作出相应的调整，这时候其实是对企业更重要的考验，一点点的失误就可能会前功尽弃，把原来的产品和服务一起让给了竞争对手。不过，这样的采购可以让企业加强和客户的关系，让客户对企业的评价越来越高，最终大大减少竞争对手的机会。

4. 影响大客户购买的因素

（1）费用。购买的费用占客户支出额越大，则其决策人职位就越高，决策速度就越慢，决策过程就越复杂，客户要考虑采购成本是不是过高？利息是高还是低？市场对这个产品的接受程度如何？他们有能力销售产品吗？这些都是客户要着重考虑的问题。

第四章 大客户管理

（2）购买的产品是否有足够的科技含量。客户要考虑这类产品和服务是否太超前了？能跟上技术发展的步伐吗？多久就会被新技术取代？

（3）购买的复杂程度。企业所提供的产品和服务越复杂，客户所需要处理的技术问题就越多，潜在成本也就越高，而且必要时还要另请专业人士。

（4）政治因素。政府的政策是否对企业所在的行业或者客户、客户的客户有影响呢？法律议案对市场会造成冲击吗？

当然，影响客户购买的因素还包括购买决策人在公司的地位、决策人的性格等，就不一一列举了。通常，成功的大客户销售经理在谈判之前都会先了解购买决策者所要面临的种种压力，其最关心的问题、操作程序等相互关联问题。

5. 分析公司与大客户的交易记录

主要包括客户每月的销售额、采购量，企业的产品在该客户那里所占的份额，单品销售分析等。

6. 做 SWOT 的竞争分析

任何公司都希望最大利益化地满足客户需求，以获得客户较高的价值认同，要做到这些，就必须和最大的竞争对手进行比较，并作好决策，同时也要看到企业的开发风险。

7. 费用和销售预测分析

包括销售额、销售利润，需要的库存利息、人员的支出、差旅费、风险系数高低、开发客户所带来的管理和经营费用等，从而真正得出该大客户是否有价值开发。

8. 企业能给大客户提供什么

这是最关键的一点，要根据不同行业的不同产品进行区分。例如，对于办公设备公司，企业为大客户创造不同一般的价值和服务可以包括：

➤ 减低综合采购成本，如劳动成本、设备损耗、保养费用、库存利息、能源开发等。
➤ 增加收益，如提高销售、加强生产线、提高利润率等。
➤ 避免浪费，包括减少对新人员的需求、减少对新设备的需求和维修次数等。
➤ 提高工作效益，如帮助大客户简化采购流程、优化采购组织。
➤ 解决方案，真正为客户解决实际的问题。

实例资料

十几年前，IBM 公司的前总裁郭士纳接任的时候，他提出来 IBM 公司要成为一个服务型的行业，当时的 IBM 是处在一个以技术领先的、谁拥有知识产权就可以改变一切的行业里。

微软公司拥有了操作系统方面的核心技术，所以一直处在这个行业的领先地位。作为蓝色巨人的总裁，提出建立服务型企业，公司很多人都不理解。他们认为，设备卖出去，能够经常提供维修，就是服务了。郭士纳却认为，服务不是维修设备，服务是要站在顾客的角度上去帮顾客解决问题，甚至是从顾客的角度去选择设备、使用设备，以及真正地帮助顾客解决他所遇到的问题，所以，不是因为他所使用的设备是 IBM 的就给他服务，只要顾客有需求的时候，就应该为他服务，甚至可以

> 建议他不要买IBM的设备,而买其他公司的设备,让他最终达到的结果是更有经济效益、时间效益的。
>
> 所以,他单独把服务当成一个部门设立出来,成立一个全球的服务中心,一个真正进行独立经济核算的部门。从这里我们意识到,一个制造业要想能够获得更好的利润,服务是很重要的手段。

第二节 大客户分析

一、大客户的购买决策

(一) 购买决策的参与者

大客户购买行为的规模大、风险高、过程复杂,因此,大客户购买决策往往是由多类人员共同参与完成的,包括产品的使用者、决策影响者、决策者、批准者、采购者、信息控制者。这些人员在大客户购买决策中扮演不同的角色,发挥不同的作用。

1. 产品使用者

他们根据自身工作需要提出产品采购的初步建议。例如,对于通信产品来说,产品的使用者包括市场营销部门、供应部门、综合管理部门和各分支机构等,它们会初步提出所需产品的功能和规模数量等。市场部门需要与全省各分支机构每周开一次经营分析会,就需要一个网络平台,能支持17个分支机构同时接入,能实现经营数据的在线传输,可实现文档的视频共享,要求语音和图像的传输要保持稳定、可靠和保密。

2. 决策影响者

包括采购单位内外直接或间接影响购买决策的人员、对有关信息进行初步评估的技术人员等。例如,对于通信产品而言,各单位的通信技术人员是决策的直接影响者,他们是产品使用者与通信运营商的接口,技术人员将产品使用者的需求转化为网络的功能和各项指标,向通信运营商提出需求,同时对通信运营商的解决方案进行技术论证,并向决策者提出相关的建议。

单位内部影响决策的还包括产品使用部门、财务部门、负责招标的部门、法律事务部门和纪检等部门,它们都会对采购决策施加不同程度的影响。除了内部影响者,外部的一些人员和机构也会对单位的决策产生或大或小的影响,如企业的合作伙伴、供应商和客户等,还包括与企业决策链的各环节有私人关系的个人等。

3. 决策者

有权决定产品采购量和供应商的单位有关部门的领导和采购员本人。例如,对于通信产品而言,多数单位的语音业务和数据业务是由不同的部门管理。单位的信息部门(如网络中心、技术部等)是计算机网络的主管部门,对使用什么样的组网技术,如使用数字电路还是ATM或帧中继、是否需要备份电路、网络的资费、使用哪家运营商等,这些内容的决策者就是该部门的处长或主任。单位的办公室、后勤处或物业部门是语音业务的管理部门,这些部门的主任或处长是电话业务的决策者。

4. 批准者

有权对决策方案和采购计划拍板的人。通信企业的批准者一般是分管通信的副总经理,在较大的项目或竞争激烈的情况下,批准者往往是单位的一把手。

5. 采购者

采购者一般是指具有组织实施采购工作的正式职权的人。以通信企业为例,一般单位的通信主管部门就是通信业务的采购者,但是遇到较大的项目或竞争特别激烈时,购买单位也会成立专门的临时机构来负责采购,由来自各相关部门的人员组成。在政府或大型企业,还有专门的采购办公室。

6. 信息控制者

企业内外能够对传向决策者和使用者的信息流进行阻隔或沟通的人,如接待人员、采购代理等。

如果将拍板者比作花蕊,其他的参与者比作花瓣,那么,重点客户的决策链就形成一个梅花分配。要成功地实现产品的销售,就必须将这六个环节的工作全部做到位。

(二) 购买决策的内容

大客户购买者的决策内容随其具体采购行为方式的不同而变化。一般来说,大客户的采购方式包括直接重购、修正采购和全新采购。

1. 直接重购的决策内容

直接重购是指采购部门按照以往惯例再行采购商品的情况,这种情况下,购买者只是根据以往采购货物的满意程度,从自己认可的供应商名单上作出选择。直接重购的决策内容最少,主要是根据以往的购买记录选定供应商。

2. 修正采购的决策内容

修正采购是指购买者就产品规格、价格、发货条件及其他方面因素加以调整的情况。这时,原来被认可的供应商会产生危机感,并将全力保护自己的份额,原落选的供应商则认为这是跻身其中的最佳时机。

修正采购时,企业不仅根据所要变更的产品规格、价格、交货条件等情况重新考察原有供货商的供货情况,同时还要对新的供货者可能提供的条件加以考虑。

3. 全新采购的决策内容

全新采购是指购买者首次购买某种产品或劳务的情况,如修建电信大楼、购买新交换系统等。全新采购对于营销人员来说是最大的挑战,也是最好的机遇。由于全新采购中涉及的推销问题非常复杂,许多公司都派出由优秀推销员组成的推销团队来执行任务。

全新采购要经历认识、兴趣、评价、试用、采用几个阶段。在不同的阶段,信息源起的作用是不同的。在最初的认识阶段,大众媒介最为重要;在兴趣阶段,推销人员影响最大;在评价阶段,技术更为重要。因此,营销人员需要依照不同阶段的特点采用不同的营销手段。

在全新采购时,企业决策内容最多,常常要涉及产品的规格、价格、交货条件、交货日期、服务、付款条件、订货量及供应商等各个方面的情况。

(三) 购买决策的过程

1. 唤起需要

客户单位的有关人员在刺激因素的作用下,认识到有必要购买某种产品,以满足企业的某种需要。例如,某大客户的财务制度要实现一体化管理,各地市分公司由原来的独立核算单位改为报账单位,为加快财务核算速度,减少中转环节,财务部门需要有相应的网络平台支撑,在此需求的驱动下,财务部门的相关人员就会向主管领导提出数据共享和各分公司与总部联网的要求。

2. 确定要求

客户单位发现自身的采购需要后,进一步确定所需产品的品种和数量等,而销售企业的市场营销人员要设法参与这一过程,并提供必要的帮助。

客户单位的主管部门收到本单位使用部门的需求后,会初步确定所需的商品,在这一过程中,客户单位的主管部门往往希望能得到销售企业方面的支持;对销售企业来说,这是在今后的销售过程中取得主动的关键环节,要积极、主动地参与,应清晰、准确地了解客户的需要,并向客户提供切实可行的解决方案。

3. 产品分析

客户单位指定专家小组对所需产品进行分析,以确定产品技术规格。销售企业也可以采用同一方式,向客户单位展示自身产品在必要的功能方面具有的优越性。

在这个阶段,客户的主管部门会同使用部门共同对销售企业提供的解决方案进行深入的分析,在某些时候还会从外面请相关的专家参与论证。客户单位此时的主要目标是确定销售企业的方案是否恰当地满足了其使用部门的需求,并希望通过这个过程,与销售企业更加深入地沟通,以便获得最佳的解决方案。

对销售企业来说,这个阶段是更加准确地了解客户需求,提供有效方案的过程。在这个阶段,销售企业必须要准确地把握客户需求,提供具有竞争优势的解决方案,为下一步客户在物色销售企业时作好充分的准备。

4. 物色供应商

客户单位通过各种途径搜集有关销售企业的信息,将那些有良好信誉和合乎自身要求的销售企业列为备选对象。销售企业应通过各种途径介绍自己,扩大知名度,树立良好的信誉。

一般而言,客户单位为引入竞争,以便获得最大利益,将可选择的销售企业都作为备选对象,并会对备选对象进行排序,依据就是销售企业的品牌形象、综合实力和服务质量等指标。

5. 征求报价

客户单位向那些合格的销售企业征求有关建议,以便进行比较和筛选;销售企业要根据对方要求,将有关产品的技术、报价、可以提供的有关服务,甚至自身生产经营能力等情况以口头或书面的形式传递给大客户购买者,力求有说服力。

6. 选择供应商

客户单位有关人员对销售企业提交的正式建议书进行分析比较，在综合考察的基础上进行选择、谈判，最终确定销售企业。

这阶段是各销售企业竞争最为激烈的时期，客户会与各销售企业进行反复多次的沟通，以便得到最好的性价比。销售企业也最容易在此时陷入价格战的漩涡，那些在平时就与客户建立了良好客户关系或与客户构建了深层次的合作模式的销售企业，将在这个阶段拥有竞争优势，并可以在一定程度上避免价格战。

7. 正式订购

客户单位将订单提交给最终选定的销售企业。如果客户希望长期、大量地购买产品，还可以与销售企业签订一揽子合同，建立起更紧密的关系。

通过前一阶段激烈的价格战，相对于投入成本和运营成本，销售企业的利润已相对较低，销售企业都希望有一个较长的合作期。客户则希望保留经常的选择权，所以，在正式签订合作协议时，协议期限将是客户与销售企业需要平衡的一个重要因素。

8. 绩效评估

客户单位有关部门对所购产品的使用情况、销售企业履行合同的情况等进行检查和评估，以便决定是否维持原来的采购渠道。

大客户决策的过程表明，销售企业必须从唤起客户需求开始，就主动地参与到客户的决策中，对客户的决策施加影响，引导客户的决策到对自身有利的方向，是最终成功销售的关键。

二、大客户购买的类型和特点

1. 直接购买

由于大客户购买专业性强、购买批量大、客户数量少、社会影响大，所以，各大销售企业均设立专门的大客户服务机构，由专职的客户经理上门提供服务，并签订购买合同。

2. 经营购买

许多大客户本身就掌控着一定的市场，或者其本身就是具有一定规模的市场，这样的客户或出于政策的原因，或出于获利的目的，具有对单位内部二次运营业务的特点。例如，对通信企业来说，像油田、钢厂等集团客户，一般都建有内部的专网，通过租用运营商的出口，实现与公网的连接，而内部的通信市场，运营商则无法介入，只能由客户自己的通信管理部门来负责通信服务的提供；而大学、大型写字楼、工业园区等，则向通信运营商批发通信业务，在自己控制的范围内进行通信业务的经营活动，以获取利益。许多大客户同时也是销售企业的代理。

3. 合作购买

只要有可能，大客户购买者往往选择那些购买自己产品的企业作为供应商，彼此相互购买对方的产品并相互给予优惠。这样有助于双方建立更为稳固的产销关系，主要有业务置换、利益共同体和资源共享等方式。

第三节 制定大客户计划

一、制定大客户计划的内容

制定大客户计划时,必须具备的内容如下。

1. 目标

没有目标,就没有方向;没有基本方法,也就无从判断成功与否。不仅销售收入和利润这些明显的方面要有目标,很多其他方面同样要有目标,如推进客户关系的目标、沟通的目标、推进大项目的目标、衡量客户满意度的目标等。尽管这些目标可能很难量化,但并不能说明它们不重要。

2. 人员

人员是让大客户管理得以进行的条件,因此,在大客户计划中不要忽略人员。也许大客户计划的最重要部分就是识别客户决策组的人员组成、他们关注的内容以及安排大客户小组的哪些人员负责接触这些人。

3. 项目与活动

项目就是小组要做的事情,每个项目都要制定明确的计划。项目可以通过价值链与积极影响分析来确定。项目的内容可能包括为大客户管理创造合适的环境,克服障碍,如调整结构、开发新系统、提高技能、寻找合适的资源。

4. 资源、风险、应急方案

起草大客户计划的最重要的一个理由是确定需要的资源,并制定获得这些资源的计划。人们对新资源的需要可能有很多形式,如新人员、新技能、更多的 IT 支持、加大研发投入、扩大生产能力、投资新技术等。只有知道实现目标所需要的资源,才能判断某个大客户的价值和优先程度。

制定方案只是一个开始。在开始项目和活动之前,必须评估所有大客户计划需要的资源总量。大客户是行动计划,必须根植于资源有限这个事实。

每种资源的扩张都伴随着一定的风险,包括失败的风险、增加费用支出的风险或者其他类型的缺陷。大客户计划必须评估这些风险,并为这些风险制定适当的应急方案。

二、大客户计划制定的程序

1. 摘要

中长期方向:机会、目标、人员、方案、重要项目、所需资源、实施时间表。

2. 行动

(1) 机会与目标。

(2) 人员。

(3) 方案。

(4) 项目及活动。

(5) 资源风险与应急方案。
(6) 计划实施的时间表。

3. 分析

你管理客户的时间长短,在很大程度上决定了你要分析什么以及你要做什么。

(1) 市场细分。
(2) 大客户识别与选择程序。
(3) 客户盈利能力分析。
(4) 管理未来。
(5) 竞争地位。
(6) 市场链中的竞争优势来源。
(7) 客户的采购战略。
(8) 客户决策程序。
(9) 价值链分析。
(10) 积极影响分析与筛选。
(11) 方案分析。

4. 信息

(1) 地址簿。
(2) 客户组织结构图和联络人简介。
(3) 客户战略与市场活动。
(4) 客户业绩。
(5) 本企业销售业绩。
(6) 本企业盈利能力。
(7) 与客户业务往来。
(8) 竞争对手概况。
(9) 现有项目及项目组。

三、制定大客户计划的技巧

(1) 大客户计划不要太长,不要出现像电话簿形式的任何内容。6页就很好,4页更好。
(2) 计划要更新。这就意味着要简短,最好使用易于修改的媒体。
(3) 不必一次写完。
(4) 一开始就要明确地指出方向和目标,这样看计划的人才能知道你要做什么。
(5) 明确实施计划所要求的活动以及活动负责人。
(6) 提供客户的背景信息,可以用计划附件的形式,否则,大量数据会掩盖方向和行动。
(7) 提供你的分析。
(8) 不要提供没有根据的假设。

好的计划需要作出很大努力,以获得高层管理者对变革、获得新资源、投资等活动的支持,但前提是必须做到兼顾和客观。

第四节　与大客户建立伙伴关系

一、建立大客户伙伴关系的重要性

所谓的伙伴关系包括两种情况，一为公司和终端消费者（普通消费者）之间的良好的合作关系，二为公司与公司之间的长期合作关系。我们把这两种关系统称为公司与客户之间的伙伴关系。

伙伴关系是客户忠诚的终极形式。一个规模再大的公司，它的资金、人力资源都是非常有限的。为了更有效地利用其他公司的资源，公司之间越来越需要相互依靠，建立伙伴关系也就变得越来越重要。例如，许多公司在公司外寻求基本服务之外的特殊服务的支持，让其他专业公司提供特殊服务，这样公司就把精力集中到更重要的地方，也便于提高工作效率。这种做法还可以节省本公司的费用，要知道若聘请具体行业的专家来做这些特殊服务的项目，花费是十分昂贵的。

实例资料

一个会计事务所在接触客户中了解到，客户们希望有人能为它们提供证券评估服务。但该会计事务所又没有专业人员能胜任这种工作，这时候，会计事务所可以去找证券代理公司，由代理公司来做这笔业务。证券代理公司当然希望评估业务量越多越好，因为它们在日常工作中主动找客户推销服务存在一定的困难，又苦于不了解哪些客户需要这种评估服务。会计事务所惯常打交道的客户都是财政背景良好的大客户，可以为证券代理公司提供充足的客户信息和个人资料，无疑地，这两家公司建立起伙伴关系，对双方都是有利可图的事情。

另外，与终端消费者的伙伴关系也应当受到公司的重视。要知道终端消费者也是十分愿意与公司建立良好关系的，一方面，他们能够得到高品质的服务；另一方面，他们本人可以从这种长期、稳固的合作关系中得到一般客户所无法享受的优惠。

二、建立大客户伙伴关系的途径

一般而言，合作伙伴关系可以通过技术上的相互支持来实现，这种合作伙伴关系较为紧密。而且更重要的一点是，这种伙伴关系对建立客户忠诚也是大有帮助的。例如，证券代理公司从会计事务所了解了充足的信息和客户需求，它可以在工作中千方百计地满足客户需要，达到客户满意；对于会计事务所而言，它通过为客户提供特殊服务这种方式扩大了本公司的声望，在客户中建立起良好的信誉。

就与终端用户伙伴关系的建立而言，企业应当把工作做得更为细致和具体。一般而言，以下这些问题是必须着重考虑的：

第四章 大客户管理

- ➤ 你的客户能从你提供的高品质服务中受益吗？
- ➤ 他们的购买模式是什么？
- ➤ 公司经营的产品或服务能否满足客户的要求？
- ➤ 你的服务是否有助于客户长期计划的实施？
- ➤ 你的客户在开发新的工艺方面是否需要你的支持和帮助？
- ➤ 你招募的员工是否积极进取并对客户持有强烈的责任心？
- ➤ 你是否对他们进行了专门的建立客户忠诚的培训？

对这些问题的了解和准备相应的对策，是与终端消费者建立伙伴关系必不可少的。以其中的第四项为例，假如你确定你的答案是肯定的，即你的服务有助于客户长期计划的实施，你完全可以利用这一点与客户建立伙伴关系。换句话说，你的服务即成为你与客户建立伙伴关系的一条途径。

三、与客户建立长期伙伴关系

在各种消费场合，我们经常见到制造商为客户提供的免费保修服务。免费保修服务是与客户确定伙伴关系的具体方式。有的制造商承诺提供两年甚至更长时间的保修，在这种情况下，客户通常就不再去想保修期以后的事情。一旦过了保修期，客户们再想得到维修服务就办不到了，制造商通常以超过保修期为由不再提供服务了。这样做通常使它们失去了建立客户忠诚的机会。

当然，大多数企业都能够认识到这一点，并能够很好地加以利用。例如，一个电器维修服务公司正想瞅准机会来拓展其长期的维修服务，而有个制造商在产品质量方面享有声誉，但面对客户提出这样、那样的服务要求却深感力不从心、束手无策，又不想失去这批客户，因此，非常欢迎与电器服务公司展开合作，它将该电器服务公司作为本制造公司的维修点，介绍客户到服务公司去寻求维修服务帮助，当然，价格上给予一定的优惠。这样使得超过保修期的客户仍能得到令他们满意的服务，该制造公司也得以在市场上保持稳定的份额，在激烈的市场竞争中处于不败之地。

从另一方面来看，在该制造公司保持了稳定的市场占有额的同时，电器服务公司也能够从中获益，也就是说，这是一种互惠互利的事情。我们假定一个维修期，比如说5年。服务公司在与制造商合作的头两年完全从制造商家的角度出发，替它介绍的客户实行服务，价格上可以偏低一些。但两年结束后，服务公司就可以与客户签订一个两年期或5年期的服务合同，该合同保证客户得到和以前相同质量的服务，但要实行合理收费。其实，这种要求客户们一般是能够接受的。因为在长期接触中，服务公司已完全能够赢得客户的信赖，客户当然同样希望保持合作关系，只要收费比较合理，他们是乐意签订两年期或5年期保修合同的。这样，服务公司再不用发愁客户来源问题，有大笔服务业务等着做，它也就能将精力集中到提高服务质量上去了。

当然，这种合作关系的益处并不仅仅如上述所列。事实上，假如能够完全保持这种合作关系，它的益处将是多方面的。仍以上面两家公司的合作为例来说明。虽然该电器制造公司在产品质量方面享有声望,但它生产的电器难免会在使用中出现这样那样的故障,当客户到电器服务公司维修的时候,服务公司可以积极听取客户意见,查找出问题原因,同时,它还可以将自己搜集到的有关产品信息反馈到制造公司,由制造公司及时改进产品,为新产品的研制开发提供依据。制造公司对服务公司的大力支持是深怀感激之情的,服务公司真诚的态度使它们之间建立起良好的伙伴关系,因此,制造公司也能够为服务公司拉来大笔业务,这样对双方都十分有利。

这时候,即使市场竞争仍然十分激烈,即使竞争对手企图以低价服务来笼络客户,它们也无需担心。因为客户在购买产品同时会考虑到长期保修服务给他们带来的方便,他们也就不太可能将理智的天平倾向竞争对手的价格诱饵。

此外,企业还可以利用数据库建立客户档案,并以此与客户保持长久的联系。例如,我国最大的网上书店当当书店在建立起一个大型的客户数据库之后,灵活运用客户数据库的数据,使每一个服务人员在为客户提供产品和服务的时候,明了客户的偏好和习惯购买行为,从而提供更具针对性的个性化服务。

四、改善大客户伙伴关系

与客户建立伙伴关系是客户忠诚的终极形式。这种"终极"的忠诚度对企业来说是非常宝贵的资源,而且得来不易。所以,企业应当珍惜这种来之不易的宝贵资源,尽力维持这种关系的存在,推动其向良性的方向发展,并懂得在必要的时候加以改善。

传统的观念认为,伙伴关系的好坏是销售部门、服务部门的事情,殊不知它同公司各个部门都有密切关系。首先,伙伴关系的建立是自上而下实施的,高层主管先得认同这种关系的重要性,并承担一定的责任。其次,不直接与客户打交道的非销售、服务部门也要对伙伴关系的成败承担一定的责任。假如产品制造部门的产品质量低劣,导致客户不满,即使服务部门的员工堆一千个笑脸也是白搭。所以,伙伴关系的改善就像建立客户忠诚这个庞大的计划一样,需要公司全体同仁一致努力方可实现。

在具体的改善措施中,公关活动具有比较重要的作用,这一点是要特别加以强调的。例如,公司采用各种形式,调查客户对产品或服务的满意程度,调查客户对前台服务人员工作的满意程度。当对有佳绩的员工进行奖励的时候,可以邀请一些重要客户参加,由这些客户来颁奖;公司每年可以定期举办优秀客户会议,会议期间邀请客户们参观公司,甚至提供资金让他们度假。当然,这是针对那种比较大的公司来说,小公司也可以用赠送礼品的方式对长期以来支持公司的客户表示感谢。

对于这些公关活动的进行,首先要克服心理上的障碍。事实上,的确有很多人并不认为这些小小的举动能够在改善伙伴关系、增进友谊方面有多大的作用。他们甚至认为,给那些对公司作出贡献的客户发奖章、奖品是件滑稽可笑的事情,事实却绝非如此。某公司赠给一个客户一套炉具,奖励他长期以来对公司的支持。这位客户家中本来有一套相同的炉具,但他却换下原来那套弃之不用,改用奖励给自己的炉具,他说:"这是一种荣誉。"由此你可以知道这些奖励的真正意义。

第五节 为大客户服务

企业获利能力的强弱主要是由顾客忠诚度决定的;顾客忠诚度是由顾客满意度决定的;顾客满意度由顾客认为所获得的价值大小决定的;价值大小最重要靠工作富有效率、对企业忠诚的员工来创造,而员工对企业的忠诚取决于其对企业是否满意;满意与否主要视企业内部是否给予了高质量的服务。员工满意就会为顾客提供满意的服务,为企业创造价值。

一、为大客户服务的战略

1. 了解客户需求

要做到与大客户良好的关系,首先需要了解客户需求什么,为什么会与我们合作,与我们的合作能给他们带来哪些好处等多方面的客户信息。

对一个企业来说,仅仅提出关心客户的口号或只是鼓励员工去关心客户,是很容易做到的。但如果流于形式,或者仅在销售过程中显露微笑,而不是了解客户的真正需求,那么,关心和善待客户就是空谈。

对企业来说,要了解客户的需求,首先要了解客户的信息。销售人员需要了解你的顾客想要什么和需要什么。他们为什么要采用你公司的产品或服务?和你做生意,他们能得到哪些好处?你该如何改进服务才能使他们得到更多的好处或者保持很好的客户忠诚度?许多以客户为中心的公司指派专业市场调研顾问研究顾客的需求,但实际上,企业自身的客户档案才是了解客户情况的第一手材料。企业在经营的过程中,一定要主动获取客户信息。特别是大客户,企业不仅要研究他们本身的市场情况、经营情况,还需要对他们所处的环境、市场竞争情况等有所了解,并在此基础上,帮助大客户提供一些力所能及的服务和产品。

2. 服务标准细化

企业制定的客户服务标准必须是可以衡量的,否则,标准就不能称其为标准,企业员工的行为也不能得到规范,就不能达到良好的客户满意度。同时,标准也应该是公正的、众所周知的,使达到标准的员工获得奖励和鼓励,使没有达到标准的员工产生动力。

实例资料

一家电视台为它的日间娱乐主持人制定了基本服务标准:让观众在白天娱乐,使观众在早餐或午餐前后发现有趣、精彩、意想不到的事情。显然,上述两条显得还很抽象的服务标准需要细化,否则,它们很难得到贯彻。企业服务标准的细化并不是根据客户需要来确定服务水平的一个简单过程,它需要确定的实质是企业在服务客户中该做什么和怎样做的问题,也是指导相应岗位的员工如何交付客户服务的具体说明。

> 因此,电视台进一步说明以上两条服务标准,具体阐述了做什么与怎么做,包括:寻找50个能在白天实施、逗人发笑的"诡计"(做什么);这些"诡计"在经过集体配合后,会取得更好的效果;准备特制的道具与助手,考虑如何配合、分配角色,并进行演练,同时拟定可能出现突发事件或窘境时的应对措施(怎么做)。

无论什么行业的服务标准都应包含这些特征:明确、可执行、可考量,由相关部门人员参与制定,被全体员工熟知、认同,上岗前培训每位新员工,定期更新陈旧内容。

3. 加强售后服务

售后服务是保持与客户有效接触的重要手段,所以,企业要利用好每一次售后服务的机会,来达到提高客户忠诚度的目的。

良好的售后服务可以帮助企业加深与客户的关系和增加业务。可以看一下客户的购买周期,他们多长时间大批量采购一次,是一个月、一年?还是三五年?产品的生命周期越长,与客户再次打交道的机会就越少,也就越难保持与客户的有效接触。其他的公司可能正在劝说你的客户,用户可能正遇到一些产品的麻烦需要解决,而失去接触就可能意味着失去控制。因此,企业要创造出一些与客户接触的机会,售后服务就是最重要的手段。

4. 客户满意度的监控

对企业来说,客户服务满意度需要一定的监控措施,以使客户服务标准得到贯彻执行,并获取良好的客户服务结果。

满意的客户意味着回头生意和高水平的客户忠诚度。为了保证企业随时向客户提供高水平的客户服务,企业管理者必须拥有相应的措施来随时衡量客户的满意度,并确保企业的监控结果能够用于改善客户的服务表现。监控的原则就是依据既已制定的客户服务标准,并引进客户满意等级制度,来衡量企业员工或者业务部门的客户服务指标。管理者可以通过客户抽样拜访的结果,来考察企业或者部门乃至具体员工对客户服务的表现。对表现良好的客户服务,给予表彰和推广;对尚存在差距的客户服务,则提出相应的整改措施。

二、为大客户提供满意服务的步骤

1. 自上而下改进服务体系

要创造出优质的服务,大幅度提高顾客的满意度,仅将员工送去进行优质服务的培训是不够的。流程再造只是一个方面,运营还得要由人去完成,所以,要将优质服务的思想贯彻于企业文化之中。其中,企业领导的以身作则是非常重要的。如果领导阶层时时以顾客为中心思考问题、选择行动,以顾客为中心的思想就很容易落实到员工的行为中。

2. 创造具体的优质服务目标

以顾客为中心的服务思想不仅仅要领导以身作则,还要有一整套明确的制度来保证,企业必须对员工的行为期望加以明确,例如,电话铃响第三声之前必须接听。

3. 雇用重视顾客的员工

订立服务策略之后,必须找到合适的人来执行。这种适当的员工必须是愿意与顾客友好相处的,善于了解顾客心理,同时又能敏锐地察觉顾客的特殊需要的员工。这种雇用机制,不仅仅是事先对人力资源的一种准备机制,也是向现有员工表明公司的一种态度和价值评价,从而诱导现有员工改变其行为模式和价值观。

4. 训练员工从顾客角度去理解和体谅顾客

训练员工将以顾客为中心的思想根植于员工的大脑中,并努力提高员工优质服务的行为能力。顾客的满意在很大程度上受到其需求的满足程度和感觉的良好程度的影响。

5. 激励员工提供高标准的服务

企业要通过奖惩措施,使以顾客为中心的制度体系得以巩固和加强。

6. 授权员工自行解决问题

顾客通常从两个方面来评价一个公司的服务:一是在正常状态下如何运作;二是发生问题时如何反应。

7. 奖励员工对顾客的英雄式行为

让员工保持这种以顾客为中心的工作模式的最好办法,就是当员工做出超过顾客预期的服务工作时,给予及时、适当的奖励。一是要做到奖励及时,使员工明白奖励的原因,效果会更好;二是奖励要公开化,既能给予被奖励的员工更大的荣誉感,又能对其他员工有促进作用,同时也是对企业价值的一次表态。

第六节　实践课业指导

一、实践任务

选择一家企业开展访问调查,了解该企业的基本状况,以该企业某一产品为立足点,对这一产品的大客户管理进行分析研究,最终撰写出《××企业大客户管理调查报告》。

二、实践要求

通过对企业大客户管理的调查分析,学生应:
（1）了解企业大客户管理的重要意义;
（2）了解该企业服务大客户的方法。

三、理论指导

1. 了解客户需求

要做到与大客户良好的关系,首先需要了解客户需求什么,为什么会与我们合作,与我们的合作能给他们带来哪些好处等多方面的客户信息。

2. 服务标准细化

企业制定的客户服务标准必须是可以衡量的,否则,标准就不能称其为标准,企业员工的行为也不能得到规范,就不能达到良好的客户满意度。同时,标准也应该是公正的、众所周知的,使达到标准的员工获得奖励和鼓励,使没有达到标准的员工产生动力。

3. 加强售后服务

售后服务是保持与客户有效接触的重要手段,良好的售后服务可以帮助企业加深与客户的关系和增加业务。所以,企业要利用好每一次售后服务的机会,进而达到提高客户忠诚度的目的。

4. 客户满意度的监控

对企业来说,客户服务满意度需要一定的监控措施,以使客户服务标准得到贯彻执行,从而获取良好的客户服务结果。

四、实践形式

将班级分成若干个小组,每小组为4—6人,每组确定一个项目负责人。经过到企业的观察、询问、调查、分析和汇总后,以小组为单位撰写出《××企业大客户管理调查报告》。

五、课业范例

建行龙卡的大客户管理调查报告

中国建设银行(简称建行)自1989年发行龙卡以来,赢得了广大客户的信任。随着社会的进步,持卡人对龙卡的要求越来越高,尤其是一些文化素质、收入、社会地位都比较高的客户,对目前大多数银行提供的标准化服务已经表现出了不满。

一、为大客户服务的重要性

1. 竞争的需要

近年来,越来越多的商业银行加入到发卡行列,银行卡的品种、功能也越来越多。新的银行卡推向市场和抢占市场的难度越来越大,从其他商业银行手中夺取优质客户往往是各行的首选策略。如果建行在客户服务,尤其是大客户的服务上不早作准备,建行的一些大客户将会流失,龙卡利润来源将有枯竭的危险。

2. 客户的需要

国内银行卡经过十几年的发展,已进入了寻常百姓家。由于各家银行卡的功能不尽相同,客户在选择的时候也常常从实际需要出发。每当一种新卡面世时,总能吸引一批客户;每当一张卡启动一项新的服务功能时,总能在持卡人中产生较大的反响。如果建行在银行卡功能的发展上不能适时创新和领先,在客户服务(尤其是大客户服务)上不能保持优势,就会使大客户的忠诚度产生动摇,导致大客户的流失。

3. 发展的需要

根据中国人民银行的部署,国内银行卡大联网工作已经得到了大范围实施,客户无论持何种银行卡都享有联网通用的便捷服务。对于客户而言,已经不是从功能而主要是从服务上来选择银行卡。建行怎样才能使客户选择龙卡呢?如果能让客户感到"龙卡给我多一点",那就是龙卡的成功;若相反,建行将面临客户流失和业务萎缩的威胁。

我国银行卡的发展将逐渐转为以贷记卡业务为主。对于贷记卡业务的经营,国内的商业银行还处于探索阶段,建行应在对大客户实行专门服务的基础上,不断完善服务体系,可以为贷记卡业务的推出准备客户和积累经验。

二、服务大客户的做法

1. 专职部门负责大客户工作

大客户是建行龙卡业务的主要利润来源,信用卡部要花更多的精力来研究他们的需求。为此,建行成立了一个专门的部门来负责这项工作。这个部门的工作主要是界定大客户和建立档案,制定大客户的服务标准、服务手段、服务方式,接受大客户咨询和投诉,并着手研究大客户的心理、用卡习惯、用卡需求和精神文化需求,积极为市场部门提供有价值的信息资料。

2. 为大客户配备固定的客户经理

建行认为,每位大客户配备一名相当于私人金融顾问的固定客户经理是非常必要的。每位客户经理要以书面的形式将自己的姓名、联系电话等相关资料通知大客户。客户经理要用管理商户的方式管理大客户,为大客户办理日常龙卡业务提供便捷服务,如咨询服务、应急服务、上门服务、传真服务、电话提醒服务等,要定期上门了解情况,宣传知识,拓展业务,拉近彼此之间的距离,对大客户反映的问题要及时地给予答复或解决。

3. 为大客户提供个性化的差异服务

为大客户提供个性化的差异服务,最主要的是开发多种个性化服务手段。客户不是千人一面,因此,他们需要个性化的服务,重点在于适合客户的特点和需求。建行要求客户经理根据客户的不同情况,与客户一起策划他们的投资、理财。以为客户理财服务为例,有的客户用龙卡购物比较多,有的客户比较喜欢炒股,有的客户想要买房,有的客户要考虑子女将来上学,客户经理应根据客户的特殊需求,为他们设计最佳方案;又如,现在各种商业性的广告比较多,客户往往无所适从,针对这种情况,可以为大客户提供可信度高的信息,要充分利用银行的有利条件,使客户能方便、及时地得到信息,如通过每月邮寄宣传单、电话银行、客户经理等方式。

4. 建立快速的纠错机制

建行认为,银行的产品和服务不可能面面俱到、十全十美,一旦出现不足或疏漏,很容易造成客户流失。因此,建立一种能快速反应的纠错机制非常重要,通过迅速的纠错,努力将客户(尤其是大客户)的损失降到最低,使负面影响减到最小,必要的时候,推出配套的赔偿制度。对于销卡的用户,尤其是大客户,要尽快找出原因,通过各种办法留住他们。同时,要及时改进产品和服务中存在不足的地方,防止同样的客户继续流失。

5. 推行切实、有效的激励机制

银行卡市场的竞争十分激烈,谁的卡成本低、谁的优惠措施多、谁的卡环节简捷,客户就会选择用谁的卡,因此,对客户尤其是大客户的激励必不可少。为此,建行积极开展切实、有效的市场营销活动,来吸引持卡人多用卡,多用龙卡,激励方法非常注重且符合客户的实际需要。除了开展有奖用卡活动以外,建行还充分考虑不同客户的特点,利用建行的商户网络和业务单位网络,向贡献突出的大客户寄发感谢信,赠送保险、家政服务、旅游、体育休闲等,举办不同形式的座谈会、联谊会,组织他们参加有针对性的活动等。

三、为大客户服务的保障措施

1. 保障用卡环节的畅通

用卡环节的畅通与否,是大客户工作成功的关键。用卡环节涉及资金的到账时间、POS 和 ATM 等设备的完好、卡的质地、特约商户接受卡的积极性、交易网络的畅通等方面。统计表明,各银行每年都有大量不成功的交易存在,这既减少了各行的卡交易量,又严重挫伤了客户用卡的积极性,如果客户有其他银行的卡,就有成为其他银行忠诚客户的可能。因此,建行强调要做好大客户的服务工作,就必须首先要做好用卡环节的畅通工作。

2. 全面提高客户经理的素质

大客户是一个特殊的客户群体,因此,对所配备的客户经理的道德素质、心理素质、业务素质的要求比较高。在配备大客户经理的时候,要兼顾多方面的能力,同时加强对客户经理各种知识和能力的培养,对客户经理进行经常性的督促和检查,促使其不断提高服务水平和服务艺术,适应为大客户提供服务的需要。

3. 推出强大的服务功能

保证龙卡强大的服务功能是做好大客户服务工作的必要前提。为此,建行强调在完善应用卡传统的消费购物、转账结算、存取现金、代扣代发等功能的基础上,与大客户比较关注的房地产公司、证券、保险、学校等业务单位建立良好的合作关系,把龙卡逐渐发展成联系这些业务单位的纽带,成为客户购买相关服务或商品的重要途径,以便真正吸引大客户。

4. 宣传工作需要细致到位

根据调查,绝大部分的客户(尤其是年龄较大的客户)仅仅使用龙卡的存取款功能,使用其他功能的很少。原因是不习惯和不了解银行卡的功能。由此可见,对客户的宣传还不细致、不到位,如龙卡的功能、龙卡各项业务的办理流程、龙卡特约商户的分布、龙卡营业网点和自助设备的分布等。在大客户服务中,建行要求客户服务人员充分利用各种机会,以电话、信函、上门等方式对大客户进行宣传,使客户对龙卡想用、会用、用好。

(资料来源:李先国、曹献存,《客户服务管理》)

前沿研究

惠普的大客户管理原则

企业 80% 的业务来源于大客户。如今,对大客户的管理已被很多公司列入销售管理的重要议程。7 月 17 日,惠普商学院的《大客户销售技巧》课堂上,中国惠普有限公司战略项目发展部总经理郭京以亲身经历向学员讲解了大客户管理的原则。

1. 建立多渠道的信息中心

众所周知,信息渠道的开拓是销售业务的开端,对每一个销售组织或个体来说,信息渠道的建设与信息的共享至关重要,对大客户的管理同样如此。

如何整合企业内外的资源并对信息进行总结呢？郭京认为："客户经理在工作中会遇到很多挑战，首要的便是在有限的时间内整合资源，建立多渠道的信息中心，从而推动客户需求的产生。"

作为客户经理，一项重要的工作就是充分获得客户及竞争对手的信息，并对这些信息准确判断。但在现实生活中，往往有80%的信息无法通过与客户面对面的交流获得，而是需要多层面、多渠道的信息共享与沟通。作为一名有经验的客户经理，在获取信息时不能只听一面之词，最起码要有两个以上的信源才能确定信息的可靠程度。

另外，每个人获得信息的途径不同，有的销售人员喜欢说服高层，有的则喜欢与普通员工打交道。许多客户经理很努力，也经常去拜见客户，但业绩并不出色，很可能是因为他接触的是外围人群，对决策层没有多少影响。可见，找到合适的人、合适的信息源很重要。

2. 人脉不等于一切

生意场上，人脉的重要性无可否认，但它并非业务成功的唯一关键。很多人选择做销售工作，是出于对自身人际关系和行业背景的考虑。但他们成功与否往往不取决于自己所拥有的关系链，而在于他们是否具备在适当的时间把关系转化成合作机会的判断力与执行力。

同样，对于没有关系基础的销售新手，等待他们的也并不总是失败。在当前的市场营销中，产品的优势、价格、渠道、服务等相关因素才是客户最关心的要素。

郭京专门举了个例子来说明这个问题。有一次，某公司的业务代表接手一单业务，当时，公司还未能与客户签约，而该业务一周后很可能会被竞争对手抢走。负责该业务的恰好是一名新人，他困惑地问："我与对方没有丝毫关系，怎么办呢？"

同事和他一起分析后发现，双方一直没签合同的原因有三：一是对方高层主管有不同意见，二是财务资金没有到位，三是该项目有一定的超前性。于是，他们决定直接与客户的"一把手"面谈，就这样，这位没有任何关系的新人来到客户公司。

尽管对方公司的门卫连门都不让进，这位新人还是花了几个小时与他聊天，终于得知客户负责人正在开会，于是，他就站在门口等候，直到晚上八点才看到该负责人下班出来。他立即迎上去自我介绍："我是某公司的业务代表，已经在这里等您一天了，希望您能给我一个陈述业务的机会。"一番交谈后，他的诚心打动了这位负责人，结果拿下了订单。后来他们才知道，之前正是这名负责人对该项目有不同意见。

3. 通过风格矩阵图了解关键人物风格

在销售过程中，对关键客户的拜访与分析相当重要。郭京强调："了解关键客户的性格与做事风格是与其进行合作的基础。"接着，他用风格矩阵图向学员们介绍了关键客户（即决策者）的四种主要风格：领导型、施加影响型、检查型和跟随型。

领导型的决策者比较重视目标，做事直接，能迅速决策。这类人不看重关系而关心产品价值，所以，销售人员要用简单、直接的方式让他明白产品的重要性及其价值。

施加影响型的决策人偏向有更多的人参与决策。有情况发生时，他喜欢把几个部门的负责人召集起来一同商讨，更关心谁在使用产品或服务。对此类决策者，销售人员应该在与其建立良好沟通关系的同时，拓展与相关部门负责人的关系。

跟随型的决策者较注重安全，希望与其他高层保持意见一致。

检查型的决策者更注重任务，更需要精准性与逻辑性，最关心所购买的产品是否符合实用性要求。

最后，郭京指出，做好关键决策者的风格分析并不够，大客户管理依靠的不仅是机会与关系，它更依托于一套成熟的客户服务体系及制度。因此，公司内部需要建立一支组合销售团队，它不仅包括客户经理，还应包括技术支持、市场推广等与此项目有关的同事，为客户提供全方位的整体方案。

（资料来源：安静，《每日经济新闻》）

案例
姚小姐的疑惑

有一位非常优秀的销售员姚小姐，平时工作十分勤勉，工作业绩突出。有一天，她很高兴地告诉经理，马上会有一个大单子，让经理等她的好消息。但是，半个月后，经理却等来了泪流满面的姚小姐。原来，客户虽然最终使用了她设计的销售计划书，但却不是同她签的单。她泪水汪汪地连连倒苦水："没想到，真是没想到……"

她说："我是通过朋友介绍结识这家公司主管人事和财务的副总裁的。副总裁告诉我，公司刚好有买设备的计划，让我马上设计建议书，并承诺这件事他有决定权。我反复几次修改后，副总裁表示，公司各方面对计划书均表示满意，估计半个月后可以签单。"当时，她信心十足，以为很快就可以吃上"煮熟的鸭子"了。

半个月后，她拨通副总裁的电话，本来是去约签单的事的。哪知副总裁带着很遗憾的口气告诉她说："在昨天的总经理办公会议上，关于采购的事情已经定下来了，决定在另外一位销售员那里购买，而且那个销售员在总经理的邀请下还参加了昨天的会议。"姚小姐愣了半晌，决定去搞清楚情况再说，不想这样不明不白就丢了"煮熟的鸭子"。副总裁给了姚小姐一张她那位潜在竞争者的名片，并告诉她："公司里从总经理往下，所有参加会议的人都同意在那位销售员那儿购买，自己也没有办法。"

姚小姐进一步打听后才知道，当她很开心地等着时，她的竞争者正在紧锣密鼓地拜访包括姚小姐熟悉的副总裁在内的所有购买者：他从财务部那里知道这次购买的金额比较大，必须由总经理办公会议最后敲定；他从办公室那里得到了参加这次会议人员的名单；他从设备部那里拿到了姚小姐的设备计划书最后定稿的版本；他抓紧时间拜访了出席会议的每一位成员，他还主动到公司员工中间去调查摸底……竞争对手的这些动作，姚小姐始终没有觉察到。

（资料来源：孟昭春，《成交高于一切》）

案例思考题

请分析姚小姐销售失败的原因。

练习与思考

一、名词解释
大客户　修正采购　垄断型大客户　选择型大客户　密集型大客户

二、填空题
1. 一般来说,企业在对大客户进行选择的时候,主要考虑的因素有相对于公司能力的客户需求、_____和_____。
2. 购买决策的过程包括唤起需要、确定要求、产品分析、_____、征求报价、_____、正式订购、绩效评估。
3. 大客户购买类型分为_____、_____和_____。

三、单项选择题
1. (　　)指采购部门按照以往惯例再行采购商品的情况。
   A. 全新采购　　　　　　　　　B. 直接重购
   C. 修正采购　　　　　　　　　D. 二次采购
2. (　　)不属于客户描述性数据。
   A. 降价销售　　　　　　　　　B. 行为爱好
   C. 客户家庭成员情况　　　　　D. 信用情况
3. 在客户关系管理中,对于客户价值的分析与评价,常用所谓的"二八原理",这个原理指的是(　　)。
   A. VIP客户与普通客户通常呈20∶80的比例分布
   B. 企业利润的80%或更高来自20%的客户,80%的客户给企业带来的收益不到20%
   C. 企业的内部客户与外部客户的分布比例为20∶80
   D. 企业利润的80%来自80%的客户,20%的客户给企业带来20%的收益
4. 在大客户管理中,(　　)是客户服务的最高层次。
   A. 个性化服务　　　　　　　　B. 个性化产品
   C. 主动性服务　　　　　　　　D. 提供战略上的支持与合作
5. 在实施客户管理中,关于抓"大"放"小"的正确论述是(　　)。
   A. 只服务好大客户　　　　　　B. 只服务好中小客户
   C. 放弃中小客户　　　　　　　D. 慎重对待中小客户

四、多项选择题
1. 按照大客户对企业的影响程度,可将大客户分为(　　)。
   A. 垄断型大客户　　　　　　　B. 选择型大客户
   C. 密集型大客户　　　　　　　D. 战略型大客户
2. 一般来说,大客户的采购行为方式包括(　　)。
   A. 直接重购　　　　　　　　　B. 分散采购

C. 修正采购 D. 全新采购

3. 按大客户与企业的关系,可将大客户划分为（　　）。
   A. 普通大客户 B. 伙伴式大客户
   C. 战略型大客户 D. 选择型大客户

4. 大客户主要采购目的包括（　　）。
   A. 为了更好地抢占市场而进行大量采购
   B. 为满足企业经营生产和加工,而引发的生产资料的需求
   C. 为满足企业维持正常运营提供工作必备品的需求
   D. 为满足企业自身发展和提高的投入需求

5. 大客户的增长潜力包括（　　）。
   A. 客户所在产业的增长速度
   B. 客户细分市场的增长速度
   C. 客户在产业中及主要细分市场占有率的变化
   D. 客户在同行业的知名度和信用度

五、简答题

1. 简述大客户的特征。
2. 简述建立大客户伙伴关系的重要性。
3. 简述为大客户提供满意服务的步骤。

第五章 客户满意管理

学习目标

学完本章,你应该能够:
1. 了解客户满意度的含义。
2. 掌握客户满意度的判断和分析方法。
3. 掌握产品满意管理的内涵和方法。
4. 掌握服务满意的内涵和方法。
5. 掌握正确认识和处理客户的不满与抱怨的方法。

基本概念

客户满意度　美誉度　指名度　产品　服务

对于以客户为中心的企业来说,客户满意既是一种目标,也是一种市场营销手段。因为高度的客户满意是企业最有说服力的宣传。企业要想在激烈的市场竞争中立于不败之地,就必须不断地追踪和了解客户的期望与抱怨,及时改进产品和服务,从而在有限的资源范围内使客户满意管理最优化。

第一节　客户满意度

客户关系管理的关键是使客户满意,从而创造高的客户忠诚。为了使客户满意,企业应对客户满意度进行测试与分析,随时了解客户的满意情况,以便改进企业的客户关系管理。

一、客户满意度的含义

对于客户满意度的理解,我们不妨想象一下下面的情景。

在烈日炎炎的夏日,当你经过一路狂奔,气喘吁吁地在车门关上的最后一刹那,登上一辆早已拥挤不堪的公交车时,洋溢在你心里的是何等的庆幸和满足。在秋高气爽的秋日,你悠闲地等了十多分钟,却没有在起点站"争先恐后"的战斗中抢到一个意想之中的

客户关系管理教程(第二版)

座位时,又是何等的失落和沮丧。

同样的结果,都是搭上没有座位的公交车,却因为过程不同,在你心里的满意度大不一样,这到底是为什么?显然,问题的答案在于你的期望不一样。在炎热的夏天,你的期望仅在于能"搭"上车,如果有座位那是意外之喜;在凉爽的秋天,你的期望却是要"坐"上车,而且最好是比较好的座位。同样的结果,不同的期望值,满意度自然不同。

由上述例子,至少可以得到以下几点结论:

(1) 客户满意度是一个相对的概念,是客户期望值与最终获得值之间的匹配程度。

(2) 客户的期望值与其付出的成本相关,付出的成本越高,期望值越高。

(3) 客户参与程度越高,付出的努力越多,客户满意度越高。

所谓越难得到的便会越珍惜,因为你一路狂奔、因为你气喘吁吁,所以你知道"搭"上这趟车是多么的不容易,而静静地等待却是非常容易做到的。

从上面的分析中不难看出,满意是一种人的感觉状态的水平,就是一个人通过对一种产品的可感知的效果或结果,与他的期望值比较后形成的一种失望或愉悦的感觉状态。满意与否取决于客户接受产品或服务的感知,同客户在接受之前的期望相比较后的体验,其差距的程度就是客户满意度。即客户满意度是由企业所提供的商品或服务水准,与客户事前期望的关系所决定的。因此,客户满意度是可感知效益和期望值之间的差异函数。如果客户实际感受到的产品和服务质量低于预期,客户就会不满意;如果他们实际感受到的产品和服务质量与预期相匹配,甚至超过预期,客户就会感到满意或十分满意。

二、客户满意的重要性

目前,越来越多的企业(特别是大型企业)都认识到,如果企业要赢得客户,并想长期留住客户,秘诀就是使之满意。

调查资料

根据一项权威调查,如果客户不满意,他们会将其不满意告诉22个人,除非独家经营,否则,该客户不会重复购买;如果客户满意,他会将满意告诉8个人,但该客户未必会重复购买,因为竞争者可能提供性能更好、更便宜的产品;如果客户高度满意,客户将趋向忠诚,他会将高度满意告诉10个人,而且即使与竞争者相比,产品没有什么优势,该客户也肯定会重复购买。

虽然由于消费者购买行为的差异,这些数字表现在不同的行业中一定有所不同。但其明显的含义是:满意的客户可以有利于企业改善经营,对企业的发展有着巨大的意义,一个高度满意的客户往往会给企业带来多项好处。

1. 购买企业更多的新产品和提高购买产品的等级

如果客户对企业感到满意,就会不断地重复消费,并能够更容易接受企业的新产品和高端产品,从而实现产品的交叉销售,既减少了营销费用,又扩大了销售额。

2. 忽视竞争品牌和广告,并对价格不敏感

满意的客户对企业赋予了情感因素,所以,他们更容易忽视其他竞争品牌的替代品,以及相应的广告宣传,同时对价格反应也不敏感。

3. 为企业介绍更多的新客户

满意的客户会以自己的好感,不断地将产品介绍给身边的熟人,为企业扩大更多的客户。

研究资料

研究发现,一般来说,人们出于各种各样的原因,都很热衷于把自己的经历或体验告诉他人,如刚去过的那家餐馆口味如何、新买手机的性能怎样、新购的家庭影院是否现代等。如果经历或体验是积极的、正面的,他们就会热情主动地向别人推荐,帮助企业发掘潜在顾客。这就是客户的口碑效应。一个满意顾客可能会引发至少8笔潜在的买卖,其中至少有一笔可以成交。满意客户的口碑影响力由此可见一斑。

实例资料

马自达6在客户定位上,以追求个性的成功人士为核心群体。实际上,这款车也确实得到了成功人士的青睐与追捧。于是,便有了一个口碑营销的案例:我国著名篮球国手胡卫东买了一辆马自达6轿车自用,两年之后又劝妻子买了一辆马自达6轿车,他的品牌满意度无非来自6个字"车好,服务更好"。在他的口碑传播影响下,他的朋友、著名演员范明也购买了马自达6轿车,而又由于范明的力荐,范明妻子的同事也购买了马自达6轿车。

三、影响客户满意度的因素

根据客户满意度的定义,客户满意度是客户建立在期望与现实基础上的、对产品与服务的主观评价,一切影响期望与服务的因素都可能影响客户满意度。

从企业工作的各个方面分析,影响客户满意度的因素归结为以下几个方面。

1. 企业因素

企业是产品与服务的提供者,其规模、效益、形象、品牌、公众舆论等内在或外部表现都能影响消费者的判断。如果企业给消费者一个很恶劣的形象,很难想象消费者会选择其产品。

2. 产品因素

产品是企业吸引客户、建立良好客户关系的基础,任何企业都应该从客户的利益出发来设计和生产产品。

产品因素包含四个层次的内容:首先是产品与竞争者的同类产品在功能、质量、价格方面的比较。如果有明显优势或个性化较强,则容易获得客户满意。其次是产品的消费属性。客户对高价值和耐用消费品的要求比较苛刻,因此,这类产品难以取得客户满意,一旦满意,客户忠诚度将会很高;客户对价格低廉和一次性使用的产品要求较低。再次,产品包含服务的多少。如果产品包含的服务较多,销售人员又做得不够,就难以取得客户满意;而不含服务的产品只要主要指标基本合适,客户就容易满意。但其产品如果与其他厂家差不多,客户很容易转向他处。最后,产品的外观因素,像包装、运输、品位、配件等,如果产品设计得细致,有利于客户使用并体现其地位,就会带来客户满意。

3. 服务因素

客户会通过实际体验对服务的整体质量作出评价,进而形成客户满意度。例如,对于一家度假酒店而言,游泳池、餐厅以及房间的舒适性和私密性,服务人员的帮助和礼貌,房间的价格等都是客户非常关注的服务因素。

4. 情感因素

对于情感的作用机理,有两种典型的解释:第一种解释认为,顾客在消费过程中对产品或服务的情感会在记忆中留下痕迹,这种痕迹会被顾客纳入到满意度的评价过程中;第二种解释认为,顾客根据消费经历是否成功,唤起特定的情感,并把这种情感纳入到满意度的评价过程中。这两种解释的本质差别在于对情感产生的原因具有不同的观点,其共同点在于一致认为情感与客户满意度存在正相关关系。一般而言,当客户对某产品或服务具有正面情感时,其满意度就会比较高。

5. 客户对公平性的判断

公平性是顾客在心理上进行比较后的一种主观判断。客户希望得到公平的感受,期望自己的投入可以得到相应的回报,认为自己应该受到重视,并被礼貌地对待。客户会将产品或服务的诸多方面与参照对象进行比较,如果发现综合产出与综合投入的比率较高,其满意度也就较高。

四、客户满意度衡量的指标

客户满意指标是用以衡量客户满意级度的项目因子或属性,找出这些项目因子或属性,不仅可以用以测量客户的满意状况,而且还可以由此入手改进产品或服务的质量,提升客户的满意度,使企业立于不败之地。下面通过几个主要的综合性数据来反映客户满意状态。

1. 美誉度

美誉度是客户对企业的信任、赞许的程度。对企业持赞许程度者,肯定对企业提供的产品或服务满意,即使本人不曾直接消费该企业提供的产品或服务,也一定直接或间接地接触过该企业产品和服务的消费者,因此,他的意见可以作为满意者的代表。

借助对美誉度的了解,可以知道企业所提供产品或服务在客户中的满意状况,因此,美誉度可以作为企业衡量客户满意程度的指标之一。

2. 指名度

指名度是指客户指名消费某企业产品或服务的程度。如果客户对某种产品或服务非常满意时,他们就会在消费过程中放弃其他选择而指名道姓,非此不买。

3. 回头率

回头率是指客户消费了该企业的产品或服务之后再次消费,或者如果可能愿意再次消费,或者介绍他人消费的比例。当一个客户消费了某种产品或服务后不能重复消费(比如家里仅需一台洗衣机),但只要可能他是愿意重复消费的;或者虽然不重复消费,却向身边的同事、亲朋大力推荐,引导他们加入消费队伍。因此,回头率也可以作为衡量客户满意的重要指标。

4. 抱怨率

抱怨率是指客户在消费了企业提供的产品或服务之后产生抱怨的比例。客户的抱怨是不满意的具体体现,通过了解客户抱怨率,就可以知道客户的不满意状况,所以,抱怨率也是衡量客户满意度的重要指标。

值得注意的是,抱怨率不仅指客户直接表现出来的显性抱怨,还包括客户存在于心底没有倾诉的隐性抱怨。因此,了解抱怨率必须直接征询客户。

5. 销售力

销售力是产品或服务的销售能力。一般而言,客户满意的产品或服务就有良好的销售力,而客户不满意的产品或服务就没有良好的销售力。所以,销售力也是衡量客户满意级度的指标。

五、客户满意度测试的数据来源

1. 客户意见调研

(1) 问卷调查。问卷调查是客观、系统地了解顾客需求最有效的途径之一,也是顾客满意度测评的必要条件。

一份成功的问卷应该体现两个方面的基本要求:一是能将所要调查的问题准确无误地转达给被调查者;二是能使被调查者乐于回答、便于回答,从而获得客观、真实的答案。所以,在设计问卷时,应该考虑几个方面:主题鲜明、层次合理、通俗易懂、题量适当(一般认为 10 分钟左右能完成较合适)、便于处理。

问卷设计的一般思路是:首先,能全面了解顾客的要求与期望,调查顾客对产品和销售前后服务的质量、价值的感知。其次,能计算顾客满意度,识别顾客对产品的动态变化趋势。通常,为方便数据信息的搜集和统计分析,必须将这些测试指标转化成李克特量表所要求的测试指标。其转化的方法是将指标的量值恰当地划分为 5 个区间,每个区间对应于李克特量表的 5 个赋值(很不满意、不满意、一般、满意和很满意),这样就实现了指标的转化。最后,如果可能的话,要能从中识别出与竞争对手的优势、劣势所在,寻找改进的方向。

问卷调查的方法有:① 现场发放问卷调查。在客户比较集中的场合,如展览会、新闻发布会等,向客户发放问卷,现场回收。这种方式快速,如果辅之以小奖品,问卷回收的比例就会较高,同时具有宣传效果。但要注意甄别客户与潜在客户,调查信息的准确性不高。② 邮寄问卷调查。通常在庆典或重大节日来临之际,向客户邮寄问卷,配合慰问信、感谢信或者小礼品。邮寄问卷调查数据比较准确,但费用较高,周期较长,一般一年最多进行 1~2 次。③ 网上问卷调查。这是目前因特网快速普及的情况下发展最快的调查方式,具有节省费用、快速的特点,特别是在门户网站上开展的调查很容易引起公众对企业的关注。问题是网上调查只对网民客户有效,结论有失偏颇。而且网上问卷调查所提的问题不可能太多,其真实性也值得怀疑。④ 电话调查。电话调查主要是利用电话作为媒介,与被调查对象进行信息交流,从而达到资料收集的目的。电话调查适合于客户群比较固定、重复购买率较高的产品,其好处是企业可以直接倾听客户问题,速度快,能体现企业对客户的关怀,效果较好。不利之处在于可能干扰客户工作或生活,造成客户反感。因此,调查项目应该尽可能地简洁,以免拉长调查时间。如果客户数量较少,可以由企业营销人员直接联系客户;如果客户数量多,可以采取抽样方式,委托专业调查公司或者双方合作进行。

(2) 小组座谈会。小组座谈会的做法是选取一组具有代表性的客户,在主持人的组织下对某个专题进行讨论。小组座谈会能够通过参与者之间的互动激发新的创意。

(3) 神秘顾客调查。所谓"神秘顾客检测法",就是由企业内部指派的"神秘顾客",以普通消费者的身份进入指定的检测地点中,对事先规定的检测要点进行观察或亲身检测,在打分记录之后以普通消费者的感知对各项检测要点作出满意度评价,并对被检测地点提出相关意见与建议。这种方法可以为企业切实掌握整个服务系统的工作方法、工作流程、人员态度、应对技巧、语言以及处理突发事件的方法等提供客观事实;并且通过"神秘顾客"反映的意见和建议,知道哪些服务项目是消费者需要而企业没有意识到的,使企业能更有效、更深入地满足顾客需求。肯德基、诺基亚、摩托罗拉、飞利浦等跨国公司都采取这种方法来检测企业的服务质量。我国一些地方移动通讯公司或电信公司也开始聘请"神秘顾客",以虚拟办理或使用电信业务的方式,对直接受理电信业务或提供电信服务的窗口部门实行一票否决制的暗访检查,并将其作为改善服务的"杀手锏"。

运用神秘顾客检测法最棘手的问题就是如何确定检测要点,即如何确定重点检测的服务流程或步骤。零售企业的服务体系是一个非常庞大的系统,如果"神秘顾客"要对所有过程进行详细的检测,则反馈的信息可能泛泛而谈、蜻蜓点水,缺乏现实的指导意义。

2. 顾客抱怨或投诉率

每个企业应建立由营销部门为主导的顾客抱怨的情报系统。除了设立专人随时收集和牵头处理来自顾客的抱怨外,还应建立一种机制,提供必要的资源,注意收集来自营销人员、经销商或服务、新闻媒体和相关营销新闻发布会顾客反馈的信息,有时甚至是竞争对手的经销商等反映出来的顾客意见。现在,有许多的公司已设立 800 开头的免费电话系统来接受和解决顾客提出的问题。

3. 企业的内部营销数据分析报告

有不少顾客对企业或产品的不满并不发出明确的抱怨信息,而代之以买竞争对手的产品。在这种情形下,通过企业内部营销部门的营业分析将是一个重要的、间接的信息来源。这种营销分析报告作为对顾客潜在或隐形抱怨的信息反馈,其中应有顾客群的变化,尤其是较大客户的变更的重要内容。通过它可间接地了解顾客的抱怨分类,所针对的产品品种及地区分布。这也要求营销部门要定期地对顾客群的变化、较大客户变更所涉及的产品品种、顾客的层次以及地区分布作出统计和分析。

六、提高客户满意度的途径

只有那些对企业感到满意的客户才有可能成为企业的忠诚客户,而忠诚客户是现代市场竞争中各公司争夺的焦点,因此,如何提高客户的满意度就显得至关重要。从前面的分析中可以了解到,客户满意度是一个由客户的期望和实际感受相比较而得到的值,要提高客户满意度,有两个选择:一是提高客户的实际感受获得值,二是降低客户的期望值。

（一）提高客户实际感受获得值

事实上,产品的各个方面都有可能提高或者降低客户的实际感受水平,从硬件上的产品、环境等,到软件上的服务、氛围、文化等,每一个细节都在影响着客户的实际感受。

实例资料

星巴克成功的原因有很多,其中一个很重要的因素就是其提供的产品都非常适合于消费者的定位和口感,而这和它长久注重客户实际感受有着密切的关系。众所周知,星巴克每推出一款新的咖啡,都会十分注重客户感受的反馈,任何人去星巴克消费时,都可以额外品尝一些新款的咖啡,并说出自己对该产品的感受。更为重要的是,星巴克十分重视"二次法则",如果顾客在店里第二次要了同样的咖啡,你就会被问及对该款产品的感受,为什么会喜欢该种类的咖啡,这款咖啡给您有什么感受,并为星巴克填写一张调查问卷,然后它们把客户感受加以总结,以讨论哪种新品应该进入市场。到这里,需要注意的是,星巴克注重的是"客户感受",而不是"感受客户"。因为这是两个截然不同的概念,感受客户是企业去评价客户,重心还是以企业为主;而客户感受完全是将重心移到客户,把客户真正的感受作为企业提高客户满意度的重要手段和企业发展的基石。这也就是现今的中国企业与星巴克在对待客户方面的最大区别,大多中国企业重视的是感受客户,而不是星巴克递进式的客户感受方式。

客户实际感受值的提高是一个纷繁复杂的过程。简单来说,要想通过提高客户实际感受获得值来提高客户满意度,企业必须对产品或服务实行全面管理,努力从各个方面来实现。

（二）降低客户期望值

由于客户期望值受客户本身因素的影响很大,所以很难控制。同样的产品,因为客户不同,各自的期望也会不同。

1. 了解客户期望值

从客户满意度调查中,企业可以了解客户对产品或服务的真正期望值,从而使企业将精力投入到客户真正需要的地方去。

实例资料

西南航空公司曾经取消飞机上的免费餐而降低票价,就是经过研究证明在短途飞行中,顾客对免费餐并不太期望,顾客最为看重的是机票的价格。

2. 根据客户期望值进行自我调整

在了解客户的期望值后,企业根据了解的情况对产品或服务进行调整。例如,如果客户期望一家超豪华大酒楼的服务应该远超过普通的饭店,这家酒楼就应该注重提高自己的服务水平。即可通过调整,让客户感受到它的变化,最终提高客户对它的满意度。

3. 提前告知以调整客户期望值

一般情况下,在销售产品之前告知客户产品的不足之处,可能会出现顾客对产品不满意的情况,但我们可以策划通过一种另类的方式告诉客户,减少客户的不满。

实例资料

富士胶卷知道在明亮环境下的成像效果不如柯达胶卷好,便在宣传中喊出了"室内用富士,室外用柯达"的营销口号,成功转移了富士胶卷在室外不如柯达胶卷这一焦点,主动调整了客户的期望值。

第二节 产品满意管理

产品满意是客户满意的前提。客户与企业的关系首先体现在产品细节上,从这个细节关系出发才有全面的客户满意,背离这个细节,就没有满意的根。

一、产品的定义

在现代营销学中,产品的概念是产品整体的概念,区别于传统的产品概念。传统产品概念通常局限在产品的物质形态和具体用途上,产品一般被表述为由劳动创造、具有使用价值和价值,能满足人类需求的有形物品。现代产品概念则是整体产品。产品被表述为向市场提供的、能够满足消费者某种需求和利益的有形物品和无形服务的总体。这一意义上的产品,除了包括传统意义上狭义的产品,如材料、结构、款式等要素构成的有形物体之外,还包括由有形物体所体现的基本功能和效用,以及伴随着有形物体销售所提供的质量保证、售后服务等无形的因素。总之,凡是能够满足消费者需求,使其获得利益的一切有形的、无形的、物质的、精神的各种要素都属于产品的范畴。

现代产品的概念实际上就体现着以客户为中心的思想。由于消费者购买产品时对产品的需要是多方面的,不仅要求产品要具有满足其某方面需要的功能或效用,而且要求产品质量可靠、造型美观、式样新颖、包装漂亮并便于使用、商标要具有较高信誉度,以及具有良好的销售服务等。即客户对产品的需要绝非仅仅是产品实体本身,而是包括物质产品本身在内的与满足该项需要有关的一切事物。因此,消费者对某种产品的需要实际上是一个整体系统,企业出售的不仅是某种产品的实体,而且是提供一种整体需要的满足。在现代市场中,只有具有全面性质的、能够满足客户多方面需要的整体产品,才是适销对路的产品,才能更好地满足消费者的整体需要,提高客户对产品的满意度。

二、产品的构成

从产品的整体概念出发,产品可以分为核心产品、形式产品和延伸产品三个层次。

1. 核心产品

核心产品是指产品能够提供给消费者的基本效用或者核心利益。它使消费者某一方面的需要通过产品的使用和消费得到一定程度的满足,如羽绒衣能防寒、面包能充饥等。核心产品是顾客需要的中心内容。从根本上来说,每一种产品实质上都是为了满足消费者的欲望而提供的服务。例如,人们购买冰箱不是为了获取装有各种电器零部件的物体,而是为了满足家庭冷藏、冷冻食品的需要。核心产品体现了产品的实质,企业要想客户对产品满意,必须使产品具有反映客户核心需求的基本效用或利益。

2. 形式产品

形式产品是指产品呈现在市场上的具体形态,包括品质、特征、式样、包装、品牌等。形式产品是顾客需要与利益的实现形式,是核心产品的物质载体。产品的基本效用就是通过形式产品来具体体现,为客户识别、选择的。因此,企业的产品满意管理在着眼于向消费者提高核心产品的基础上,还应努力追求更完美的外在形式来满足客户的需求。

3. 延伸产品

延伸产品是伴随着形式产品的出售,企业向顾客提供的各种附加利益的总和,如向客户提供咨询、送货、安装、维修、供应配件等。在竞争激烈的市场上,产品能否给消费者带来附加利益和服务,已经成为企业经营成败的关键。即便是核心效用和外在形式完全相同的两个产品,只要随同物质实体所提供的服务有差异,在客户的眼中,它们就是两个完全不同的产品,为此,企业的产品满意管理必须注重对延伸产品的研究。

三、产品满意管理的内涵

(一) 以客户为中心来进行产品的设计和生产

1. 了解客户对产品的需求

营销学研究表明,当买方市场已成明显态势时,了解客户需求就成为所有企业在激烈的市场竞争中立足的基本点。

实例资料

20世纪90年代,中国的饮料市场很火,但一个奇怪的现象是,国内饮料行业刚刚冒点头就被外资企业合资了,国内的饮料品牌慢慢就没有了,留下的只有健力宝,到最后健力宝也覆没了。在饮料行业全军覆没一段时期后,突然就杀出了国产品牌王老吉这匹黑马。不知道从什么时候起,"怕上火喝王老吉"这句广告语变得家喻户晓。王老吉赢在哪里呢?其中很重要的一个原因就是它能够准确地了解客户的需求,以客户的需求为导向来决定企业产品的设计和营销。可以想象一下,如果倒退20年,中国人不需要败火,可能需要的是人参进补,因为那时候中国人普遍营养不良,但20年以后的中国人就营养过剩了。另外,20年前的中国人过着

"采菊东篱下,悠然见南山"的生活,非常缓慢地、没有压力地生活着。当经济发展加剧了贫富差异之后,人们开始有攀比了。随着拼命挣钱、努力工作的节奏越来越快、生活的压力越来越大,这时候人们开始上火了。当人们开始上火以后,市场上并没有出现一种公开性的败火产品,而王老吉敏锐地了解到客户的这个需求,在产品设计上,以药为形式,经复方配伍形成独特口味的败火饮料,而且一面市就打出"怕上火喝王老吉"的口号来迎合客户需求,迅速获得了客户的认可。

2. 满足客户对产品的需求

(1) 满足客户对某一种产品的全部需求。客户对某一种产品的需求是多方面的,并不仅限于产品直接的、表面的使用价值。如同糕点产品,当客户购买用来做礼品的糕点,不仅要求产品卫生、质量好、色香味俱佳,还要求有精美的包装和适当的价格。企业经营者要考虑到消费者对一种产品的全部需求,才能提高客户对企业产品的满意度。

(2) 满足客户不断变化的需求。消费者对产品的需求永远不会停留在一个水平上,它是随经济发展、产品发展不断变化的。企业经营者要看到消费者需求变化,研究其变化及规律性,为适应这种变化而开发适合消费者需要的新产品。

实例资料

最近,针对客户的需求变化,谷歌不再局限于仅向客户提供一些传统的信息搜索服务,新推出了社交搜索服务,借此来提高客户对产品的满意度。用户可通过社交搜索服务找到同事或者好友所发的帖子,以及从博客等一些常规搜索中筛选出来的信息。通过这项服务,用户在搜索某餐馆时不仅会得到官方网站及主流媒体的评价,而且还能获得好友或同事在各类博客或社交站点上所发表的评论。

(3) 满足不同客户的需求。客户不是清一色的产品需求者,而是各具特性的、具体的、活生生的人。由于他们的个性不同,他们对产品的需求也就不同。

实例资料

龟苓膏闯入北方市场已不是一两年了,而它一直没有撼动北方市场原因是其口感仅局限于南方。同样,露露杏仁露没有打入南方市场,也源于其口感不被南方人所接受。

由此可见,进行有效的市场细分,根据各个子市场的特点,对产品作出不同程度的调整,以此来满足不同客户的需求,才能为企业开拓市场,提高客户对企业产品的满意度。

实例资料

为适应各地消费群体的不同需求,海尔为北京市场提供最高技术的昂贵的高档新品,为上海家庭生产瘦长体小、外观漂亮的"小小王子",为广西客户开发有单列装水果用的保鲜室的"果蔬王"。由于满足了不同客户的需求,海尔的市场份额和市场美誉度得到了大幅度提升,得到市场的丰厚回报。

3. 创造客户的需求

在市场竞争日益激烈的情况下,大凡成功的企业无不渗透着营销决策者们独具匠心的思维创新,尤其突出在创造客户需求这方面。市场观念的核心是以客户为中心,认为市场需求引起供给,每个企业都要依照客户的需要来组织产品的生产与销售。随着竞争的日趋激烈,很多专家提出,某些时候,客户对自身需求不可能充分认识,在产品满意管理中,如果一味地强调以客户需求为中心,企业就始终居于被动受支配的地位,无法创造出新的市场,也不可能真正地做到客户满意。所以,企业在进行产品满意管理时,某些时候还需要去主动创造客户的需求,来更好地满足客户。

所谓创造客户的需求,是指企业在处理客户关系的实践中,突破现实需求的限制,主动出击新的市场,通过改变人们的价值观念和生活方式,使人们形成新的欲望,并转化为新的需求,最终达到客户对企业产品的满意,以此来提高客户满意度。

实例资料

在豆浆机发明以前,如果你喜欢喝豆浆,想在早餐时喝一杯豆浆,你会提前半小时起床出门去买还是自己做?相信大部分人都会选择出门去买。因为在豆浆机出现以前,自己做豆浆是一项浩大的工程:先把黄豆浸泡5小时,用搅拌器打碎,再用中火煮磨碎的黄豆,边煮边搅,为了去除黄豆的青涩,最好让豆浆煮沸2~3次,最后再滤去豆渣,做一杯豆浆,大约要花8个小时。除了豆浆作坊,几乎没有人会这么干。基于这种市场状况,九阳集团的董事长就想,能不能发明一种能够让人们快速做豆浆的机器?经过研制,九阳集团推出了豆浆机。但是怎么让消费者认可豆浆机这个初生的家用电器,让豆浆机能够走进每一个家庭,成为人们日常生活的一部分,是一件非常困难的事情。最开始,九阳集团用了很多的推销方法都不管用。后来九阳的董事长就想,要让客户认可企业的产品,对企业的产品满意,应该先把客户的需求创造起来,通过传播豆浆文化培育市场,用"食尚"的理念来创造客户的需求。为此,九阳在国内成立第一个豆浆营养研究室,推出健康豆浆食谱,同时联合500多家媒体宣传大豆及豆浆营养知识,在豆浆机的广告中也引入豆浆食谱,将"健康""食尚"的理念通过食物内容灌输给客户。与广告相配合,九阳集团在沃尔玛、大润发、国美、苏宁等连锁零售机构举办一亿杯豆浆派送活动。凭借着这些理念的推广,九阳豆浆机最终获得了客户的认可和青睐,2009年,九阳豆浆机的市值达到138亿元,超越了经营长达25年的青岛海尔。

(二) 对产品进行准确定位

在以客户为中心进行产品设计和生产的基础上,要想客户最终能够认可企业的产品,还应该对产品进行准确定位。正是因为产品在定位上的缺失,导致了许多企业的产品在销售时不被市场所认可,客户对产品的满意度非常低。这些企业往往只注重企业对产品的认识,而忽略了客户对产品的认识。在企业进行产品满意管理时,应该在对市场进行分析的基础上,对企业产品进行准确的定位。

实例资料

1990年,全球最大的披萨品牌必胜客进入中国市场,准备在中国开设门店。在国外市场,必胜客的定位原本是意式简餐厅,目标消费者就是想在最基本的快餐之外寻找一些新鲜口味的普通大众。但必胜客针对当时中国的市场情况是,国内的工薪家庭还没有能力消费必胜客,要想必胜客能够被中国的客户所认可,就必须改变必胜客的产品定位。于是,必胜客将定位调整为高雅时尚,代表西餐文化的聚会型餐厅,目标客户也随之改为中国的中高收入人群。为了实现这个新的产品定位,必胜客在中国的门店统一悬挂抽象派西式壁画,配备了壁炉状的出饼台,并配以适宜的灯光和柔和的背景音乐,力图营造一个既有异国情调又轻松惬意的用餐环境。为了保证用餐环境,必胜客的座位排列得相对宽松,不但座位之间的间距开阔,而且在设计上还会形成各种间隔。来用餐的顾客除了对食物本身钟情之外,更加看重这种适合家庭聚餐或者情侣约会的氛围。正是由于必胜客对产品的准确定位,使得必胜客在中国市场上迅速地站稳了脚跟。

产品定位的步骤如下:

第一步,分析行业环境。

首先,企业可以从竞争者的宣传口号开始,弄清他们可能存在于消费者心中的大概位置以及他们的优势和弱点。

同时需要考虑的还有市场上正在发生的情况,以判断提出自己产品概念的时机是否合适。就像是冲浪,太早或太迟都可能身葬大海。只有把握住最佳时机,才能达到最好的效果。

第二步,寻找适合自己的产品概念。

分析行业环境之后,就需要寻找自己的产品概念,使自己与竞争者区别开来。一匹马可以分为赛马、牧马、野马等,每种马都有各自的特性,赛马适合于比赛,牧马适合于放牧,人们一听到它们的名字,就会将它们对应到各自的位置上。

产品也是一样,建立自己的产品概念就是要让顾客一听到你产品的名字,就能想到你的位置。寻找适合自己的产品概念,就是给自己的产品找到一个好的位置,并让顾客一听到这个产品的名字,脑海中很快就能找到这个位置。

实例资料

美国有3 600所大学,比世界上任何国家都要多,这些学校在很多方面都很相

> 似，如都愿意接受政府援助作为奖学金和贷学金。但位居底特律西90英里的休西岱泖学院（Hillsdale College）却提出一个概念："我们拒绝政府影响"，拒绝接受政府资金，甚至包括联邦背景的贷款。学校定位为"纯粹思想的乐园"，使自己的概念深入人心。正如一位集资者所说："凭着这个概念，我们成功地把这个产品（学校）卖了出去"，找到了很多投资人。

第三步，找到支持点。

有了自己的概念后，还要找到支持点，让这个概念变得真实可信。例如，新加坡航空作为"世界上最受欢迎的航空公司"，口碑自然必须是行业里最好的；可口可乐是"正宗的可乐"，因为它就是可乐的发明者。企业提出的概念不能是空中楼阁，客户需要你证明给他看，你必须要能支撑起自己的概念。

第四步，传播与应用。

并不是说有了自己的概念，客户就会上门。最终，企业还是要靠传播才能将你的产品概念植入客户心中，并在不断地传播中将这个概念在客户心中变得根深蒂固。

四、向客户提供满意产品的方法

（一）产品功能满意

产品的功能也就是产品的使用价值，这是客户花钱购买的核心。客户对产品的功能需求有两种形式：一是显在功能需求，这是客户明显意识到的，能够通过调查报告反映出来；二是潜在功能需求，这是客户没有明显意识到，不能通过调查完全反映出来，但如果企业能向客户提供，他们一定会满意。因此，研究产品的功能需求，既可以通过消费者调查实现，也可以借助创新推论让客户确认。客户对产品功能的需求包括以下几点。

1. 物理功能需求

物理功能是产品最核心的功能，也是它最原始的功能，是产品存在的基础。失去了物理功能，产品也就失去了存在的价值。物理功能需求是客户对产品的主要需求。客户之所以愿意购买，首先是消费它的物理功能。需要注意的是，由于消费需求层次的不同，即使是同一物理功能，不同的客户需求也不尽一致。

2. 生理功能需求

生理功能需求是客户希望产品能尽量多地节省体力付出，方便使用。生理功能需求与物理功能需求相比，处于次要位置，只有物理功能需求得以满足后，人们才会更多地考虑生理功能需求。

3. 心理功能需求

心理功能需求是客户对满足其精神需求而提出的。在产品同质化、需求多样化、文化差异突出的消费时代，心理功能需求及其满足是企业营销的重点。客户在心理功能需求上主要包括审美心理需求、优越心理功能需求、偏好心理功能需求、习俗心理功能需求和求异心理功能需求等。例如，你在超市看到一种新上市的饮料，你会凭它的包装、色彩、大小等有限的资料形成你的第一印象，它的作用往往举足轻重不容忽视。人们对某一产品的态度偏好就常常决定在第一次接触的那一瞬间。如果顾客一眼就否定了某产品，即使该产品质量再好、价格再合理也白搭。这就是客户的审美心理需求。再如，中国过年有给红包的习俗，所以，过年时红包的销售是一个黄金时间。试想一下，将红包卖到国外，可能除了中国人，很少会有其他人购买。这就是客户的习俗功能心理需求。

（二）产品质量满意

一般情况下，产品质量总是客户考虑的第一要素，但由于客户不一定是专家，当他们接触到一件新产品时，根本谈不上对产品的质量有多么深刻的了解和认识。确切地说，在他们购买之前，只能从朋友的推荐、广告的宣传、销售人员的讲解中获悉产品的质量和性能。一旦客户购买了产品，他们马上就会知道产品的实际质量和性能。一旦发现产品的质量有问题，或者当发现产品的性能和销售人员介绍的出入太大时，客户就会感觉上当受骗了，不满情绪也会油然而生。

（三）产品品位满意

产品品位满意是产品在表现个人价值上的满意状态。产品除了使用功能外，还有表现个人价值的功能，产品在多大程度上能满足客户的个人价值需求，不仅决定着产品的市场卖点，还决定着客户在产品消费过程中的满意度，进一步决定着消费忠诚。所以，根据客户对产品品位的要求来设计产品品位是实现产品品位满意的前提。产品品位满意表现在三个方面。

1. 价格品位

价格品位是产品价格水平的高低。理论上讲，消费者购买产品时寻求功能与价格间的合理度，但事实上不同客户对功能的要求与判断是不同的，因而对价格的反映也不同。有人追求低价格，有人追求高价格。例如，手表的核心功能是计时，5元钱就可以买一块计时比较准确、计时功能很丰富的电子手表。而一块普通的瑞士品牌手表价格都在1 000元以上，两者相差竟然超过200倍。对于追求高价位的客户来说，他们追求的已不再是产品的核心功能，而是高价位产品所承载的地位、身份、品位等。

当然，同一客户在不同产品上的价格品位也会不同。例如，有些消费者愿意在衣着上一掷千金，但在食物方面却非常吝啬；而有些消费者虽住着花园洋房，但每天却过着苦行僧般的生活。

2. 艺术品位

艺术品位是产品及其包装的艺术含量。因为恰当的包装本身就能吸引消费者，而且还能引发人们进一步的想象，增加对产品的好奇和兴趣。

一般而言，客户欣赏艺术品位高的产品，一方面，艺术品位高的产品给人以艺术享受；另一方面，消费艺术品位高的产品不仅会使消费者自我感受良好，而且也向他人展示自身的艺术涵养与艺术修养，产品成了个人的艺术品位。大家可以想象一下，如果迪奥、香奈儿等香水用一个易拉罐装着是什么样的吗？那一定是很糟糕的感觉。例如，迪奥的PURE POISON冰火奇葩香水就沿用了POISON系列传统的水晶苹果型瓶身，并且披上一袭银白色的外衣，即使在黑暗中，依然闪烁剔透，据说是世界上第一个采用双重玻璃设计的香水瓶，在不同的光线下会呈现出不同的色泽，使得许多消费者对这一款香水爱不释手。

3. 文化品位

文化品位是产品以及其包装的文化含量，是产品的文化附加值。一个看似十分平凡的产品，一旦富含了丰富的变化，它就有可能身价百倍。产品的文化品位是其艺术品位的延伸，不同的消费群有不同的文化，消费的文化特征也越来越突出地体现出来。有时，你无法从功能或价格的角度解释某一层面的消费现象或某一具体消费行为，说到底，这就是产品消费的文化底蕴。

就像营销大师菲利普·科特勒在其消费行为三阶段论中所说的那样：在产品短缺时，消费者追求数量的满足；当产品数量丰富时，消费者行为进入第二阶段，追求中高品质的产品；当不同品牌的产品功能和品质相近时，消费者开始追求最能表现自己个性和价值的商品，进入感性消费阶段。以国内白酒业为例，像茅台、五粮液、剑南春等无不有着浓厚的历史文化积淀。这些历史渊源也正是这些名酒为人们广为流传的原因，人们消费它们，往往不仅是为了美酒本身，更是为了其蕴涵的历史文化所体现的象征功能。

第三节　服务满意管理

随着科学技术和企业管理水平的全面提高，客户购买能力的增强和需求趋向的变化，服务因素在国际市场的竞争中已取代产品的质量和价格而成为竞争的新焦点。服务满意是客户满意的保证。

一、服务的含义

不同类型的企业和不同风格的经营者对服务有着不同的理解。"服务是一种产品"，这是从服务与营销的关系而言；"服务是一种价值"，这是就服务与发展的关系而言。

"服务"究竟是什么？日本的武田哲男认为："服务为人而产生。"

二、服务满意对企业的重要性

服务是一种无形的产品，是维系品牌与顾客关系的纽带，随着产品同质化程度的不断加剧，缔造优质的品牌服务体系，为顾客提供满意的服务越来越成为企业差异化品牌战略的重要武器。在全美大型公司的一次评比中发现，在整体销售业绩相若的前提下，服务做得好的那些公司顾客的忠诚度较为稳固，在股市的表现也出现降幅较小的态势。可见，提升顾客服务水准，对于提升品牌的竞争力，使企业保持稳定的盈利增幅，将产生巨大的推动力。

在当今的新经济形势下，早有专家断言：未来的企业竞争就是服务竞争，服务体系的完善程度、服务质量的优劣程度，以及由此带来的顾客对品牌的综合满意度，将成为未来竞争强弱立判的最大试金石。

三、服务满意管理的内容

（一）对企业员工服务意识的训练

企业员工的服务意识往往会决定他的服务行动，良好的服务意识是使客户感觉到方便、舒适和受尊重，感受到心理上的愉悦和快意的保证。

实例资料

一个朋友需要办理房产证，但是不清楚具体需要哪些证件和手续，于是直接去某办理机构咨询，结果工作人员看也没看就说"到后面排队去"，足足等了40分钟后终于轮到他，工作人员看完材料后对他说："材料不齐全，回家取去。"这位朋友非常生气，事情没有办成不说，还浪费了很多时间。其实，就这么简单的一件事情，如果能够站在客户的角度考虑问题，在办公室的外面挂上一个牌子，写清楚办理房产证的流程、需要的材料、办公时间和地点等，就会避免很多不必要的反复和麻烦。

为什么这么简单的事情也想不到呢？因为他们从来没有站在客户的角度考虑问题，没有为客户服务的意识。

服务意识是经过训练才能逐渐形成的。作为一种意识，它不由规则来保持，必须内化在员工的人生观里，成为一种自觉的思想体系。在服务满意管理中，对企业员工服务意识的训练应当贯穿于产品开发、产品营销和售后服务过程的始终。

（二）建立完整的服务指标

服务指标是企业内部为客户提供全部服务的行为标准。仅有服务意识并不能保证有满意的服务，企业还要建立一套完整的服务指标，作为服务工作的指导和依据。如果说服务意识是服务的软件保证，服务指标就是服务的硬件保证。

服务指标可以分为伴随性服务指标和独立性服务指标两部分。伴随性服务指标是伴随着产品销售过程中的服务指标，内容包括售前服务指标、售中服务指标、售后服务指标；独立性服务指标是指并不直接发生商品交换的服务，如旅游、宾馆、娱乐等服务。

伴随性服务消费的是产品，服务是保证更好的消费；独立性服务消费的是服务，服务是客户购买的目标。因此，独立性服务的好坏决定着公司的前途和命运，不能提供优质的服务，就等于生产型企业生产的劣质产品，让客户见而避之，何谈产生效益？

在不同的行业，独立性服务的行为指标是不一致的，在同一行业，不同职务岗位又提供着不同的服务内容。例如，一个酒店的服务指标可以分为前厅人员服务指标、客房人员服务指标、后勤人员服务指标、管理人员服务指标等。

服务指标的建立工作是进行服务满意管理的关键内容。企业能否顺利地实施服务满意管理，关键就在于是否建立了一套以客户为轴心的服务指标体系。这一套体系不仅是企业提供满意服务的依据，也是企业确立客户满意度的基础。当服务系统的顾客满意级度建立完成后，就据此全面考查服务系统的顾客满意状况，也可以测出每一个员工的顾客满意级度分数，作为考核、奖惩的依据。

（三）对企业员工进行服务满意度考查

员工对顾客的服务是否使顾客满意，必须进行考查。

1. 服务满意度调查方法

（1）按时间，可分为定期考查和进行性考查。

(2) 按对象,可分为全面考查、典型考查和抽样考查。

(3) 按方式,可以分为直接考查、谈话考查和问卷考查。

2. 服务考查内容

服务考查主要包括下述内容:

(1) 员工意见考查。要推行顾客满意营销管理,不仅要注重外部顾客的满意,还要把员工的满意放在重要位置,了解员工的意见。一方面,可以据此改进管理人员的工作方法;另一方面,可以修正不恰当的措施。

(2) 顾客满意级度考查。服务的最终目的是顾客满意,要全面了解顾客状况,必须实施客户满意级度考查。

(四) 对企业员工服务满意的行为进行强化

当员工按照企业拟定的服务指标完成了使顾客满意的服务时,企业必须对其行为进行强化,以巩固和发扬这样的行为。

(1) 赞许。这是一种最简单易行的强化手段,赞许的方式有当面称赞、当众夸奖、通报表扬等。

(2) 奖赏。分物质奖赏和精神奖赏两部分。

(3) 参与。让优秀员工参加企业的重大决策,满足其自我实现与尊重的需要,也是一种行之有效的行为强化措施。参与的方式可以包括列席某些重要会议、入选有关委员会、聘为某方面顾问、大事征询其意见等。

(4) 职务提升。对表现优良又具备领导才能者,可以提升其职务,不仅赋予他更多的权力、责任,也提供优厚的待遇。

四、提供满意服务的途径

(一) 根据客户需求设计服务系统

客户服务需求调研是设计服务系统的前提,许多企业尽管向客户提供一定的服务,但由于没有找准客户的需求,尽管耗费大量的人力物力,却效果不佳。例如,并不是送货越快就说明你的服务越好,实际上,客户购买产品有一定的送货时间要求。又如,周一到周五期间购买电视机,大多数客户希望在晚 8 点到 9 点之间送货,因为 8 点前正是下班回家、准备晚饭、吃晚饭的时候。这时你虽然早了一小时送货,可能打破了客户的生活规律,会造成客户晚饭吃了一半,就不得不忙活着安装电视的事。相反地,周六或周日可能又有不同的时间要求。由此可见,并非时间早就好,而要符合消费者的要求和实际状况。因此,只有在对客户进行详细周密调查的基础上,真正了解消费者需要什么服务,才能设计一个切实可行的服务系统。

(二) 超越客户对服务标准的期望

在今天的商业社会中,产品的质量和价格已不再是增强企业竞争力的唯一手段。越来越多的客户开始学会用其他的价值因素来衡量一个企业的可靠性,服务就是其中之一。现代企业必须认识到这一点,并应确立以超值服务的标准经销自己的产品。如果做到这一点,就会使客户对企业的服务感到意外惊喜,让他们真正满意企业的服务。

实例资料

著名的迪斯尼乐园在娱乐设施方面非常受人称道,它在客户满意度创造和控制方面也非常独到。无论是什么节假日,迪斯尼往往都会人满为患,排队就成了一个大的问题。迪斯尼为此设计了一个电子等候牌,放置在通道口,上面显示了如果你从此开始排队,大约还需要多少时间。这项设施可以方便那些顾客自由选择等候时间相对较少的项目,同时可以减少排队人员的心理焦躁感。但奥秘还不仅止于此,当终于轮到你的时候,你会惊喜地发现,你实际排队的时间比电子等候牌提示的时间要少了十分钟左右。其实,这是迪斯尼的一个巧妙设计。目的就在"做到的比承诺的多一点",让客户感受到额外的惊喜和收获。

第四节　正确认识和处理客户的不满与抱怨

在销售过程中,我们经常会听到客户的抱怨,价格高、服务差、质量不可靠……客户的抱怨就是客户不满意的一种表现,而企业只有正确认识客户的不满与抱怨,处理好客户的不满与抱怨,实施客户满意,才能创造更多的客户价值,获得立足市场的资本。

调查资料

经调查发现:服务不能令客户满意,会造成90%的客户离去;客户问题得不到解决,会造成89%的客户流失;而一个不满意客户往往平均会向9个人叙述不愉快的经历。

可见,正确认识和处理客户的不满与抱怨是多么重要。

一、正视客户不满与抱怨的重要性

在消费多元化的今天,基本上每个人都有对产品或服务不满而抱怨的经历,这种经历存在于人的潜意识中,将在一定程度上影响消费者的行为。其实,在现实生活中,客户不满与抱怨是任何一家企业无法避免的,无视客户抱怨对企业的杀伤力是极大的。实际上,客户表现的不满与抱怨是给企业与客户深入沟通、建立客户忠诚的机会。同时,一切新产品的开发、新服务的举措,无一不是对客户需求的一种满足,而这些潜在的需求往往表现在客户的购买意愿和消费感觉上,企业通过对客户的不满意举动的分析来发现新的需求,并以此为源头,提升企业自身。

1. 客户的不满与抱怨使企业的产品和服务更完善

不管产品和服务生产设计得多么完善,总存在自身一定的不足。在处理客户不满和抱怨的过程中,可以依据客户对产品的意见不断地改进生产技术、增加功能,提高企业的服务意识,以此更好地满足客户需求。

现在,很多企业都抱怨客户是越来越难"伺候"了,看报纸要送到门口,买袋米要送到家,买个空调要安装妥当,买斤肉要剁成馅儿,买个电脑你要教会他上网……一步没有做到都会引起客户的不满,但回头来看一看,这些当初无理的要求,如今都已成了企业争夺客户的法宝。客户对企业产品和服务的不满意,然后提出看似"无理"的要求,往往正是企业产品和服务的漏洞,而其"无理"仅仅是企业观念僵化的证明。企业要想完善产品和服务,就必须依靠客户的"无理取闹"来打破"有理的现实",通过对客户不满与抱怨的正确认识,来不断地完善企业的产品和服务。

实例资料

驰名世界的日本松下公司的创始人松下幸之助创业之初,有一次在商店里闲逛,无意中听到几位购物的家庭主妇抱怨说,电器插座都是单孔的,使用不方便,如能加以改进,增加插孔,使一个插座同时插上几件电器就好了。松下先生立刻敏锐地感觉到这一抱怨后面潜藏着的巨大市场。他马上组织力量研制,很快开发出"三通"电源插座。推向市场后,果然大受欢迎,赚了不少钱,而且几乎垄断了这项产品的市场。日本另一家食品公司的产品生产工艺规范,质量上乘,可投放市场后,却受到顾客冷遇。公司老板百思不解,便派人明察暗访,以探出原因。原来顾客是为食品袋封口难撕开而发抱怨。于是,这家公司便在食品袋封口边缘打了一排针尖大的小孔。略施小技,就解决了封口难撕的问题,产品很快打开销路。类似的顾客抱怨,在日常生活中常会听到见到,遗憾的是,许多企业并不太重视,因而也就很难从中找到开启市场的钥匙,甚至责怪顾客太苛求。

2. 客户的不满与抱怨是创新的源泉

正确地认识和处理客户的不满与抱怨,不仅仅使企业及时地发现并修正产品和服务中的失误,还是企业创新的源泉。例如,海尔可以洗地瓜的洗衣机、诺基亚运动型手机等这些新产品的开发也都与客户的不满紧密相连。正是客户提出用洗衣机洗地瓜这一"无理"要求,客户反映手机在运动时携带不方便,这才促使了新产品的诞生。

客户抱怨实际上是一个非常有价值而且免费的信息来源,很多企业新产品的研发都是从客户的不满与抱怨中发现客户的新需求,由此开发新产品。索尼公司的很多新产品都在其成功导入了客户不满意创新和咨询系统后而诞生的,如随身听、录像机、摄像机、CD机等新产品就是在该系统的支持下迅速面市的。所以,正视客户的不满与抱怨不只是单纯地处理抱怨或者满足客户的需求,而是开拓一条非常重要的反馈信息渠道,是企业创新的源泉。

3. 客户的不满与抱怨为企业赢得客户

实例资料

某商场老板在一次偶然的机会中听到两位客户抱怨卫生纸卷太大,他感到很奇怪:"卷大量多不好吗?"问过之后才明白,原来这两位客户是一个低档宾馆的采购人员,由于宾馆投宿客人素质较低,每天放到卫生间里可用几天的卫生纸,往往当天就没了,造成了宾馆管理成本的上升。这位商场老板了解情况后,立即从造纸厂订购了大量小卷卫生纸,并派人到各个低档宾馆去推销,结果受到普遍的欢迎。

能正确地认识并及时处理客户的不满与抱怨,对企业来说,不仅仅可以重塑客户对企业的信心,使这些客户有可能成为企业的忠诚客户,给企业带来正面的口碑效应,更重要的是,企业还可以在客户的不满与抱怨中发现商机,为企业赢得新的客户。

二、客户抱怨类型分析

一般而言,当客户对其要求已被满足程度的感受越差,客户满意度也就越低。当客户的满意度小于1时,客户抱怨的情况可能也就由此而产生。当客户不满意(即客户满意度小于1)时,客户的心理感受以及作出的反应可能有以下几种:

➢ 虽然内心不满,但不采取任何行动。不满意客户采取容忍与否,取决于购买经理对客户的重视程度、购买商品的价值高低、采取行动的难易程度及其需要额外付出的代价等条件。

➢ 不再重复购买,即不再购买该品牌的产品或者不再光顾该企业。

➢ 向亲友传递不满信息。

➢ 向企业、消费者权益保护机构表示不满或提出相应要求,如以相关的法律为基础,或者以企业内部标准、合同等为基准向企业提出索赔要求。

➢ 如果客户不满意的程度强烈,就会采取法律行动,向仲裁机构申请仲裁或向法院起诉。

根据以上客户抱怨的反应,从有利于企业客户管理的角度,可将客户抱怨划分为非投诉型抱怨和投诉型抱怨两大类。

(一)非投诉型抱怨

不满意的客户虽然没有向企业投诉,但可能停止购买或向他人传递不满信息。表面上看企业好像没有困扰,实际上,非投诉型抱怨给企业带来的危害远远大于投诉型抱怨。因为客户虽然有不满和抱怨,但由于没有表达出来,使企业不知道客户存在不满和抱怨,这样企业就无法了解到客户不满意的原因,从而失去进一步改进和提高产品和服务质量的机会。更为重要的是,企业形象也就有可能在不知不觉中受到极大损害。例如,你对餐馆菜的质量不满意,什么也没说结完账就走了,基本上以后你再也不会来了;有些客人则会跟服务员抱怨菜炒得太咸或者环境太差,服务员就会解释:"可能您的口味比较淡,我下次给您推荐一些口味比较清淡的菜,环境以后也会改变,很快要进行装修了。谢谢您提出的宝贵意见。"在客人的抱怨中,餐馆不但有了向客人解释的机会,也获得了进一步改进和提高产品和服务质量的机会。所以,企业应给予非投诉型抱怨以足够的重视,并采取积极主动的措施对这些抱怨进行了解,从而指导企业改进相应的工作。

(二)投诉型抱怨

客户因不满而采取投诉行为,对客户来说,可以使不满的因素得到化解,进而感觉满意;对企业来说,可以在得到客户抱怨反映后立即采取补救性措施,变不利为有利。表面上看,客户的投诉型抱怨给企业增添了麻烦,带来了困扰,但实际上投诉型抱怨对企业的发展极为有利。投诉型抱怨是客户因不满意而采取的积极行为,客户把不满和抱怨摆到了桌面上,让企业明白自己哪些方面做得不够,还需要改进,哪些策略需要改善,所以,它产生的负面影响最小。对于这一类抱怨,企业必须进行及时处理以平息客户的不满,并采取积极的措施防止同类事情再次发生。

三、客户不满与抱怨的主要原因

导致客户抱怨的因素多种多样,通常可以归纳为产品问题和服务问题两大因素。

(一)由于产品问题引起的客户抱怨

由于产品问题引发客户抱怨是一种十分常见的现象。100件产品里有1件有瑕疵,对企业来说是1%的过失,对客户来说却是100%的不满意。例如,新买的电视机用了一个星期,就不显示图像了;刚买的新衣服,洗一次就掉色、变形了;等等。总的来说,产品问题的产生可归因于三方面的责任:一是生产者的责任;二是销售者的责任;三是客户使用不当的责任。产品的生产者对产品问题负有不可推卸的责任,产品无论是在保质期、保修期之内还是之外,生产者均有责任为客户解决产品出现的问题。即使产品问题是因为客户使用不当而引起的,生产者和销售者也应仔细分析客户使用不当的原因。如果是产品设计的欠缺,则要作出相应的改进;如果完全是因为客户不正确理解和使用产品所致,则需要努力与客户沟通,帮助其正确使用产品,以避免类似情况的再次发生。

(二)由于服务问题引起的客户抱怨

由于服务问题而引发客户抱怨的现象并不少见。

调查资料

美国管理协会 AMA 所做的一项调查显示:68%的企业失去客户的原因就是服务态度不好。

产品是死的,只有在产品里附加上人的情感,才使产品鲜活起来。交易表面上看是物与物的交换,其实质是人与人情感的交流和沟通。由于服务问题而引起的客户抱怨主要包括以下几个方面。

1. 企业员工服务态度差

企业员工不尊敬客户,缺乏礼貌;对客户的询问不理会或回答出言不逊;语言不当、用词不准,引起客户误解;企业员工有不当的身体语言,如对客户表示不屑的眼神、无所谓的手势、面部表情僵硬等。

2. 企业员工缺乏正确的推销方式

企业员工缺乏耐心,对客户的提问或要求表示烦躁、不情愿、不够主动,对客户爱理不理,独自忙于自己的事情,言语冷淡,语气不耐烦、敷衍,似乎有意把客户赶走。

3. 企业员工缺少专业知识

企业员工无法回答客户的提问或者答非所问,或者结算错误让客户等待时间过长。

4. 企业员工过度推销

企业员工过分夸大产品与服务的好处,引诱客户购买;或有意设立圈套让客户中计,强迫客户购买。

5. 企业环境的公共卫生状态不佳

安全管理不当、店内音响声音过大,服务制度如营业时间、售后服务以及各种惩罚规则等均会引起客户的不满与抱怨。

服务问题产生于服务过程,客户在服务过程中就能立刻感受到发生的服务问题,不满和抱怨也就同时产生。因此,提供服务者应在服务过程中及时妥善处理好因服务问题引发的客户抱怨。

(三)由于客户本身的问题引起的客户抱怨

客户产生不满与抱怨,还有一部分原因是来自客户本身。有的客户由于性格使然,在购买产品或服务的过程中比较挑剔,甚至会出现蛮不讲理、故意找茬的情况,如何对这类客户提供服务也成为企业面临的问题之一。

四、了解客户不满与抱怨的途径

如前所述,当客户对企业的产品或服务感到不满意时,通常会有两种表现:一是投诉型抱怨,即客户直接将不满表达出来,告诉厂家;二是非投诉型抱怨,即客户不说,但从此以后可能再也不来消费了,无形之中使企业失去了一个客户,甚至是一个客户群。企业往往对投诉型抱怨注重处理,对非投诉型抱怨却疏于防范。

调查资料

据调查显示,非投诉型抱怨往往占到客户不满意的 70%。

因此,企业应对这种非投诉型抱怨多加注意,做到未雨绸缪。例如,国外很多大型超市和商场对这种不满都比较注意,它们一旦发现商场收银台排队过长,客户有左顾右盼、自言自语、发牢骚等行为出现,就立即作出反应,增开收银口,疏导客户,将客户的不满化解于无形之中。对于企业来说,具体有哪些途径来洞察客户的不满与抱怨呢?

1. 定期进行满意度调查

企业定期组织客户进行满意度调查,通过调查可以得知客户对企业产品或服务的满意程度,并能了解到企业对客户满意度影响较大的那些方面、存在的不足是什么、应如何改进等,进而作出对策,扼杀客户不满意的萌芽。

实例资料

维珍航空公司在一次例行的顾客满意度调查中发现,几乎所有的(包括乘坐所有其他航空公司飞机的乘客)乘客的心中都隐藏着一个抱怨:有时为了照顾行程,不得不掐着时间,放弃临时情况的处理紧赶慢赶地前往机场办理乘机手续和通过安检门。了解到这些抱怨后,维珍航空公司推出一项购买机票后可在一段时间内延期办理的服务。结果大受欢迎,客流量立即得到了增加。

2. 设立专门的客户投诉部门

调查资料

据调查得知,95%的不满意客户不会投诉,他们所做的仅仅是停止购买。

为方便客户投诉,企业要设立一个专门的客户投诉部门,并设置便捷的投诉方式,以此来了解客户的不满与抱怨,尽量将客户的不满与抱怨化解于企业内部。对此,可以设置建议表格、免费投诉电话和电子信箱地址等。另外,专门的客户投诉队伍也可以使客户的投诉更加便捷。例如,3M公司就是采用设立专门部门来处理客户的不满与抱怨的。3M公司曾骄傲地说,它的产品的改进有2/3来自客户的建议。

五、处理客户不满与抱怨的方法

对于非投诉型抱怨,客户只是表现出不满,但没有进行投诉,对这类不满意进行管理是非常重要的。因为如果企业不能察觉到客户的不满或者未能对这种隐性不满进行应有的重视,就会使客户悄悄离开企业,转向企业的竞争者,不给企业任何修正的机会。如何处理客户这类不满呢?

1. 洞察客户的不满与抱怨

并不是所有的客户对企业的产品或服务感到不满意时,都会通过投诉来表达。所以,企业必须通过各种手段和方法来洞察客户的不满与抱怨,主动作出反应,将客户的不满化解于无形之中。

2. 安抚客户的不满与抱怨

当客户表现出不满意时,企业应该去迅速了解客户的不满,这就要求工作人员学会倾听、安抚和平息客户怒火,要以诚恳、专注的态度来询问和听取客户对产品、服务的意见,听取他们的不满和牢骚。倾听客户不满过程中要看着客户,使其感到企业对他们的意见非常重视;必要时,工作人员还应在倾听时拿笔记下客户所说的重点,这些虽不能彻底安抚客户,却可以平息客户的怒火,防止其一怒之下走了之。另外,工作人员要站在客户的立场替客户考虑,应在倾听的过程中不断地表达歉意,同时允诺事情将在最短时间内解决,从而使客户的不满逐渐平息。

3. 分析客户不满与抱怨的原因

例如，一位客户家中冰箱出现问题，他在陈述中就说冰箱多么多么耗电，保鲜箱与冷冻箱设计是多么不合理、容易出现异味、容量太小等，这时就需要工作人员在倾听、安抚客户的过程中分析、判断客户的"真正"不满之处，有针对性地进行处理。

4. 及时解决客户的不满与抱怨

对于客户的抱怨，应该及时正确地处理，拖延时间只会使顾客的抱怨变得越来越强烈，顾客感到自己没有受到足够的重视。例如，客户抱怨产品质量不好，企业通过调查研究，发现主要原因在于客户使用不当，这时应及时地告诉客户正确的使用方法，而不能简单地认为与企业无关，不予理睬，虽然企业没有责任，这样也会失去客户。如果经过调查，发现产品确实存在问题，应该给予赔偿，尽快告诉客户处理的结果。

5. 记录客户的抱怨与解决情况

对于客户的抱怨与解决情况，要做好记录，并且应定期总结。在处理客户抱怨中发现问题，如果有关产品质量，应该及时通知生产方；如果有关服务态度与技巧问题，应该向管理部门提出，加强教育与培训。

6. 追踪调查客户对于抱怨处理的反映

处理完客户的抱怨之后，应与客户积极沟通，了解客户对企业处理的态度和看法，增加客户对企业的满意度。

第五节　实践课业指导

一、课业任务

设计一份调查问卷（涉及产品满意和服务满意），分析客户满意度。根据调研结果，谈一谈你认为这家企业该如何进行客户满意管理。

二、课业要求

以一家企业为例，根据调查问卷的调研结果，讲述客户满意战略的实施，内容包括：
(1) 企业基本情况分析；
(2) 客户满意度策略分析；
(3) 客户满意战略执行分析；
(4) 客户满意度的调查与分析。

三、理论指导

客户满意度是由企业所提供的商品或服务水准与客户事前期望的关系所决定的。因此，客户满意度是可感知效益和期望值之间的差异函数。

1. 影响客户满意度的因素

(1) 企业因素。企业是产品与服务的提供者，其规模、效益、形象、品牌、公众舆论等内在或外部表现的东西都能影响消费者的判断。如果企业给消费者一个很恶劣的形象,很难想象消费者会选择其产品。

(2)产品因素。产品是企业吸引客户,建立良好客户关系的基础。任何企业都应该从客户的利益出发来设计和生产产品。

产品因素包含四个层次的内容:首先,产品与竞争者同类产品在功能、质量、价格方面的比较。其次,产品的消费属性。再次,产品包含服务的多少。最后,产品的外观因素,如包装、运输、品位、配件等。

(3)服务因素。客户会通过实际体验对服务的整体质量作出评价,进而形成客户满意度。

(4)情感因素。情感与客户满意度存在正相关关系。一般而言,当客户对某产品或服务具有正面情感时,其满意度就会比较高。

(5)客户对公平性的判断。客户会将产品或服务的诸多方面与参照对象进行对比,如果发现综合产出与综合投入的比率较高,其满意度也就较高。

2. 提高客户满意度的途径

(1)提高客户实际感受获得值。

(2)降低客户期望值:

➢ 了解客户期望值

➢ 根据客户期望值进行自我调整

四、实践形式

将班级分成若干个小组,每小组为4—6人,每组确定一个项目负责人。选择一家企业,经过到企业的观察、询问、调查、分析和汇总后,以小组为单位撰写《××企业客户满意管理研究报告》。

五、课业范例

华为公司实施客户满意管理研究报告

华为技术有限公司成立于1988年,从事通信产品的研发、生产与销售,1999年,实现销售额120亿元,2000年,销售额超过220亿元。目前,有员工1 600余人,其中85%具有大学本科以上学历。公司管理理念中重要的一点,就是"用户满意度就是检验一切工作的唯一标准",并提出四大服务策略。

一、构建服务的客户满意

客户满意是客户的需求与实际获得相比较的结果。在提供服务的同时,厂商必须认识到客户的需求是一动态变化的过程。这就意味着在昨天看来还能令客户满意的服务,可能在今天已经不足以达到同样的效果了。要继续做到使客户满意,就必须正确地理解客户提升的需求。

1. 加强与客户的沟通,正确理解客户需求

一个企业只有真正理解了客户的需求,才能更好地为客户服务,向客户提供最实用

的技术和解决方案,让客户少花钱、多办事。客户的需求建立在客户自身发展的基础上,准确的客户需求需要企业与客户共同发掘。为此,企业应该不断地加强与客户的交流。华为公司充分认识到这一点,在构建自身服务体系的过程中,借鉴了国际先进的客户价值管理体系,建立起客户需求研究体系,通过IT平台进行信息汇总和传递,再由资深的研究人员进行分析,最终将分析的结果作为指导服务产品设计、业务流程优化和业务运作模式的行动指南。

在力求更正确地认识客户需求的过程中,华为与客户进行了充分的沟通,双方共同参与是其客户需求分析的最重要的特色之一。

2. 在客户需求研究的基础上,设计服务质量和实施服务

研究客户需求的目的是为了更好地满足这些需求。在正确研究客户需求的基础上,只有根据客户需求设计服务质量和服务水平,并加以实施,才能构建最佳的客户满意度。同时,任何企业资源都是有限的,如何使有限的资源得到最大限度的利用,尽可能满足客户的需求,需要企业根据客户需求,审视自己的能力,从而制定合理的服务项目和质量标准。在此基础上,还应建立一整套完善的管理制度、业务流程和人力资源来保证成功地管理企业。

随着企业业务的成长,客户群也会随之日益庞大,不同的客户对服务种类和服务标准的要求也各不相同。在这种情况下,企业必须制定相应的服务对策,适应这种变化。在不断发展的同时,华为也遇到了这一情况。为解决这一问题,一方面,公司不断壮大售后服务人员队伍,提高工程师的技术水平;另一方面,通过不断加强对不同客户群的需求研究,推出标准服务产品和增值服务产品两个系列,以多样化的服务组合,满足客户的服务的需求。为确保最终服务质量的落实,公司还对有关资源进行了相应的分配。

二、服务标准化

随着观念的转变,人们对服务的内涵了解越来越深,"服务有偿"正得到越来越多的社会认同。越来越多的人认识到,服务其实也是一种商品,而且是一种较为特殊的商品。与服务相比,其他商品往往是有形的,在选购商品时有明确的质量标准和外观可作为依据;而服务是不可触摸的,客户选择服务的依据仅仅是供应者的承诺和以往的经验。此外,服务具有滞后性,客户往往接受服务后再交费。服务的这种无形性的特点,是服务提供者首先要解决的问题:一方面,要使无形的服务变成质量可控的服务;另一方面,使滞后交付的服务在客户投入时就明确自己的权益。服务标准化是解决这一问题的有效途径——通过对服务操作步骤、操作过程的技术要求、人员分工等加以明确规定,使服务质量做到可行、可见、可控;再将这种标准化的服务通过与客户签订的书面协议明确下来,使客户的花费具有保障。

1996年,华为公司开始推出标准服务。几年来,公司在服务标准化方面进行了长期的探索,各项服务都制定了相应的操作流程,并不断地在员工中强化标准化服务的概念。华为公司服务标准化建设的目标是:提供给客户的每项服务都力求做到物有所值,客户在获得每项服务时都有保障。

三、注重服务提供的快捷性

高效、快捷的服务响应是客户对厂商提供服务的基本要求。要想构建最佳的客户满

意度,厂商必须注意提供服务的速度。

1. 利用先进通信手段,发展远程支持模式

先进的通信手段为提供更快捷的服务带来可能,发展远程支持服务是提高快捷性的重要手段。由于广域网技术的应用,维护中心可以得到足够的信息,进行故障定位,对于软件故障,可以通过远程下载的方式进行故障恢复,对于硬件故障,可以通过指挥现场维护人员进行硬件更换,因此,在时效上远程支持明显高于传统技术支持方式。另外,通过资源共享、问题传递、专家会诊等先进手段,使群体智慧在维护应用中共享成为可能。华为建有先进的IT支持系统和完善的信息管理体系,对于客户提出的问题,根据问题的严重性采取不同的层级传递,确保问题在合理的时间内得到有效的解决;同时,公司建有维护经验数据库和客户设备记录数据库,可以方便地查询故障历史处理方式和借鉴维护经验,从而提高问题的解决效率和质量。

2. 完善服务网络,提高响应速度

完善的服务网络是优质服务的基石,现场支持、硬件维护、设备更换、客户培训等服务必须依靠完善的服务网络才能保证响应速度。华为公司在北京建立了网络产品技术支持中心,该中心拥有雄厚的技术支持专家队伍,进行7×24小时的技术支援;拥有完整的IT技术支援平台和所有系列客户设备的模拟机房。华为公司在全国共设有33个地方技术支持中心,并依据区域划分设立7个片区支持中心,作为地方服务支持和资源的补充。根据地方维护量的大小,分配不同数量的技术支持人员。各级技术支持部门统一管理,通过先进的网络技术达到信息和资源的共享。地方技术支持中心都备有维修车辆和先进的测试仪器,对于重大设备问题,工程师能够做到24小时之内赶赴现场技术支持。另外,华为公司建有公司、地方技术支持中心二级备件供应中心,在接到客户硬件更换的请求后,按完善的流程制度及时地满足客户需求。

四、注重服务持续发展

企业提供客户的服务应该是有价值的,这种价值集中体现为服务为客户产生的效益(人员效率提高、新业务带来的市场收益等)。向客户提供持续的服务是对客户利益的一种保护。

对客户来说,购买设备只是一种手段,应用设备才是根本,网络设备更是如此。由于网络技术发展、更新速度快,作为网络设备制造商,应该做到对自己的设备提供长期服务,延长设备使用周期,提高设备的运营效益。设备制造商在向客户提供设备后,双方就处于一种长期的合作关系,而且这种关系建立在双方都能够得到长期持续发展的基础上,是水乳交融的。任何一方的发展受阻,都会影响到另外一方。为此,在长期合作中,双方需要不断地交流,以求发现双方利益的平衡点,使双方都能够健康发展。

持久的客户满意度意味着企业持久、快速的发展。围绕提高客户满意度,国内企业还有大量的工作需要努力。2000年,华为公司在与客户充分沟通的基础上,继续完善自己的服务模式,力求营造最佳的客户满意度,实现整个市场的健康、和谐发展。

(资料来源:李先国、曹献存,《客户服务管理》)

客户情绪的价值

客户在接触企业和企业中的人时会产生感觉。感觉经过其内在的过滤和处理之后，成为情绪印象，即"真实的时刻"（moments of truth）。它大多数包含强烈的情绪因素。

不论是在理论上或实践中，客户——这一经济学意义上的人——在情感层面的需求得到了越来越多的关注与重视，并想方设法地通过提供的产品或服务来满足，从而达到提升客户满意度，将满意度有效地转化为忠诚行为，从而达到短期利润与长期客户生命周期管理协调统一的联盟结果。

成功的营销就是将客户需要的产品变成客户想要的产品。营销已经开始大跨步地进入感性营销时代。

客户的情绪价值何在呢？如何让客户情绪转化成为强有力的竞争优势？如何发挥正面的情绪促使客户忠诚行为的发生？如何引导客户情绪提升企业的利润？

一、客户情绪蕴藏商机

在销售、服务现场，在售后服务的过程中，客户与产品服务相关联的情绪正是企业研发、生产、销售等工作环节中可以进一步提升客户满意度、销售产品、打开市场的风向标，在当月、当季的销售业绩出来之前，客户的情绪可以帮我们有效地辨识产品、服务的市场价值。

在市场中或销售服务过程中，大部分客户对某项产品、服务非常满意，他们喜欢这种形式的推广活动、产品、服务。在过程中，他们受到刺激后，情绪开始波动，作出购买决策或采取购买行为。通过调试客户的情绪，客户对售后服务是基本满意的，情绪不仅创造了客户，更挽留了他们，从而达到推动销售的作用。

客户的情绪与他们的行动决策告诉我们：这项产品、服务可以在该市场大力推广。同理，如果面对我们的推广、销售、服务活动，客户情绪反应消极、态度淡漠，甚至产生一些负面信息，说明他们不满意，也同时意味着产品、服务或推广方式需要改进才能取得理想中的销售业绩。

失败的销售过程包括：客户态度冷淡，既不喜也不悲，客户得出的结论是："这样产品很好，但是我不想要。"又或者是"这项产品不错，可是跟我有什么关系？"甚至是"太恐怖了，我是绝对不会购买这样的产品的。"

导致失败的原因正是对客户的情绪没有有力的触及。客户承认他需要，但是同时提出我不想要。即使从理智的层面来讲，我们都不会为自己不想要的商品付款。

想知道产品或服务是否能赚取足够多的利润吗？是否会畅销吗？仔细观察一下客户的情绪，答案不言而喻。

二、客户情绪是创新的源泉

开放性思维的标志是凡事有可能。创新的源泉正是多种可能性的创新思维的存在。

日常工作中,作为工多技熟的业内人士,我们往往会形成很多不自知的惯性思维。惯性思维的存在造成了我们思维的盲点。而在服务或销售过程中,客户可能会向我们提出很多看起来很"外行",但是与使用的"感觉"密切相关的问题。

前线人员如何处理这些信息,直接关系着客户满意度与客户忠诚行为。哈佛大学教授、营销学界的元老特德·莱维特指出:"没有商品这样东西。顾客真正购买的不是商品,而是解决问题的办法。"每个客户总希望买到更称心如意的"解决办法",在使用过程中,产品或服务中的任何细枝末节都有可能会引起他们足够的关注,并成为下次是否再购买该品牌的其他产品或产品更新时的理由。

在国内市场上,家电企业的龙头老大海尔总是善于推陈出新,不断地将产品的某个特点转化为客户购买的理由,如抗菌冰箱、光触媒空调、环形立体风空调等。

三、客户情绪可以使企业的服务更完善

中国有句老话"嫌货才是买货人",越挑剔的客户往往正是帮我们做得更好的客户。客户来挑剔,代表客户还想继续来往或购买产品、服务,同时也代表客户对产品、服务有更高的要求,也证明产品、服务是市场所需求的。吹毛求疵、无理取闹的要求可能就是创造企业服务竞争优势的机会。如果企业从上到下、各个部门都贯穿了"让客户满意"的理念,围绕着不断提升客户满意度与忠诚度进行工作,那么,产品、服务将会在更大程度上取得客户认同,客户将成为企业的忠诚拥护者。

需要指出的是:在实际工作中,我们往往更注重客户的挑剔对品质、生产周期等硬件方面的改进,却没有意识到人与人的关系、情感的互动管理在其中的重要性。"人对了,什么都对了。"客户挑剔,可能是因为他们通过挑剔来取得弹性价格,也可能是因为他们想表现自我的优越,更有可能,是因为他们不喜欢卖产品的这个人。这时候,要对客户的情绪进行一个区分:客户的挑剔到底是想满足他的什么愿望呢?并据此开展工作,将会取得事半功倍的效果。如果客户的挑剔是针对软件中的"人",那么,不断地与这个客户进行沟通,力争取得他的认同是销售服务人员的必修课。从一而发,推而广之,将这些销售中的"硬骨头"挑出来进行归类分档处理,将会非常有利于销售服务工作的进一步顺利开展。

让挑剔的客户也感到满意,他们将会成为企业产品、服务的回头客,甚至是终身忠实客户,为企业带来新的商机与客户,同时将会为企业建立良好的市场口碑。

四、客户情绪激发行动的力量

为什么拍卖会上,尤其是在竞拍气氛热烈的拍卖场上,商品会比底价卖得高得多?为什么广告会对客户的最终购买有着潜移默化的巨大影响?秘密都在于情绪的参与和调动。心理研究显示:情绪可以激励人的行为,改变人的行为效率,发挥重要的动机作用。积极的情绪可以提高人们的行为效率,对动机起到正向推动作用;消极的情绪则会干扰、阻碍人的行动,降低活动效率,对动机产生负面影响。

在销售服务过程中,首要任务正是调动客户的情绪。客户情绪的波动将会决定着购买决策和购买行为。奢侈品的销售正是充分调动了客户各方面的情绪。当一位客户去

购买一辆名贵跑车时,请问他的情绪能正常吗？客户购买的其实不是什么产品,而是产品带来的感觉。精明的犹太人很早就指出,女人和小孩的钱最好赚。为什么？因为他们是典型而明显的感性消费者。如何与客户的"心"直接对话,了解客户的真正需求？请仔细观察客户的情绪,建立情感的呼应与共鸣。

客户情绪蕴藏商机,它是创新的源泉,可以使企业的服务更完善,同时,客户的情绪也是激发客户购买行动的力量。企业准确创造、把握、引导客户情绪,让客户从情感上产生需求,与客户建立良好而稳定的情感联系,将有利于营销与服务更好地开展。

（资料来源：嘉康利直销网 http://www.360doc.com/）

案例

35次紧急电话

一次,一名叫基泰丝的美国记者来到日本东京的奥达克余百货公司。她买了一台索尼牌的唱机,准备作为见面礼,送给住在东京的婆婆。售货员彬彬有礼,特地为她挑了一台未启封包装的机子。

回到住所,基泰丝开机试用时,却发现该机没有装内件,因而根本没法使用。她不由得火冒三丈,准备第二天一早就去奥达克余交涉,并迅速写好了一篇新闻稿,题目是《笑脸背后的真面目》。

第二天一早,基泰丝在动身之前,忽然收到奥达克余打来的道歉电话。50分钟后,一辆汽车赶到她的住处,从车上跳下奥达克余的副经理和提着大皮箱的职员。两人一进客厅便俯首鞠躬,表示特来请罪。除了送来一台新的合格的唱机外,又加送蛋糕一盒、毛巾一套和著名唱片一张。接着,副经理又打开纪事簿,宣读了一份备忘录。上面记载着公司通宵达旦地纠正这一失误的全部经过。

原来,昨天下午4点30分清点商品时,售货员发现错将一个空心货样卖给了顾客。她立即报告公司警卫迅速寻找,但为时已迟。此事非同小可。经理接到报告后,马上召集有关人员商议。当时只有两条线索可寻,即顾客的名字和她留下的一张"美国快递公司"的名片。据此,奥达克余公司连夜开始了一连串无异于大海捞针的行动：打了35次紧急电话,向东京各大宾馆查询,没有结果。再打电话问"美国快递公司"总部,深夜接到回电,得知顾客在美国父母的电话号码。终于弄清了这位顾客在东京期间的住址和电话,这期间的紧急电话,合计35次。

这一切使基泰丝深受感动。她立即重写了新闻稿,题目叫做《35次紧急电话》。以客户为中心,让客户满意是企业进行客户关系管理的重要手段。

（资料来源：谢红霞,《公共关系原理与实务》）

案例思考题

你从奥达克余公司的35次紧急电话中得到什么启示？

练习与思考

一、名词解释

客户满意度　美誉度　指名度　产品　服务

二、填空题

1. 提高客户满意度的途径有_____和_____两种。
2. 客户抱怨可划分为_____和_____两大类。

三、单项选择题

1. (　　)是指客户消费了该企业的产品或服务之后再次消费,或者如果可能愿意再次消费,或者介绍他人消费的比例。
   A. 美誉度　　　　　　　　　B. 指名度
   C. 回头率　　　　　　　　　D. 抱怨率

2. 当客户的满意度(　　)时,客户抱怨的情况可能也就由此而产生。
   A. 大于1　　　　　　　　　B. 等于1
   C. 小于1　　　　　　　　　D. 视情况而定

3. 在客户满意度公式 C=b/a 中,b 代表的含义是(　　)。
   A. 客户满意度
   B. 客户对产品或服务所感知的实际体验
   C. 客户忠诚度
   D. 客户对产品或服务的期望值

4. 在日益激烈的市场竞争环境下,企业仅靠产品的质量已经难以留住客户,(　　)成为企业竞争制胜的另一张王牌。
   A. 产品　　　　B. 服务　　　　C. 竞争　　　　D. 价格

5. (　　)越大,客户满意度就越高。
   A. 公司价值　　　　　　　　B. 客户让渡价值
   C. 客户忠诚度　　　　　　　D. 客户关系价值

四、多项选择题

1. 从产品的整体概念出发,产品可以分为(　　)。
   A. 核心产品　　　　　　　　B. 形式产品
   C. 延伸产品　　　　　　　　D. 外在产品

2. 服务指标可以分为(　　)。
   A. 忠诚服务　　　　　　　　B. 独立性服务
   C. 伴随性服务指标　　　　　D. 满意服务

3. 在客户关系管理中,客户的满意度的决定因素是(　　)。
   A. 客户的期望　　　　　　　B. 客户的感知
   C. 产品的质量和价格　　　　D. 抱怨和忠诚

4. 问卷调查主要包括（　　）调研方式。
   A. 现场发放问卷调查　　　　　　　B. 邮寄问卷调查
   C. 网上问卷调查　　　　　　　　　D. 电话调查
5. 提高客户满意度的途径包括（　　）。
   A. 提高客户实际感受获得值　　　　B. 提高客户服务
   C. 提高产品质量　　　　　　　　　D. 降低客户期望值

五、简答题

1. 简述向客户提供满意产品的方法。
2. 简述处理客户不满与抱怨的方法。

第六章 客户关系管理技能

 学习目标

学完本章,你应该能够:
1. 掌握客户服务中的沟通技能。
2. 了解客户服务中的礼仪。
3. 掌握客户投诉的处理。
4. 掌握不同类型客户服务的技巧。

 基本概念

沟通　TPO 原则　客户投诉

第一节　客户服务中的沟通技能

一、沟通的概念

沟通是指两个或两个以上的人之间交流信息、观点和理解的过程。在这个定义中,首先强调了沟通是两个或两个以上的人之间信息、观点的传递。如果信息没有被传送到,则意味着沟通没有发生。例如,说话者没有听众,或者写作者没有读者,这些就不能构成沟通。更为重要的一点是,沟通包含信息或者观点的理解。要想沟通成功,信息或者观点不仅要得到传递,还需要被理解。如果写给某人的一封信,使用的是其一窍不通的葡萄牙语,那么,不将之翻译成能读懂并理解的语言,就不能称之为沟通。完美的沟通,应是经过传递之后,接受者所认知的想法或思想恰好与发送者发出的信息完全一致的沟通。在客户服务中,很多时候,虽然看起来客服人员在和客户沟通,实际上并没有真正理解对方的意思,从而引起客户的不满与抱怨。客户服务人员必须不断完善自己的沟通技巧。

二、客户沟通的基本方式

与客户沟通的基本方式及优缺点,如表 6-1 所示。

表 6-1 客户沟通的基本方式

沟通方式	举例	优点	缺点
书面沟通	备忘录、信件、报告书、通知布告、内部刊物等	持久有形；能够核实；更加缜密；容易促进政策和程序保持一致	耗时、效率低；易发生编码错误；缺乏反馈性
口头沟通	面谈、会议、讲座、电话、演说、讨论等	比较灵活、传递速度较快、信息量大，能够及时反馈，便于双向沟通、效率高；较为方便；借助表情、手势等可以增强沟通效果	难以核实；易产生误解；传递层次越多越增强了信息的失真性
非语言沟通	动作、表情、体态、语调、信号等	信息意义十分明确、内涵丰富，适当的非语言沟通能够强化语言沟通的效果，更加生动和直接	传递距离有限，单独使用时容易产生误解，不当的非语言沟通可能会削减沟通的效果
网络沟通	电子邮件、网络电话、网络传真、网络新闻等	传递速度更快、信息容量大，更宜于远程传递，可同时传递多人，传递成本低廉	单向传递，缺乏情感交流
图像沟通	幻灯片、照片、图画、插图、图表、漫画、表格、录像、商标、电影、随意涂抹、美术拼贴、色彩配置等	能够使信息清晰化，更具有吸引力，在人们的头脑中保留更长的时间	要与书面和口头沟通组合起来使用

(1) 书面沟通。是指用书面形式进行沟通，使其他人理解你所传达的信息。

(2) 口头沟通。是指用其他人能够理解的语言进行交谈。

(3) 非语言沟通。包括语音和语调、面部表情、姿态和眼神的交流。

(4) 网络沟通。指企业通过基于信息技术的计算机网络，来实现企业内部的沟通和企业与外部相关的活动。

(5) 图像沟通。包括图表、视听、影像等，又可称之为视觉支持。与书面和口头沟通组合使用的视觉支持，可以通过多种方式创造强有力的沟通效果。

三、客户沟通时的基本技能

(一) 掌握客户的特点

在生活和工作中，我们会遇到形形色色、各种各样的人，而每一个人在沟通中所表现出的特征大不一样。只有了解不同的人在沟通过程中的不同特点，才有可能用相应的方法与其沟通，最终使沟通效果臻于完美。物以类聚，人以群分，两个风格相似的人沟通时的效果会非常好。只有掌握了不同的人在沟通中的特点后，才能选择与他相接近的方式与其沟通。除了知道不同的人有不同沟通特点之外，还要知道对方声音的大小和语速的快慢，尽可能地和对方保持一致，这样沟通起来效果就非常好。就像两个东北人在一起沟通，效果一定很好；两个上海人在一起沟通，效果也会很好；上海人和东北人在一起沟通,效果可能就不是非常好。当采取的沟通风格与做法和对方相似的时候,沟通效果往往比较好。

(二) 有效的沟通语言

语言是最容易动人心弦的,也是最容易伤透人心的。客服人员的语言是否热情、礼貌、准确、得体,直接影响到客户的购买行为,并影响客户对企业的印象。一个具备客户关系管理知识的客服人员的话语,应具备以下特点。

1. 语言有逻辑性,层次清楚,表达明白

语言包括书面语言和口头语言,两者都需要礼貌简洁。有效的口头表达是声音素质和其他个人素质综合作用的结果。一个人的声音素质——发音的音调、音量、口音、语言的速度、停顿及语调的不同,都会影响沟通的效果。

要想清晰地表达自己的想法,语言必须简洁,所讲的材料必须条理化,使用的词汇要准确,做到说话逻辑和表达清晰。

2. 突出重点和要点

谈话要突出重点和要点,以极少的文字传递大量的信息。因为每一个人的时间都是有价值的,没有人喜欢浪费时间。当然,简洁并不意味着只能使用短句子或省略重要的信息,而是指字字有力、句句有内容。

3. 真实、准确

在与客户沟通时,应当避免夸大其词,不要做虚假宣传。即使客户只发现你一个错误,你也会陷入困境。

4. 说话文明

在客户服务工作中,不要侮辱、挖苦、讽刺客户,不要使用粗俗的语言,不要与客户发生争论。牢记"客户永远是对的"这句话。

5. 话语因人而异

说话要因时间、地点、人物的不同而有所不同。"到什么山唱什么歌,见什么人说什么话。"应避免使用命令式,多用请求式;少用否定句,多用肯定句;言辞生动,语气委婉;要配合适当的表情和动作。

6. 调整自己的音量和说话速度

声音在沟通过程中起着不可忽视的作用。在与客户沟通时,要控制自己的声音,吐字清晰,音量适中。

此外,还要注意讲话的速度。讲话速度对发出的信息也会有影响,快速的讲话会给对方一种紧迫感,有时是需要这种效果的。但如果一直快速讲话,会使对方转移注意力,并难以理解你的话。反之,也不能讲得太慢,这会使听者不知所云,或者使听者厌倦而抓不住讲话的思路。好的讲话者会根据所说语句的相对重要性来变换速度,即不重要的话说得快,而重要的话说得慢。

总之,在与客户沟通时,要掌握和控制好自己的语言,避免给客户虚假、不真实的感觉。

(三) 适度的身体语言

在你和别人沟通的过程中,除了用语言传递信息、思想、情感外,很多的信息、情感是通过身体语言传递给对方的。客服人员最终能否实现与客户的沟通,一定程度上还取决于身体语言的灵活运用。

所谓身体语言,不仅包括你的动作、神态、表情,它还反映在你说话的音色和音量以及必要的抑扬顿挫上,不同的声音带来不同的效果。值得注意的是,音色也是一种肢体语言,给对方留下的是一种思想和情感,而不是简单的信息。在平时的工作和生活中,每天都能听到同事、亲戚、朋友传来的不同声音,有高兴的声音,有难过的声音,有愤怒的声音,也有平淡的声音,不同的音色比话语本身给我们传递的信息更多。所以,在沟通的过程中,我们一定要注意调节自己的音色,让自己的声音能够包含更为丰富多彩的内容。

在我们说话的过程中,不同的语气和不同的重音都会给对方带来不同的印象,所以,说话要注意如何抑扬顿挫。如果你想在一句话里突出某一个地方和某一个内容,你可以用这样的方法表达不同的情感或传递不同的信息:强调其中的某一个字,加重语气,还可以把这个字说的时间放长一些,这样会带来不同的效果。

在沟通过程中,身体语言不仅包含着音色,更包含你的眼神、你的表情等,这些肢体语言传递给别人更多的是你的思想和情感,可以使你赢得别人的信任或者失去别人的信任。

实例资料

在办公室里,赵军正在给自己威力电脑的厂商售后服务中心打电话:"听着,你们上次来修电脑时,是修好了,可是你们一走,系统就不行了。"

"怎么会这样呢?对不起,您先别着急,我马上帮您解决。"

"我不能整天没事干,光是陪着你们修这台该死的电脑,你知道吗,我现在办公桌上的文件都快有半米高了,就因为你卖给我们的这台破电脑,害得我丢了所有的文件,你知道这些被删掉的文件对我有多重要吗?我至少也需要用3个月的时间才能恢复。这个损失谁来赔我?!"

"我能够想象那些文件对您有多重要,我也非常想帮助您,我想,现在对于您来说最重要的就是马上解决问题。"

"我现在就是想不明白,我当时是不是脑袋进了水,我怎么就买了你们的破电脑呢?"

"我知道您现在很生气,请您相信我们的售后服务承诺是有保证的。"

"你们的售后服务,对,你们是有8小时的服务承诺,你们也按时来修了,可是你们已修了多少次,最后修好了吗?8小时服务承诺,你就是1小时的服务承诺对我来说又有什么意义呢?"

"您说的情况是个事实,我也很抱歉,我们会尽力地解决这个问题,请相信我。"

"现在我们同事都笑话我买的这台害人的破电脑,有人还说我是不是吃了回扣了,你知道吗?就那台电脑,比你们公司卖的便宜的满街都是!"

"你拍拍良心,我拿了你们一分钱回扣吗?"

> "这一点您尽可放心,谁不知道您是位很正直的人,如果需要的话,我和我们公司都可以为您证明。"
>
> "这事如果被我们经理知道了,还不知道会有怎样的后果呢,闹不好我连饭碗都得砸在你的手里。"
>
> "我理解您的处境,您不要太担心,我会尽快地帮助您解决这个问题,请您放心!"

在案例中,威力电脑的服务代表做得比较成功,他成功地站在客户的角度上思考问题,一步接一步地去平息赵军的怒火,将客户拉到妥善解决问题的轨道上来。

四、客户沟通时的倾听技能

在与客户沟通中,潜心地倾听往往比滔滔不绝地谈话更为重要。学会倾听才能探索到客户的心理活动,观察和发现其兴趣所在,从而确认客户的真正需要,以此不断地调整自己的服务。

1. 专心致志地倾听

精力集中、专心致志地听,是倾听技能中最重要、最基本的方面。

> **研究资料**
>
> 心理学家的统计证明,一般人说话的速度为每分钟 180 到 200 个字,而听话及思维的速度大约要比说话快 4 倍多。

所以,对方的话还没说完,听话者大都理解了。这样一来,听者常常由于精力富裕而开"小差"。也许恰在此时,客户提出一个要客服人员回答的问题,或者传递一个至关重要的信息,如果因为心不在焉没有及时反应,就会错失与客户良好沟通的良机。

2. 善于使用并观察肢体语言

当我们在和人谈话的时候,即使我们还没开口,我们内心的感觉就已经透过肢体语言清清楚楚地表现出来了。听话者如果态度封闭或冷淡,说话者很自然地就会特别在意自己的一举一动,比较不愿意敞开心胸。从另一方面来说,如果听话的人态度开放、很感兴趣,那就表示他愿意接纳对方,很想了解对方的想法,说话的人就会受到鼓舞。这些肢体语言包括:自然的微笑;不要交叉双臂;手不要放在脸上;身体稍微前倾;常常看对方的眼睛;点头。

3. 着重听取关键词

听取关键词,必须建立在专心倾听的基础上。因为不用心听,就无法鉴别客户传递的信息。所谓关键词,指的是描绘具体事实的字眼,这些字眼透露出某些讯息,同时也显示出对方的兴趣和情绪。透过关键词,可以看出对方喜欢的话题以及说话者对人的信任。

另外，找出对方话中的关键词，也可以帮助我们决定如何响应对方的说法。我们只要在自己提出来的问题或感想中，加入对方所说过的关键内容，对方就可以感觉到你对他所说的话很感兴趣或者很关心。

4. 尽量避免打断客户的谈话

在客户服务中，有时会遇到服务人员打断客户谈话的情况。例如，客服人员以为客户说完了，就去发表观点，突然发现客户原来还没有说完，这是无意打断。有时客服人员甚至会有意识地打断客户说话，这样与客户说话是非常不礼貌的。当你有意识地打断一个人以后，你会发现，你就好像挑起了一场战争，你的对手会以同样的方式来回应你，最后你们两个人的谈话就变成了吵架。

总而言之，随意打断客户谈话会打击客户说话的热情和积极性。如果客户当时的情绪不佳，而你又打断了他的谈话，那无疑是火上浇油。善于听别人说话的人，不会因为自己想强调一些枝微末节、想修正对方话中一些无关紧要的部分、想突然转变话题，或者想说完一句刚刚没说完的话，就随便打断对方的话。

5. 清楚地听出对方的谈话重点

当你与对方谈话时，如果对方正确地理解了你谈话中的意思，你一定会很高兴。因为对方至少达到了"听事实"的层面。

能清楚地听出对方的谈话重点，也是一种能力。并不是所有人都能清楚地表达自己的想法，特别是在不满时，因为受情绪的影响，经常会有类似于"语无伦次"的情况出现。而且，除了排斥外界的干扰、专心地倾听以外，你还要排除对方的说话方式给你的干扰，不要只把注意力放在说话人的咬舌、口吃、地方口音、语法错误和"嗯""啊"等习惯语上面。如果你清楚地听出了对方谈话的重点，你要让他明白这一点。

6. 肯定对方的观点

如果我们无法接受说话者的观点，我们就可能会错过很多机会，而且无法和对方建立融洽的关系。就算是说话的人对事情的看法与感受，甚至所得到的结论都和我们不同，他们还是可以坚持自己的看法、结论和感受。

尊重说话者的观点，可以让对方了解我们一直在听，而且也听懂了他所说的话。在谈话时，即使是一个小小的观点，如果能得到肯定，讲话者的内心也会很高兴，同时会对肯定他的人产生好感。因此，在谈话中，一定要用心去接受对方谈话的观点，给予积极的肯定和赞美，这是获得对方好感的一大绝招。如果对方说："我们现在确实比较忙。"你可以回答："您在这样的领导位置上，肯定很辛苦。"

7. 适时的积极回应

要使自己的倾听获得良好的效果，不仅要专心地听，还必须有反馈的表示。例如，点头、欠身、双眼注视客户，或者重复一些重要的句子，或者提出几个客户关心的问题，这样，客户会因为客服人员如此专心地倾听而愿意更多、更深地暴露自己的观点。

五、客户沟通时的提问技能

提问是非常重要的一种沟通行为，因为提问可以帮助我们了解更多、更准确的信息。所以，提问在沟通中会经常用到。在开始的时候会提问，在结束的时候也会提问。同时，提问还能够帮我们控制沟通的方向。一个客服人员的服务技能究竟怎么样,服务经验是否丰富,关键看他提问的质量。

像中国移动和中国联通这样的巨型企业,它们客户服务中心的服务代表每天接听电话的数量都会超过 260 个。每天去接这样大量的电话,员工势必会非常疲惫,还有可能导致服务质量的下降。这些企业的客户服务部门对员工都有一个接通率的要求。如果服务代表只是让客户讲,他听,而且还表现出很有兴趣听的样子,那么,一碰到滔滔不绝的人,把他所有的遭遇没完没了地讲给你听,这名服务代表就很难完成接通率的任务了,而且别的客户的电话必然打不进来,同样会导致整个企业服务质量的下降。

客服人员在倾听的过程中,应该迅速地把客户的需求找出来。如果客户的需求不明确,服务代表必须帮助客户找到一种需求,通常情况下,就是通过提问来达到这种目的的,所以,提问的目的就是能迅速而有效地帮助客户找到正确的需求。

（一）开放式提问

所谓开放性问题,就是不限制客户回答问题的答案,完全让客户根据自己的喜好,围绕谈话主题自由发挥。如果问客户:"您能说说当时的具体情况吗？或者您能回忆一下当时的具体情况吗？"客户就滔滔不绝了,可能会告诉你非常多的信息。

进行开放式提问有助于让谈话的气氛轻松,令客户感到自然并畅所欲言,又有助于客服人员根据客户谈话了解更有效的客户信息,收集信息全面。在沟通中,通常是一开始沟通时,就希望营造一种轻松的氛围,所以,在开始谈话的时候最好问一个开放式的问题。

对于开放式的问题,客户的回答往往也是开放式的,他会有很多话要说,有可能会喋喋不休地说个没完。所以,开放式提问的缺点是浪费时间,谈话内容容易偏离主题,无形中话题就偏离了最初的谈话目标。这个时候可能就需要用封闭式问题来有效地缩短服务的时间。

（二）封闭式提问

封闭式提问限定了客户的答案,客户只能在有限的答案中选择。例如,你读过公司的内部杂志或简讯吗？客户只能回答"有"或者"没有"。

使用封闭式提问,客户往往会感觉比较紧张和被动,甚至还会产生被审问的感觉。封闭式问题的使用完全是为了帮助客户进行判断。一般而言,客服人员发现话题跑偏时,可问一个封闭式的问题；发现对方比较紧张时,可问开放式的问题,使气氛轻松。

实例资料

小王在开车的时候感觉到车的发动机在怠速时会"当当当"响,于是就把车开到了修理厂。一个小伙子接待了他,问:"车怎么了？"小王说:"发动机有问题了,当当当响。"接着小伙子又问,"哪儿响？"小王说:"不清楚具体是哪儿响,反正就这一块。"是吗,小伙子又问:"什么时候开始的？"小王说:"大概有一星期了。"

小伙子在车上东看看西看看,也找不到问题究竟出在那里。过一会他把他师傅找过来了，他师傅过来以后，提问的方式就马上转变了，第一个问题是发动机的机油换没换，小王说："好像是一个月之前换的。"接着师傅又问："你这两天车是不是经常点着然后不走？"小王回答说："是有这种情况。"然后师傅又问："化油器清洗过吗？"小王说："前段时间洗的。"这时师傅已经大致判断出毛病出在化油器上。一看果然如此，化油器堵住了。

小伙子提出的一些开放式问题没有起到作用，他的师傅一用封闭式的问题提问，就马上找到了汽车"当当当"响的原因所在。这就说明小伙子的师傅有很丰富的专业知识和非常准确的判断能力。

（三）提问时需要注意的要点

1. 保持礼貌和谨慎

在与客户展开沟通的过程中，客服人员对客户进行提问时，必须要保持礼貌，不要给客户留下不被尊重和不被关心的印象。同时，还必须在提问之前谨慎思考，切忌漫无目的地信口开河。

2. 少说为什么

在沟通过程中，一定要注意尽可能少说为什么，用其他的话来代替。例如，你能不能再说得详细一些？你能不能再解释得清楚一些？这样给对方的感觉就会好一些。实际上，在提问的过程中，开放式和封闭式的问题都会用到，但要注意尽量避免问过多的为什么。

3. 少问带有引导性的问题

难道你不认为这样是不对的吗？这样的问题不利于客服人员收集信息，会给对方不好的印象。

4. 避免多重问题

就是一口气问了对方很多问题，使对方不知道如何下手。这种问题也不利于客服人员收集信息。

六、回答的技巧

在与客户的沟通中，客服人员的回答主要是消除客户的疑虑，纠正客户的错误看法，用劝导的方式说明、解释并引导客户对问题的认识。

1. 及时调整谈话速度

要根据客户是否能理解谈话的主旨，以及对谈话中重要情况的理解程度，来调整说话速度。在向客户介绍一些主要情况和重要问题时，说话的速度要适当放慢，使客户易于领会。要随时注意客户的反应，根据客户的理解程度来调整谈话的速度，避免长篇大论。

2. 讲究否定的艺术

在沟通中，最忌讳与客户争论。在任何情况下，都不要直截了当地反驳客户，断然地否定很容易使客户产生抵触情绪。在特定的情况下，客服人员可以采用"尽管很对，但是……"的方法,首先要明确表明同意客户的看法,然后再用婉转的语言提出自己的观点,客户往往比较容易接受你的看法。

3. 保持沉着冷静

任何时候都要冷静地回答客户,即使是在客户完全错误的情况下也应沉得住气。有时候客户带有很多偏见和成见,很多看法带有强烈的感情色彩,这时候用讲道理的方法是改变不了他的成见的。沉着冷静的举止不仅会强化客户的信心,而且在一定程度上会使沟通的气氛朝着有利于客服人员的方向发展。

第二节 客户服务中的礼仪

荀子曾说:"人无礼则不立,事无礼则不成,国无礼则不宁。"礼仪在现代社会活动中越来越显示出它的重要性,已成为衡量一个人、一个组织,甚至一个国家的整体素质与教养的准绳。在客户服务活动中,如果客服人员具有较高的礼仪素养,对于营造气氛、沟通感情、达成交易、留住客户将会有很大的帮助。

一、客户服务礼仪的基本要求

礼仪是衡量个人是否受过良好教育的标准,它绝对不是只做表面文章就可以交差的,而必须发自内心、出于自然。

1. 充满爱心

礼仪的要求和程序原本没有固定的框框,只是通过人的实践才能传达出尊重他人、讲究礼仪、热爱客户的意志。因此,要求企业的客户服务人员要有一颗爱心,为人真诚,以期得到更多客户的信赖。

2. 相互谅解

了解、掌握各种礼仪知识固然重要,但更重要的是对别人的谅解。相互谅解、和睦相处是礼仪的真谛。也就是说,不让他人感觉不好,不使他人难堪,这比提防自己不出错、不出笑话更重要。

3. 品德高尚

企业的客户服务工作必须讲究礼仪,首先要求客户服务人员要有高尚的品德。品德即品质和道德。道德是调整人与人之间以及人与社会之间各种关系的行为规范的总和,是依靠舆论、信念、习惯、传统、宗教等来发挥作用的一种精神力量。很多礼节是大家应该自觉遵守的,是一种共同生活的准则,它不是法律,没有强制性,但却反映客户服务人员的修养和道德水准。

4. 总结经验

经验包括直接经验和间接经验。客户服务工作是和各种类型的客户打交道的工作,这些客户可能来自不同的国家、地区、民族,有着不同的性格、职业和知识水平。因此,在开展客户服务工作时,客户服务人员应该广泛地学习各方面的知识,了解各种各样的礼仪习俗,不断总结有用的经验。

二、客户服务礼仪基本知识

在西方经济发达国家,流传着这样一句话:"没有卖不出去的商品,只有卖不出去商品的推销员。"要把商品卖给顾客,除了掌握必要的营销技巧,熟知市场知识、产品知识、消费者知识外,更须做到推销自己,让客户在购买商品前首先接纳推销员。世界第一名汽车推销员、金氏纪录保持者乔·吉拉德曾说过,"其实我真正卖的第一产品不是汽车,而是我自己——乔·吉拉德。以前如此,未来也如此。"客户服务人员推销自我恰恰始于良好的客户服务礼仪形态和自身修养。

(一) 仪容仪表的礼仪

乔·吉拉德曾说:"一个人的外在形象反映出他特殊的内涵。倘若别人不信任我们的外表,你就无法成功地推销自己。"

1. 仪容礼仪

(1) 整洁的发型。在头发方面的礼仪规范是:清洁、大方、自然、无汗味、无头屑。要勤洗发、理发,保持头发的清洁卫生。每天应梳理头发,不可蓬松凌乱。发型应美观大方,要与自己的脸型、体型、性别、年龄相匹配。值得注意的是,无论选择何种发型,男士不宜使用任何发饰;女士有必要使用发卡、发绳、发带或者发箍时,不可太花哨,其色彩宜为蓝、灰、棕、黑,以免有失庄重。

(2) 洁净的面容。在人际交往中,每个人的面容都是他人关注的焦点。作为一名客服人员,应注重自己面容的修饰。首先,要保持面部的干净、卫生。要养成早晚洗脸的习惯,洗脸时应注意清洗脖子、耳朵和眼角,清除附着的污垢等不洁之物,男士的胡须每天要剃。其次,要注意口腔卫生。要坚持每天早晚刷牙,及时清除牙缝里的积物,减少口腔细菌,防止牙石沉着。在上班前,最好不要吃带有刺激性味道的食物。

(3) 手部和脚部的卫生。手部是人的第二张王牌,它在仪容仪表中的重要性仅次于面部。因此,要注意随时保持双手的清洁。指甲应经常修剪,不宜太长,而且要保持指甲沟缝的干净。脚部虽然不易引人关注,但也不应无视,要注意脚部与袜子的清洁。

(4) 化妆。化妆是一种通过对美容用品的使用,来修饰自己的仪容、美化自我形象的行为,恰到好处的化妆使人容光焕发、神采奕奕。客服人员在工作时所化的妆一般为淡妆,即人们平时所说的自然妆,要求做到自然大方、朴实无华、素净雅致。特别需要提到一点,客服人员应避免当众化妆或者补妆,避免自己的妆面出现残缺,不可在办公桌上摆放化妆品。

2. 仪表礼仪

(1) 服装礼仪。在与客户短暂的接触过程中,客户没有时间也没有必要去研究你是一个什么样的人,而对你的唯一印象就是你的外在形象和你的言行举止对他的影响。如果客服人员穿着不当,就会分散客户的注意力,而集中在你的服装上。客户就会想:"这个人连穿着都没有什么概念,又怎么有能力和我做生意呢?"

服装无时无刻不在帮助你与人交流。首先应该想一想你要给客户展示一个什么样的形象和个性,你穿着的第一目的不是为了自己的舒适,而是为了创造一个你渴望的、有利于事业成功的形象。

TPO 原则是目前国际上公认的着装原则。T——time,表示穿衣要根据季节以及一天的早、中、晚等时间的不同而有区别;P——place,表示穿衣要适宜于不同的场所、环境、地点;O——object,表示穿衣要考虑此去的目的。遵循 TPO 原则着装,合乎礼仪规范,能显示出教养和风度。当然,把握着装的基本准则之后,衣着穿戴还应符合个人的特点,要考虑个人的审美观、体型、年龄、职业、性格、文化素养、经济条件等。不管穿什么样的服装,均要得体、和谐、令人悦目,感觉自然。客服人员着装应以整洁、美观、大方、合体为宜,不要过分追求新奇,在款式造型以及色彩搭配上要注意协调性原则。

(2) 饰物礼仪。饰物对于服装来说,处于从属地位,只起点缀作用。客服人员佩戴饰物时,应以少而精为佳,如此才能起到画龙点睛的作用。一般来讲,一个人同时佩戴的饰品不应超过3样。而且,所选的饰物应该与着装、脸型,甚至是场合相匹配。

3. 举止礼仪

举止是一种不说话的"语言",它真实地反映一个人的素质、受教育的水平及能够被人信任的程度。人们的举止在心理学上被称为"形体语言",是风度的具体体现。举止礼仪并不是个别人规定出来的,而是由大多数人经过实践并被充分认可的。你如果做不到,就会被大多数人所不接受,就会认为你对周围的人以及交往对象不尊重。如果你的举止总是欠妥,人们往往会怀疑你的修养、品行和能力。

(1) 站姿和行走。在客户服务礼仪中,"站有站相,坐有坐相"是对一个人行为举止最基本的要求。站立时,不要做探脖、塌腰、耸肩、弯腿、抖足等不雅的动作,而要挺拔笔直、庄重大方、精力充沛、信息十足。具体来讲,要做到上身正直、头正目平、面带微笑、肩平挺胸、直腰收腹、两臂自然下垂、两腿相靠直立、两脚靠拢。如果站立过久,可以将左脚或右脚交替后撤一步,但上身仍须挺直,脚不可伸得太远、双腿不可开得过大,忌自由散漫的姿势,姿势变换也不能过于频繁。行走时,步态要协调稳健、轻松敏捷,忌内八字和外八字,不可弯腰驼背、歪肩晃膀、扭腰摆臀、左顾右盼。

(2) 坐姿。坐姿包括就座的姿势和坐定的姿势。入座时要轻而缓,走到座位面前转身,轻而稳地坐下,不应发出嘈杂的声音。坐下后,上身保持挺直,头部端正,目光平视前方或交谈对象。腰背稍靠椅背,在正式场合,不能坐满座位,一般只占座位的2/3。两手掌心向下,叠放在两腿之上,两腿自然弯曲,小腿与地面基本垂直,两脚平落地面,两膝间的距离,男子以松开一拳或两拳为宜,女子则不松开为好。在非正式场合,允许坐定后双膝叠放或斜放,但应做到膝部以上并拢。

(二) 交谈的礼仪

在现实生活中,有人很善于交谈,有的人却处于无人可谈、无话可谈的难堪境地。在客户服务中,如果能掌握交谈的一些技巧,就可以提高客服人员交谈的能力,取得良好的交流效果。

1. 交谈的距离要合适

和不同的人在不同的场合进行交谈,首先应该注意彼此的距离和位置。人们在交谈时,彼此间的位置和距离不仅影响交谈的便利程度,还传达了彼此的态度,并在心理上影响着对方,对方因此会感觉到愉悦或不快。而且,其他人也会从你们彼此间的距离和位置来推测你们的关系。从礼仪上说,人们彼此间的距离可以反映彼此的熟悉程度和关系，如果说话时与对方离得过远，会使对话者误认为你不愿意向他表示友好和亲近，这显然是失礼的；如果在较近的距离和人交谈，稍有不慎就会把口沫溅在别人脸上，这也是最令人讨厌的。从礼仪的角度来讲，一般保持一两个人的距离最合适。这样做，既让对方感到有种亲切的气氛，又保持一定的"社交距离"，在人们的主观感受上，这也是最舒服的。

2. 用语文雅

客服人员对外交往中，要多用礼貌用语，词语要文雅，要学会使用一些必要的文明礼貌用语，如请、您好、谢谢、对不起、再见等，给对方留下一个文雅有礼、富有涵养的美好印象，使对方愿意与你进行更多、更深层次的沟通与交流。

3. 表情亲切、自然

表情是人体语言最为丰富的部分，是人的内心情绪的流露，主要由目光和脸部表情来体现。交谈时，目光应与对方平视，以使双方有一种平等感。若一个俯视、一个仰视，则容易造成双方心理上的不平衡。当然，凝视对方也不能太久，可偶尔将视线移开一下，在对方的头部或上半身附近移动，但不能移开太久；不可盯住对方的嘴、手或其他部位不动，这也是失礼的。脸部表情要随交谈内容的变化而变化，贵在自然。谈话时，最适宜的表情是微笑。真诚的微笑是自信、友好、礼貌的标志，是最能打动对方心理的武器，但不可过分做作与夸张，拘谨木讷、故作姿态更不可取。

谈话时的手势也非常重要。富有表现力的手势往往可以增强表达效果，加深交谈印象，活跃交谈气氛。自然安详的手势，可以帮助你平静地陈述问题和说明问题；急剧而有力的手势，可以帮助你升华柔和、平静的情绪，可以帮助你抒发内心情感；得体、大方的手势，可以激发对方的情绪。不论用什么样的手势语言，都要表现得礼貌、优美。例如，当讲到自己时，可将手掌按在自己的胸口上，这样显得端庄、大方、谦虚诚恳；当讲到别人时，可把手掌伸出，掌心向上，以示对他人的敬重。切忌紧握拳头或用手指在别人背后指指点点，也不能用拇指自指胸口或指自己的鼻子等，否则，会给人留下粗鲁、庸俗、缺乏教养的印象。

4. 注意语境

语境是指言语交谈时的个体语境，既包括时代、社会、地域、文化等宏观层面，也包括沟通双方当时的地位、处境等微观层面。语境对言语交流起着制约和强化作用。首先，与人交谈要看对象，了解对方身份、地位、社会背景、文化传统及经历、性格等因素，说话要讲究符合对方的特点，才能营造一种和谐的交谈氛围。其次，与人交谈要看场合，如正式和非正式场合、喜庆和悲哀场合、庄重和随便场合、公开和私下场合等，不同场合有不同的说话方式，同样的话在不同的场合下说会产生不同的效果。再者，与人交谈要注意气氛调节，尽量谈一些双方都感兴趣的话题，多使用一些幽默语言，创造愉快而轻松的交谈气氛。

5. 选择的话题要适当

客服人员与人交往，要注意谈话内容合乎礼仪性要求。在选择话题上，尽量不要触及对方年龄、收入、个人财产、婚姻状况、宗教信仰及其他避讳的问题。在多人参与的场合，因为各人的兴趣爱好、知识面不同，话题尽量不要太偏，不要一言堂，应尽量多谈论一些大部分人都能够参与的话题。不要轻易打断和打探别人的谈话,涉及对方反感的内容要善于立即转移话题。

6. 注意谈话形态

交谈时,除有声语言传递信息外,交谈形态也反映谈话人的内在素养,并影响着交谈效果。与人交谈应有礼貌的坐姿或站姿,目光和表情也要热情和专注,不要心不在焉、左顾右盼、漫不经心或伸懒腰、看手表、玩东西等,显出不耐烦的样子,这是很不礼貌的。注意以目光或表情来回应对方的谈话,显示你的兴趣,使对方感到你的诚意和尊重。

(三) 电话礼仪

1. 接电话的礼仪

(1)"铃声不过三"原则。在电话铃声响起后,如果立即拿起,会让对方觉得唐突;但若在响铃超过3声以后再接听,是缺乏效率的表现,势必给来电者留下公司管理不善的第一印象,也会让对方不耐烦,变得焦急。如果因为客观原因,如电话机不在身边或一时走不开不能及时接听,就应该在拿起话筒后先向对方表示自己的歉意,并作出适当的解释,如"很抱歉,让你久等了"等。

如果是在家里接听电话,尽管没有必要像在单位那样及时,但尽快去接听是对对方的尊重,也是一个人的基本礼貌。如果铃响5声以上才去接听,也应向对方表示歉意。老朋友之间尽管没有必要作出郑重其事的道歉,但向对方解释一下延误的原因也是必要的。

(2)规范的问候语。在工作场合接听电话时,首先应问候,然后自报家门。对外接待应报出单位名称,若接内线电话应报出部门名称。例如,"您好,这里是××,我是小薛,很高兴为您服务。若两秒钟还没有应答,请问有什么可以为您服务的?"。

自报家门是让对方知道有没有打错电话,万一打错电话就可以少费口舌。规范的电话体现的不仅是对对方的尊重,而且也反映出本单位的高效率和严管理。

在家里接电话可以有很多选择,规范一点的可以用:"喂,你好!"问候对方。当然,在家里接听电话与工作单位接听电话有所不同。在家里,关键是要让对方感到亲切友好,而这种亲切友好主要是通过接听电话的人的语调、语气来体现的,过于规范化的电话反而会让人觉得"公事公办"的冷淡。

(3)接到错误的电话也应该礼貌应对。接到错打的电话,人们很容易忽略了礼貌问题,甚至很粗鲁,这是因为人们认为错打的电话与自己没有关系。但事实上,并非错打的电话都必定与自己没有关系,有时对方恰恰是与自己有重要关系的人。因此,接听电话时,最好每一个电话都讲究礼貌,保持良好的接听态度。

(4)要学会记录并引用对方的名字。接电话时,对对方的谈话可作必要的重复,重要的内容应简明扼要地记录下来,如时间、地点、联系事宜、需解决的问题等。客服人员应该有意识地训练自己的听辨能力。

假如对方是老顾客,经常打电话来,一开口就能听出他(她)的声音,就可以用合适的称谓问好:"您好,王经理。"这样一来,会给对方留下特别受到重视的感觉,增强对方对你的好感。

(5)应在对方挂电话后再挂电话。电话交谈完毕时,应尽量让对方结束对话。当对方向你说"再见"时,别忘了你也应该说"再见",并等对方挂了以后再挂电话,最好不要一听到对方说"再见"就马上挂电话,尤其不能在对方一讲完话,还没来得及说"再见"就把电话挂了。若确需自己来结束,应解释、致歉。通话完毕后,应等对方放下话筒后,再轻轻地放下电话,以示尊重。挂电话时应小心轻放,别让对方听到很响的搁机声。

2. 打电话的礼仪

(1) 选择适当的时间。一般而言,公务电话要在白天上班的时间打;私人电话,除有紧急的要事外,白天应在上午8点以后,假日最好在9点以后,夜间则要在晚9点以前。晚9点以后最好不要打私人电话,以免干扰对方的睡眠。中午也不宜打私人电话,因为有些人(特别是老人)有午睡的习惯。

此外,一般的公务电话最好避开临近下班的时间,因为这时打电话,对方往往急于下班,很可能得不到满意的答复。公务电话应尽量打到对方单位,若确有必要往对方家里打时,应注意避开吃饭或睡觉时间。

(2) 开头很重要。无论是正式的电话业务,还是一般交往中的不太正式的通话,自报家门都是必需的,这是对对方的尊重,即使是你熟悉的人,也应该主动报出自己的姓名,因为接电话方往往不容易通过声音准确无误地确定打电话人的身份。另外,自报家门还包含着另外一层礼仪内涵,那就是,直接将你的身份告诉对方,对方就有是否与你通话的选择权,或者说,有拒绝受话的自由。必要时,客服人员还应询问对方是否方便,在对方方便的情况下再开始交谈。

另外,在打电话之前,客服人员确定打内线或打外线是很重要的。具体做法是:

打外线——不认识对方时,应该作详细的自我介绍,如"你好,我是×××,××公司销售部经理的秘书。"若你认识对方,而且你也有个好记性,对方一接听电话时就马上能确定听话人是谁,不妨直接说出这个人的名字或正确的称呼,这样,会使对方感到被重视的荣幸,可以这么说:"王经理,您好,我是×××,××公司销售部经理的秘书。"

打内线——可以有几种方式,如"我是×××,王经理的秘书","我是销售部的×××","王先生,你好,我是×××。"

(3) 电话用语应文明、礼貌,电话内容要简明、扼要。在做完自我介绍以后,客服人员应该简明扼要地说明通话的目的,尽快结束交谈。因为随意占用对方的电话线路和工作时间是不为对方考虑的失礼行为。在业务通话中,"一个电话最长3分钟"是通行的原则,超过3分钟应改换其他的交流方式。

如果估计这次谈话要涉及的问题较多、时间较长,应在通话前询问对方此时是否方便长谈。如果对方不方便长谈,就应该有礼貌地请对方约定下次的通话时间。

(4) 对方不在时的处理。如果你要找的人恰巧不在,可以有几种应对方式:① 直接结束通话。在事情不是很紧急的情况下,而且自己还有其他的联系方式的情况下,可以直接用"对不起,打扰了,再见"的话结束通话。② 请教对方联系的时间或其他可能联系的方式。通常在比较紧急的情况下采用,具体的做法是:"请问我什么时候再打来比较合适?"或"我有紧急的事情要找王经理,不知道有没有其他的联系方式?"不管对方是否为你提供了其他的联系方式,都应该礼貌地说:"再见"。③ 请求留言。若要找的人不在,或恰巧不能听电话,最好是用礼貌的方式请求对方转告。留言时,要说清楚自己的姓名、单位名称、电话号码、回电时间、转告的内容等。在对方记录下这些内容后,千万不要忘记问:"对不起,请问您怎么称呼?"对方告知后要用笔记录下来,以备查找。

(5) 通话完毕时应道"再见",然后轻轻地放下电话。客服人员在与客户通话后,应先等对方挂断电话以后再把话筒放下。

(四) 名片使用礼仪

初次相识,往往要互呈名片。呈名片可在交流前或临别之际,可视具体情况而定。递接名片时最好用双手,名片的正面应朝着对方;接对方的名片后应致谢。一般不要伸手向别人讨名片,必须讨名片时应以请求的口气,如"您方便的话,请给我一张名片,以便日后联系。"

初次见到顾客,首先要以亲切的态度打招呼,并报上自己的公司名称,然后将名片递给对方,名片夹应放在西装的内袋里,不应从裤子口袋里掏出。递接名片时最好用左手,名片的正面应向着对方,最好拿名片的下端,让顾客易于接受。如果是事先约好才去的,顾客已对你有一定的了解,或者有人介绍,就可以在打招呼后直接面谈,在面谈过程中或临别时,再拿出名片递给对方,以加深印象,并表示保持联络的诚意。

对方递给你名片时,应该用左手接,然后右手立刻伸出来,两手一起拿着名片。接过后要点头致谢,不要立即收起来,也不应随意玩弄和摆放,而是认真读一遍,要注意对方的姓名、职务、职称,并轻读不要出声,以示尊重。然后将名片放入自己口袋或者手提包、名片夹中。

第三节 客户投诉的处理

近年来,随着企业间的竞争变得越来越激烈,出现了以客户需求为主导,追求客户满意的新局面,并由早期的品牌、成本控制竞争逐步转变为售后服务质量与客户满意度之间的较量。目前,很多国内外学者都注意到客户投诉处理对售后服务与客户满意度的影响,以及客户投诉处理在现实中的意义。

实例资料

2001年,日本三菱公司发生了一起投诉案:成都有人开三菱公司生产的帕杰罗越野车,因为故障导致车祸,有一个人快成植物人了,所以投诉三菱公司。三菱公司对这件事的处理态度是很消极的,首先要求把汽车运回日本鉴定,中国企业鉴定车的问题不算数,必须由日本来鉴定,看是不是汽车的原因。这件事情前后拖了很长时间,各大媒体纷纷把矛头指向三菱公司,电视台也专门进行了采访,采访的时候三菱公司主管的态度也很消极,说无可奉告,始终不愿承认。最终,三菱在中国召回所有的帕杰罗越野车,承诺对所有的帕杰罗越野车进行零件更换,整个投诉事件的处理用了很长时间,对企业信誉带来了很大的不良影响。可见,企业如果不能正确地处理客户投诉,对企业带来的损失是难以估量的。

一、客户投诉的含义

客户投诉行为研究开始于 20 世纪 70 年代,其代表学者包括 Landon、Best 和 Andreasen 等,理论界普遍认可的客户投诉概念是由 Singh(1988)给出的。他认为,客户投诉是一系列的多重反应,其全部或者部分由某次购买中感知的不满意引发。也有国内学者给出定义,客户投诉也就是客户的不满。

从内容上,可以将客户投诉分为狭义和广义两种。从狭义而言,客户投诉是指受到损害方找到第三方进行倾诉、控告的行为。但从严格意义解释,投诉一词作为法律用语,目前仅出现在《消费者权益保护法》规定的消费者协会职能的法条及与贯彻落实《消费者权益保护法》相关的规章中。根据对《消费者权益保护法》的理解和履行受理消费者投诉职能的实践,可对其定义如下:消费者为生活消费需要购买、使用商品或者接受服务,与经营者之间发生消费者权益争议后,请求消费者协会调解,要求保护其合法权益的行为。从广义上讲,客户投诉是指当客户购买产品时,对产品本身和企业的服务都抱有良好的愿望和期盼值,如果这些愿望和要求得不到满足,就会失去心理平衡,由此产生的抱怨或申诉行为。本书研究的客户投诉主要是指广义的客户投诉。

二、阻碍客户投诉的因素

虽然客户投诉是司空见惯的事情,但并非所有不满意的客户都会向经营性组织机构投诉。

> **研究资料**
>
> 研究表明,通常情况下,70%~95% 的不满意客户不会向经营性组织机构投诉。具体而言,有如下情况:对服务不满的客户,96% 会静静地离开,91% 永远不会再回来,80% 的此类客户将不满意的服务活动向 8~10 位朋友诉说,20% 的此类客户更会向 20 个友人讲述。

客户选择沉默的原因包括以下几方面。

1. 企业没有为客户提供适当的投诉渠道

由于企业没有向客户行使告知的义务和明确客户的权益,造成客户在问题发生后,不知道损失该由谁承担;或者没有清楚告知客户如果发生问题,应该通过何种渠道向企业的哪个部门反映,使受到损失的客户束手无策;或者提供的渠道使客户觉得不方便,如经常无人接听电话等。

2. 客户心理上存在障碍

客户认为投诉了也不会有什么结果,企业不会理睬他的投诉,更不会公正处理他的投诉,所以投诉也是徒劳。在客户不满意时,这种想法也会阻碍客户投诉行为的实施。

除此之外,心理上的担忧也会影响客户投诉。在产品或者服务的提供方处于某种强势的情况下,客户会担心由于投诉遭到报复。例如,病人对护士的恶劣服务不敢投诉,是害怕投诉换来更加恶劣的服务。

调查资料

据一项调查显示,大约有54%的人赞同这样的话:"当你对一项产品或者服务不满意时,向一家企业投诉,通常是在浪费时间。"这表明了客户的普遍心态,客户为此而保持沉默,以不再购买来表达自己的不满。

3. 客户认为投诉不值

在影响不满意客户不投诉的原因中,客户认为投诉不值得的比例最高。因为客户认为投诉要花费时间成本、精力成本、货币成本,甚至心理成本。尤其是在企业投诉处理效率不高、造成损失不大的情况下,客户会认为投诉成本过高而放弃投诉。

三、扫除客户投诉的障碍

调查资料

客户对产品或者服务的主要问题不满意,如果没有投诉,其重复购买的可能性仅为9%;如果投诉并得到企业及时解决,其重复购买的可能性可以提高到82%。

企业主动扫除客户投诉的障碍,鼓励和引导不满意客户投诉,为不满意客户投诉提供方便是十分必要的。

1. 鼓励客户评价与投诉

为了鼓励客户直接向企业反映情况,企业应该制定明确的产品和服务标准及补偿措施,使客户明确判断自己购买的产品、接受的服务是否符合标准,是否可以进行投诉,如果投诉的话,可能获得什么结果。

实例资料

联邦快递就保证,如果顾客及客户没有在递交邮件次日上午10:30前收到邮件,邮件费用全免。

在此基础上,企业还应该增加接受和处理投诉的透明度,设立奖励制度鼓励客户投诉,督促员工积极接受并处理投诉,从而加强顾客与企业、企业与员工以及员工之间的理解。

实例资料

芝加哥第一银行会定期地将顾客及客户的投诉信件和电话录音记录公布在布告栏中,并选择典型事例发表在企业的公开出版物上,同时奖励由于其投诉给企业带来产品或者服务改进的顾客以及正确处理顾客投诉、提高了顾客忠诚度的员工。

2. 培训客户投诉

在鼓励客户投诉的基础上，企业还要采用各种方式培训客户如何投诉。例如，通过促销材料、产品包装、文具、名片等顾客或客户能够接触到的媒介，告知客户企业接受客户投诉的部门联系方式和工作程序。

实例资料

加拿大的一家大银行把顾客投诉和获得解决方案的五个步骤的宣传手册放置在所有分行的营业厅中，告知顾客如何向企业递交投诉，并得到合理的解决。手册还为对投诉的最初解决方式不满意的顾客，提供了进一步联络的部门及该银行负责顾客服务的副总裁的联系方式。

3. 方便客户投诉

企业应尽可能地降低客户投诉的成本，减少其花在投诉上的时间、精力、金钱等，使客户的投诉变得容易、方便和简捷。为此，企业应该设置方便客户投诉的渠道，如免费投诉电话、24 小时服务热线、投诉信箱、互联网（客户通过浏览企业的网页，在相应的栏目下留言或发送 E-mail 都达到快速沟通的目的）等。例如，现在越来越多的企业通过设立免费电话 800 接受客户意见。事实证明，这是一种非常有效的方式。例如，800 电话引入美国的 3 年中，投诉电话的数量竟从每年的 700 万个增加到 100 亿个。这并不是说企业的产品和服务质量下降了，而是表明 800 电话的方便、快捷、免费等优点使沉默的顾客及客户张开了口。

另外，企业也应该对客户投诉方式的习惯、偏好进行分析，提高处理客户投诉的效率。例如，现在有一些企业利用计算机和 Internet 技术建立产品和顾客数据库，在接到客户投诉的同时，将该客户的购买记录迅速调出，传送到解决此投诉所涉及的每个部门，提高了处理客户投诉的效率。

四、客户投诉时的心理

1. 发泄的心理

客户遭遇不满而投诉，一个最基本的需求是将不满传递给企业，通常会带着怒气投诉和抱怨，把自己的怨气、抱怨发泄出来，客户不快的心情由此会得到释放和缓解，恢复心理上的平衡。例如，在银行网点办理业务的客户，因为排队等待时间过长，又遇到柜员的服务态度不好，产生抱怨，投诉银行网点柜员。这就是非常典型的发泄不满。对于这类想发泄不满的客户，我们首先要学会倾听，弄清问题的本质及事实，表示出对客户的理解，表示出对其感受的认同，要对客户真诚地道歉，以化解其抱怨。

2. 尊重的心理

所有客户来寻求投诉都希望获得关注和对他所遭遇问题的重视，以达到心理上的被尊重，尤其是一些感情细腻、情感丰富的客户。在投诉过程中，企业能否对客户本人给予认真对待、及时表示歉意、及时采取有效的措施、及时回复等，都会被客户作为是否受尊重的表现。即便客户确有不当，企业也要用聪明的办法让客户下台阶，这也是满足客户尊重心理的需要。

3. 补救的心理

通常是客户在接受服务过程中受到了不公正待遇，不仅遭受了精神上的损失，还遭受了经济上的损失，希望通过投诉挽回自身的损失。客户投诉的目的在于补救，因为客户觉得自己的权益受到了伤害。例如，客户通过网上银行进行汇款，因网络故障造成汇款不成功，但账户资金已经扣减，客户要求退还汇款手续费。对于这类要求补偿的客户，我们在处理过程中一定要根据实际情况尽量考虑补偿其损失。对客户提出的要求不能敷衍了事，要给出明确答复和结果；对确因己方责任已经造成的不可挽回的损失，使用物质补偿是常用的方法。但需要提醒的是，具体处理人员千万不要做没有把握的承诺，因为这会给履约造成麻烦。

值得注意的是，客户期望的补救不仅指财产上的补救，还包括精神上的补救。例如，电信用户反响最强烈的是短信息服务中的知情权问题，诸如建立和终止短信息服务业务的条件、方式的不透明，特别是短信息服务的收费标准模糊不清等。这不但给客户造成了财产上的损失，同时由于无法知道如何终止短信息服务的方式，加上电信企业与信息服务商对用户投诉的"踢皮球"现象，也给客户造成精神上的损失。因此，客户投诉时，期望在这两方面都同时得到补救。

根据我国的法律规定，绝大多数情况下，客户是无法取得精神赔偿的，而且现在投诉中客户提出要求精神损害赔偿金的也不多。但是，通过倾听、道歉等方式给予客户精神上的抚慰是必要的。

五、客户投诉方式与服务技巧

1. 当面投诉

有些客户会亲自来公司投诉。对于这一种客户投诉方式，由于客户不仅要花费时间和劳力，还需要自己支付交通费用，因此，这类客户的期望值很高，希望与公司面谈后，自己投诉的问题能够得到完全解决。即使不能完全解决，起码也要有一定的进展。在接待这类客户时，客服人员必须小心谨慎，掌握有效的面谈技巧。

首先，接待者应仔细听取对方的投诉，让客户知道自己是真正想为他们解决问题的。同时，也要让客户了解自己的权限范围，不要抱过高的期望。

其次，接待人员要记录必要的信息。在提出问题的解决方案时，应让客户有所选择，不要让客户有"别无选择"之感。当接待人员提出多种解决方案后，应征求客户的意见，尽量能在现场把问题解决。如果无法当时回复客户，应尽可能明确地给出解决问题的具体时间表和解决方案。

最后，面谈结束时，接待人员应确认自己向客户明确交代了企业方面的重要信息，以及客户需要再次联络时的联络方法、部门或个人的地址与姓名。

2. 信函投诉

利用信函提出投诉的客户通常较为理性，很少感情用事。对企业而言，信函投诉的处理要花费更多的人力费用、制作和邮寄费用等，成本较高。而且由于信函往返需要一定的时间，使处理投诉的周期拉长。根据信函投诉的特点，企业员工在处理时应注意以下几点：

首先，当投诉受理部门收到客户投诉的信函时，应立即回信通知客户已经收到，并告诉客户本部门的名称、地址和电话。这样做不但使客户安心，还给人以比较亲切的感觉。

其次，由于书面信函具有确定性、证据性，回函内容应与负责人协商，必要时可以与企业顾问、律师等有关专家进行沟通。另外，企业员工回复客户的信函最好是打印出来的，这样可以避免手写的笔误和因连笔而造成的误认。在回函的内容及表达方式上，通常要求浅显易懂，因为对方可能是个文化程度不高的客户。措辞上要亲切，让对方有亲近感，尽量少用法律术语，多使用结构简单的短句，形式要灵活多变，使对方一目了然，容易把握重点。

最后，处理过程中的来往函件应一一编号并保留副本。把这些文件及时传递给有关部门，使它们明确事件的处理进程与结果。把信函送给客户时，要把其时间和内容做成备忘录，并须填写追踪表。这样，即使该事件的主要负责人更换，也能够对该事件的进程一目了然，并可满足公司相关人员的咨询要求。等到该事件处理完毕时，要在追踪表上注明结束的时间，并把相关文件资料存档。

3. 电话投诉

随着电话普及率的提高，很多企业设立了免费投诉电话，使得客户以电话方式提出投诉的情形越来越多见。由于电话投诉简单、迅捷的特点，使得客户往往正在气头上时就提起投诉，这样的投诉常具有强烈的感情色彩。而且处理电话投诉的时候看不见对方的面孔和表情，因此需要特别小心谨慎。

首先，对于客户的不满，接待者能从客户的角度来考虑。例如，考虑自己处在与对方同样的处境下会有什么样的心情，希望得到怎样的帮助等。并且以声音表示自己的同情。

其次，接待者应尽可能地询问并记录更多的内容，如何时、何地、何人、发生何事、结果如何等。对于客户的姓名、地址、电话号码、所购产品的名称及出现的问题等重要信息，一定要重复确认，并以文字记录下来或录入电脑。同时，要把处理人员的姓名、机构告诉对方，以便对方下次打电话来时容易联络。

最后，如果有可能，把客户的话记录下来，这样不仅在将来有确认必要时可以用上，而且也可以运用它来作为提升业务人员应对技巧和进行岗前培训的资料。

六、客户投诉处理的程序

从某种意义上说，恰当地处理好投诉是最重要的售后服务。一个企业不应该一方面花费数百万元用在广告和促销活动上，以达成交易和建立客户忠诚度；另一方面却对客户的合理投诉置之不理。客户投诉处理流程包括以下几个步骤。

1. 记录投诉内容

利用客户投诉登记表详细地记录客户投诉的主要内容，如客户姓名、性别、购买产品的时间、购买地点、产品或服务的类型、客户的使用方法、产生不满与抱怨的原因、客户希望以何种方式解决问题、客户的联系方式等。

在有机会倾诉他们的委屈和愤怒之后，客户往往会感觉好多了。值得注意的是，接待人员要让客户充分地解释问题而不要打断他。打断只会增加已有的愤怒和敌意，并且使问题更难处理。一旦愤怒和敌意存在了,说服劝导更难,几乎不可能达到对双方皆公平的解决办法。

2. 判断投诉是否成立

客户在投诉时总是会强调那些支持他的观点的情况,所以,接待人员必须谨慎地确定有关的事实信息。在全面、客观地认识情况的基础上,了解客户投诉的内容,然后判定客户投诉的理由是否充分、投诉要求是否合理。如果投诉不能成立,可以用婉转的方式答复客户,取得客户的谅解,消除误会。

3. 确定投诉处理部门

根据客户投诉的内容,确定相关的具体受理单位和受理负责人。例如,属运输问题,交储运部处理;属质量问题,则交质量管理部处理。

4. 投诉处理部门分析投诉原因

要查明客户投诉的具体原因以及造成客户投诉的部门具体负责人。

5. 提出处理方案

根据实际情况,参照客户的处理要求,提出解决投诉的具体方案,如退货、换货、维修和赔偿等。

实例资料

海尔的第一代冰箱投入市场后,客户对产品质量的投诉极多。经过公司认真、细致地调查,发现并不是产品的质量问题让客户不满意,而是因为中国客户都是第一次接触冰箱,说明书太简单了,客户看不懂才引起不满意。于是,海尔在最短的时间内编出了通俗、易懂的产品说明书,客户投诉马上消失了。

6. 提交主管领导批示

对于客户投诉问题,领导应予以高度重视。主管领导应对投诉的处理方案一一过目,及时作出批示,根据实际情况,采取一切可能的措施,挽回已经出现的损失。

7. 实施处理方案

处理直接责任人,通知客户,并尽快地收集客户的反馈意见。对直接责任人和部门主管要按照有关规定进行处罚,依据投诉所造成的损失大小,扣罚责任人一定比例的绩效工资或奖金。同时,对不及时处理问题造成延误的责任人也要进行追究。

8. 总结评价

对投诉处理过程进行总结与综合评价,吸取经验教训,提出改进对策,不断完善企业的经营管理和业务运作,以提高客户服务质量和服务水平,降低投诉率。解决客户投诉后,接待人员可以打电话或写信给他们,了解客户是否满意。一定要注意与客户保持联系,尽量定期拜访他们。

第四节 不同类型客户的服务技巧

在客服工作中,客服人员与不同文化背景、不同性格的人接触的机会越来越多,尽管由于客服对象的多样性使客服人员在服务时面临很多挑战,但它同时也使客服人员在和他人的每一次交往中,增加了对他人的了解,并使自己的服务更加个性化。

一、男性客户

男性客户的消费心理主要表现在:
- 果断。在购买商品的范围上,多属于"硬性商品"或大宗商品。
- 自尊心强。特别是稍有社会地位的男性客户自尊心就更强。
- 怕麻烦,力求方便,追求货真价实。

男性客户作为一大消费群体,自有他们的消费特点。客服人员可以参考以下做法,针对他们的个性提供相对应的服务,以提高其满意度。

1. 为单身男性创造个性化的购物方式

单身男士具有猎奇、追求时尚、个性化和易冲动的心理特征。因此,为其提供服务时应该创造既新奇又刺激的消费需求,同时满足他们对审美、品味、时尚的需要,创造个性化的购物方式。有些男士为了追求以上目标,即使价格再高也不在乎。

2. 为已婚男性营造艺术化、趣味性和富有情爱色彩的购物氛围

已婚男士具有追求实用性、超前性、艺术趣味性等消费心理。因此,满足他们必须一要反映时代风格,二要货真价实,三要科学合理;同时,应把握他们普遍追求新潮、配套与和谐,且购买量大、时间集中的购物特点,营造艺术化、趣味性和富有情爱色彩的购物氛围。

3. 为老年男性提供尊重、耐心、周到的服务

老年男性客户对传统商品、商标、厂牌记忆犹新,惯性思维强,并对传统商业字号、商标崇拜度较高。因此,应适应老年男性客户对老字号、老品牌、老商标的惯性心理提供周到服务。除此之外,老年男性客户重实用、理智性强,购物以实用方便为主。因此,只有能促进老年生活快乐、身心健康的消费方式,才能引起男性老年客户的兴趣。

同时,男性老年客户对新产品的性能、特点及质量的稳定性又带有种种疑问,希望听到营销人员耐心的解释及得到良好的服务。他们购物时观察时间长、动作迟缓,经常提出带有试探性的问题,因此,客服人员应向这类客户提供更贴心的服务。

二、女性客户

女性客户的消费心理主要表现在:
- 追求时尚。
- 注重实用。
- 议论多,不愿做旁观者,买与不买都要议论一番。

第六章 客户关系管理技能

- 购物精打细算。
- 购买目标模糊。
- 购买后遗憾较大,易受外界影响,甚至产生退货、换货的行为。
- 渴望得到他人认可和赞扬,对外界反应敏感。

作为一个主要的消费群体,女性消费者正在发生前所未有的变化。

小资料

据统计,由妇女作主或受妇女影响的购买行为大致占购买总量的80%以上。

针对女性的心理特征,可采用以下策略:

(1) 摸清她们的购买意图,服务周到、耐心,介绍商品全面详细,尽可能地满足她们的要求,尽可能多地给她们时间考虑。同时,也要针对她们的犹豫和疑虑作些适当的解释,以帮助她们作出购买决定。

(2) 由于妇女有较强的自我意识和敏感性,容易被现场的购买气氛左右,对商店环境、营业员或商品的第一印象十分重视。因此,商店在商品陈列、货位布置、店内采光、照明设置、广告宣传、色彩运用、装潢设计等方面要精心安排、布置得当、设计合理。

(3) 不要欺骗女性客户,别让她们因受骗而发怒,否则,代价是惨重的。也不要以过分严谨、保守斯文的态度去应付她们。

(4) 女性喜欢依赖丰富的想象力去寻求生活上的突破,常常口是心非,对喜欢的东西很难彻底舍弃。她们喜欢听甜言蜜语,在感情的表达上多是坦率的,甚至是表面化的。潜意识中喜欢被引导和带领,因为这意味着她在接受一份关心和照顾。

三、沉默型客户

沉默型客户也可称为"非社交"型客户,他们沉默寡言,在社交中属于聆听者,不轻易发表自己的观点,也不轻易批驳对方的观点。沉默型客户的消费心理表现在:

- 拙于"交谈"。
- 不想张嘴,怕张嘴,自我保护意识强。
- 以"说话"以外的形体动作来表达心意。

客户不爱讲话一般不外乎以下原因:怕人笑话;不想让人家知道自己的底细,不愿多说;天生如此;对对方的形象比较讨厌;没有购买欲。对待这种客户可采取以下方式。

1. 诱导法

对性格内向型客户,可以不断地向对方提问,迫使对方不得不回答你的问题,只要对方开口,就可根据他的回答来准备对策。对顽固型客户,可以不停地劝诱对方。例如,"怎么样? 价钱很便宜,跟白送一样,您来多少?"

2. 以沉默对沉默

对待这类客户,不妨采用以沉默对沉默的方式。对方沉默,你也沉默。这样一来,对方不得不开口说话,一旦开口,你就前进一步,接下去就可以施展自己的才能使对方顺应你的提议。

3. 捕捉对方的真实意图

由于这类客户几乎都不开口,你不可能从他的话里打探到什么,唯一的方式就是"察言观色"。通过对客户的表情、举动进行研究,捕获那些暗藏在他形体语言中的信息。

4. 循循善诱,打开对方心扉

针对客户关心的事情去询问他的意见,热心地赋予同情和理解,就可以让客户消除购买时的戒备心理,愉快地与你交谈。

四、喋喋不休型客户

有的客户很健谈,他们的谈话内容可分为两类:一是对服务人员及商品本身的驳斥与怀疑,唠唠叨叨,将产品和服务批驳得一无是处;二是自我吹嘘,一有机会,他就会抢过话头,以过来人的样子,吹嘘他自己,连带讽刺你几句,言语咄咄逼人。

喋喋不休型客户的消费心理表现在:为一时之乐而畅所欲言,表现欲极强,凡事喜欢自作主张;寻求击败对方的满足感;发泄内心的不满。对待这种客户,可以采取以下方法。

1. 不怕苦,不胆怯

这种嘴上无遮拦、不藏心机、貌似难以对付的客户其实并没有什么恶意。接待这种顾客,要做到不怕"苦",任他反驳、讽刺,始终不露"怯"色,一脸风平浪静状。另外,清楚地阐述问题,确保每个人都能理解。

2. 适当聆听,适时恭维

喋喋不休型客户最爱听恭维、称赞的话。迎合他的爱好,不妨作适当的聆听,对这种人,你听得越充分、称赞越到位,他和你的关系就会越近。但跟这种客户打交道,一定要时时抓住交流的主动权,千万不要让对方把主动权夺走,要引导客户往自己的方向走。方法之一就是配合对方的愉快心情把话题尽早地转入正题,以讲故事的方式吸引对方,抓住主动权。

3. 严格限制交谈时间

时间就是金钱,因此,对待喋喋不休型客户,要把握好交谈的时间,既要让他畅所欲言,又要严格限制谈话时间。在服务过程中,掌握主动权,讲究策略。

五、畏生型客户

在客户服务工作过程中,会碰到这样一种人:他们畏畏缩缩,老是躲避人。习惯上称他们为畏生型客户,他们的消费心理表现在:对自己的能力缺乏认识,低估自己;急于逃脱,变化无常,心理脆弱,需要关怀照顾;表现得要么很害羞,要么就很冷漠。对待这种客户,可以采取以下两种措施。

1. 真诚付出

对待缺乏信心的客户,要真诚、热心,恰当地给予鼓励,同时要善于营造谈话气氛。不能让他产生一种对方高高在上、咄咄逼人的感觉,而应该从他的角度出发,站在他的立场上,将心比心,消除其自卑心理。

对有羞怯心理的客户,要给他充分的关怀和照顾,要竭力地使他放开手脚,真实展现他的想法。

2. 不厌其烦，展开攻势

对待这类客户，要有韧性、不厌其烦。这类客户成交的希望其实还是很大的，千万不要放弃。

六、骄傲型客户

骄傲型客户的消费心理可分为三类：

- 自傲型。特点是狂妄自大，瞧不起人。
- 掩盖内心空虚型。他们自信心不足，虚荣心较重，自以为本来就比别人强。
- 自我显示型。特点是希望对方仔细观察自己，从而发现自己的了不起之处。

对待这类客户的做法有以下两种。

1. 及时疏导

骄傲自满的人个性很强，一旦表现出妄自尊大，便令人难以接受。如果旁人想阻止他，无异于火上加油，他有可能因此变本加厉。所以，先让他们充分表达自己的想法，然后在合适的场合抓住机会展开有效的沟通。

2. 该说话时就说话

在关键时刻，要毫不犹豫地向他推销你的商品。因为客户心理状态在很大程度上影响着他的购买行为，此时借势推销，在他的虚荣心得到满足的同时，你的成功率就有了一大半。

七、重视舆论型客户

重视舆论型客户非常在意周围的人对商品的评价，他们的购买行为常为舆论所左右。对待这种客户，可以采取如下办法。

1. 展示商品良好的品质和功能

除了向其展示商品良好的品质和功能外，更要将商品销售以来受到的客户赞誉告诉他，必要时，还可以将客户寄来的感谢信给他看。

2. 用自信的态度给予强有力的暗示

要用充满自信的积极态度，给这些客户强有力的正面暗示。如果有名人购买过正在推销的商品，就可告诉他这一事实。

3. 把受到过的好评一一列举给他看

展示企业所获得的各种认证或奖励，以增强客户的认同感。

八、挖苦型客户

挖苦型客户的消费心理表现在：发泄内心不满；经常心存不甘；掩饰自己的弱点；自尊心特强，一有机会便挖苦别人，但如果被抓住了弱点，就会不堪一击。挖苦型客户天生喜欢挑刺儿、挖苦别人，对待他们的技巧是：

（1）牢牢抓住其自尊心特别强的特征。

（2）不予反驳，做必要的附和。应该从了解他们的心态入手，体会他们那种无法言说的不满情绪。对于他们的讽刺挖苦，千万不可反驳，可作必要的附和。

(3) 在不伤害自己尊严的前提下,给予适当地肯定。这类人往往由于自己难以证明自己,因而希望得到肯定的愿望尤为强烈。

九、犹豫型客户

在销售过程中,销售人员经常会碰到这样一种情况:客户对产品非常感兴趣,但一谈到买,他会拿各种理由搪塞,眼看一桩快到手的生意要泡汤了,怎么办呢?

(一) 了解客户的真正意图,对症下药

如果客户没有购买的意图,他会找借口推托,如果你进一步问为什么要等到以后才买时,他会局促不安,说话吞吞吐吐、含糊其辞。对于这类客户,首先应该给他一个良好的印象,使他产生与你交流的兴趣,然后再借机推销商品。

如果有购买的意向,他们在说话时会流露出购买的诚意,并带有一丝歉意,同时会说出以后再买的具体理由。

(二) 对拿不定主意的客户,充当其参谋

有些客户犹豫不决,是由于个性使然,这种人往往没有主见。对拿不定主意的客户,应尽量帮他拿定主意,充当他的参谋。针对这类客户的服务技巧有以下几种。

1. 提供选择

常用问话方式有:"您喜欢这种款式的,还是那种款式的?""您喜欢超薄型的显示器,还是非超薄的?"或者"您打算买一个还是两个?"

2. 提出建议

例如,一位客户在挑选服装的时候问销售员:"白色的好看还是黑色的好看?"销售人员绝不能说:"我喜欢黑色的,白色的不好看",而应该说:"这两种颜色都不错,但黑色的比较流行,而且也很适合您,您觉得黑色的是不是更好呢?"这样既巧妙地说出了自己的意见,又促使客户作出最后决定。

3. 削弱缺点

有的客户在挑选商品的时候会找出商品的缺点仔细琢磨,这会影响他的购买决策。在这种情况下,销售员不妨先承认这个缺点,然后再削弱其缺点。

4. 奖励刺激

额外的奖励比削价销售要好得多。降价表明商品不是最好的,奖励则可给客户完全不同的心理感受。

十、冰山型客户

在客户服务工作的过程中,有时会碰到一些外表很冷漠的客户,他们冷若冰霜,让人退避三舍,如同一座难以融化的"冰山"。这种客户根本不愿意听别人的话,更不愿意和你交谈,总是给人一种拒人于千里之外的感觉,你根本无法揣摩他内心到底在想什么,更难以捕捉到他的意图。冰山型客户的消费心理表现在:

➢ 外冷内热。

➢ 自我定型的"极冷"。但他常常会有一种压抑不住的感觉,继续向人表露他"冷"的另一面。对这种客户,要给他表现的机会或暗示。

➤ 里外不一。他越有感情,越要显出漠然。如果主动与他沟通,他就会撤去伪装。

碰到这种客户,客服人员可以用以下几种做法:

(1) 寻找恰当的方式,激发对方的热情,千方百计地博得对方的好感。一旦对方对你产生好感,就会放下冰冷的面孔,对你敞开心扉。

(2) 对待这种客户,不要希望一举成功,要循序渐进,主动与对方沟通,他就会积极配合。

(3) 将心比心,从对方的角度出发,真正地为对方着想,只要肯下功夫,就能融化这座"冰山"。

(4) 通过观察对方的举止,捕捉他的意图。

第五节 实践课业指导

一、课业任务

学生根据主题设计模拟场景,根据情节担任不同的角色。针对实际情景,运用客户沟通技巧,以适当的文字语言、语音语调、肢体语言及空间语言,实践从"良好的形象举止与礼仪+积极心态→寒暄→转到正题→询问+聆听→陈述(介绍产品与建议)→缔结(促成)"的沟通销售过程,获得"一对一"客户服务的直观认识,提高学生的语言表达能力、应变能力和解决实际问题的能力。

二、课业要求

活动中设客户、客服人员两个角色,客服人员通过与客户"一对一"的沟通来了解客户的需求。在角色扮演前,客户和客服人员分别填写《客户准备表》和《客服人员准备表》。活动结束时,分别对活动过程进行总结。

客户准备表
具体的服务需求:
在服务的过程中,比较看重客服人员哪些方面的表现:
列出可能提出的问题:
评价客服人员的表现:

客服人员准备表
写出你在这次合作中的开场白:
客户会有什么需要和期望?在选择产品或服务时哪些因素对他们很重要?怎样鼓励他们和你预订登记?
构思并制定可能会帮助你发现客户真正需求的问题:
总结并重述你对客户需求的理解并记录下来:

三、理论指导

客户沟通时的基本技能：

1. 掌握客户的特点

2. 有效的沟通语言

（1）语言有逻辑性、层次清楚，表达明白。

（2）突出重点和要点。

（3）真实、准确。

（4）说话文明。

（5）说话因人而异。

（6）调整自己的音量和讲话速度。

3. 适度的身体语言

四、实践形式

每两人一组展开活动，各个小组可从范例中选择一个情景或自行设计情景。

五、课业范例

情景1：你作为售楼员，面对其中一位客户模拟销售楼盘：

◇ 客户1：在校女大学生，外地人，其父母想在上海买房，一则可安心、二则可升值。

◇ 客户2：某外资企业经理，年薪30万，为了工作需要、也看好上海房产的发展。

情景2：你是某酒店（近火车站、经营多年、价位不高、饭菜不错）的服务员

◇ 服务员A在总台接待一对老夫妻（在西北工作的上海知青）来询问住宿情况。

◇ 服务员B在总台，此时来了一位高声嚷嚷"不得了了，手机笔记本钱包丢失，哎哟……，"的房客。

前沿研究

提供一流客户服务的八大战略

在产品和服务竞争激烈而需求不足的市场中，企业面临着巨大的挑战：必须竭尽全力地吸引并留住客户。这一点至关重要：根据 Wharton School 的调查，如果能够将客户损失率降低5%～10%，年度利润就能够增长75%。

Bozell Retail Worldwide 的前任总裁兼 CEO，现任客户服务和周转营销咨询公司 Ettenberg & Company 总裁的 Elliott Ettenberg 说："在新经济中，企业之间竞争的是客户忠诚度。只有注重客户体验的公司，才能生存下来并取得成功。"

一开始，客户服务注重的是顺畅的购物体验和流畅的交易处理。发展到现在，客户服务不但要满足个人或公司的需求，还要满足他们的期望。

建立并维持与客户的关系，使客户成为回头客的八大战略如下：

1. 一定要了解客户

在当今基于知识的互联经济中，企业的生存取决于公司的业务部门和 IT 部门能否通过合作满足客户需求。但是，直到最近，也只有预算充足的大企业才有实力使用相应的工具管理全部客户体验。

随着新工具和技术的出现，如统一通信和低价的客户关系管理软件，小企业的很多成本障碍正在消失。

思科美国和加拿大运作部高级副总裁 Rob Lloyd 说："未来的公司将注重人力、流程和技术的结合，因为这样才能在新的交互式经济中获得成功，提高竞争力。另外，公司还将改变客户服务理念，为每个客户提供个性化服务。"

2. 制定客户体验计划

公司希望客户获得哪些体验？公司需要添加哪些新的客户服务功能？哪些新资源有利于提高员工的工作效率？当前的网络能否支持企业未来需要的新技术，如呼叫中心、在线服务和高级安全性？如果能基于这些问题制定客户服务计划，IT 基础设施的发展就能够紧跟企业的发展。

对于每项业务和技术决策，都应该问自己："这项投资是否有助于员工更好地了解客户的价值和需求，能否进一步改善客户服务？"

3. 消除信息、连接与协作障碍

对客户了解得越全面，信息收集和汇总工作做得越好，就越能够在每个客户接触点处提供令客户满意的服务，包括 Web、面对面、电子邮件和电话等。

目前，销售、营销和支持人员是否各自管理各自的数据库？如果答案是肯定的，则应该制定一项战略，将所有信息集成为统一的客户数据库，供多个部门的用户访问。

4. 实现网络融合

如果能够将语音和数据基础设施集成为一个融合型 IP 网络，企业不但能降低成本，还能改善客户服务。建成融合型、集成式网络之后，企业将只需要管理一个网络，而且可以使用同一个系统完成技术员工和最终用户培训。

根据市场研究公司 Gartner 的估计，到 2010 年，40% 的中小公司将把自己的语音和数据网络集成为一个网络，95% 以上的大中型公司至少会启动相应的计划。

5. 利用 IP 通信工具

很大比例的客户交流仍然需要通过电话进行。集成式语音和数据消息传送等工具能够帮助员工实现更加有效的通信。利用"一号通"，客户只需拨打一个电话就能找到相应的支持人员。

利用 Cisco Unified Contact Center Express，企业能够部署联系中心软件，以便将客户电话转接到最适合解决客户问题的代理或员工。反之，员工也可以快速访问客户数据，从而为客户提供优质服务，最终提高客户的忠诚度。

基于 IP 通信的多媒体会议，有助于增强同事、合作伙伴和客户之间的协作。

6. 部署 CRM 解决方案

客户交流发生在多种渠道、多个部门。怎样才能轻松地管理所有交流活动？客户关系管理软件能够收集、组织、分析和提供客户信息，包括：

- 购买和退货。
- 购买习惯及其他行为。
- 拥有的产品。
- 可能会购买的新产品。
- 服务合同。

利用 CRM 软件，中小企业可以跟踪整个机构的流程，包括销售部门的业务活动和员工表现，联系中心的通话时间和首次呼叫解决率，以及准确的发货跟踪和计费。这些信息都可以快速发送给管理人员，以便制定更明智的决策。

7. 实现 IP 通信与 CRM 的集成

将 IP 电话与 CRM 解决方案融合在一起之后，能够消除在实现真正的客户导向型公司的过程中遇到的很多障碍。Cisco Unified CRM Connector 将思科统一通信与 Microsoft Dynamics CRM 集成在一起，为所有员工（而不只是呼叫中心代理）提供功能更丰富、易于使用的 CRM 解决方案。

将两种解决方案结合在一起之后，员工可以在网络上任意 IP 电话的屏幕上显示联络信息。现在，无论是会计部，还是发货和收货部，任何部门的员工都可以查看最新客户信息，更好地回答客户的问题，从而寻求交叉销售或向上销售的机会。由于所有信息都可以为远程员工提供，因此，各公司可以将劳动力扩展到传统的办公室以外。

8. 持续改进

无论规模是大是小，所有公司都必须持续跟踪人员、流程和工作流的性能，以衡量其提供满意客户服务的能力。在此过程中，应注意以下问题：

- 我们的客户交流管理工作是否能够从第一位联系人贯穿到最后一位联系人？
- 所有用户是否在需要的时候能找到保存在任意地方的客户信息？
- 我们是否总能认识到每个客户的需求，并在适当的时候为适当的客户提供最适当的服务？

（资料来源：理念前沿 http://www.cisco.com/）

案例

老农夫和服务小姐

在一个炎热的午后，有位穿着汗衫、满身汗味的老农夫，伸手推开厚重的汽车展示中心玻璃门，他一进入，迎面立刻走来一位笑容可掬的柜台小姐，很客气地询问老农夫："大爷，我能为您做什么吗？"

老农夫有点腼腆地说："不用，只是外面天气热，我刚好路过这里，想进来吹吹冷气，马上就走。"

小姐听完后亲切地说："就是啊，今天实在很热，气象局说有 32 摄氏度呢，您一定热坏了，让我帮您倒杯水吧。"接着便请老农夫坐在柔软豪华的沙发上休息。

"可是,我们种田人衣服不太干净,怕会弄脏你们的沙发。"

小姐边倒水边笑着说:"有什么关系,沙发就是给客人坐的,否则,公司买它干什么?"

喝完冰凉的茶水,老农夫闲着没事便走向展示中心内的新货车东瞧瞧,西看看。

这时,那位柜台小姐又走了过来:"大爷,这款车很有力哦,要不要我帮你介绍一下?"

"不要!不要!"老农夫连忙说,"你不要误会了,我可没有钱买,种田人也用不到这种车。"

"不买没关系,以后有机会您还是可以帮我们介绍啊。"然后小姐便详细、耐心地将货车的性能逐一解说给老农夫听。

听完后,老农夫突然从口袋中拿出一张皱巴巴的白纸,交给这位柜台小姐,并说:"这些是我要订的车型和数量,请你帮我处理一下。"

小姐有点诧异地接过来一看,这位老农夫一次要订8台货车,连忙紧张地说:"大爷,您一下订这么多车,我们经理不在,我必须找他回来和您谈,同时也要安排您先试车……"

老农夫这时语气平稳地说:"小姐,你不用找你们经理了,我本来是种田的,由于和人投资了货运生意,需要买一批货车,但我对车子外行,买车简单,最担心的是车子的售后服务及维修,因此,我儿子教我用这个笨方法来试探每一家汽车公司。这几天我走了好几家,每当我穿着同样的旧汗衫,进到汽车销售厂,同时表明我没有钱买车时,常常会受到冷落,让我有点难过……而只有你们公司,只有你们公司知道我不是你们的客户,还那么热心地接待我,为我服务,对于一个不是你们客户的人尚且如此,更何况是成为你们的客户……"

(资料来源:王伟,《经济导报》)

案例思考题

1. 根据案例试述服务对于企业的意义?
2. 分析案例中有哪些值得学习的服务技巧。

练习与思考

一、名词解释

沟通 TPO原则 客户投诉

二、填空题

1. 客户投诉方式有_____、_____和_____。
2. 客户投诉时的心理一般分为_____、_____和_____。

三、单项选择题

1. (   )是指企业通过基于信息技术的计算机网络来实现企业内部的沟通和企业

与外部相关的活动。

  A. 书面沟通   B. 口头沟通

  C. 网络沟通   D. 非语言沟通

2. （ ）就是不限制客户回答问题的答案，完全让客户根据自己的喜好，围绕谈话主题自由发挥。

  A. 开放式提问   B. 封闭式提问

  C. 半开半闭式提问   D. 自由提问

3. 学会（ ）才能探索到客户的心理活动，观察和发现其兴趣所在，从而确认客户的真正需要，以此不断调整自己的服务。

  A. 滔滔不绝   B. 投其所好

  C. 倾听   D. 强词夺理

4. 客户投诉最根本的原因是（ ）。

  A. 客户没有得到预期的期望   B. 客户得到预期的期望

  C. 企业产品质量不好   D. 企业后续服务不好

5. （ ）原则是目前国际上公认的着装原则。

  A. TPQ   B. TIP   C. TPO   D. TPI

四、多项选择题

1. 客户服务礼仪的基本要求有（ ）。

  A. 充满爱心   B. 相互谅解

  C. 品德高尚   D. 总结经验

2. 可以扫除客户投诉障碍的方法有（ ）。

  A. 鼓励客户评价   B. 鼓励客户投诉

  C. 培训客户投诉   D. 方便客户投诉

3. 在和客户的沟通过程中，提问时需要注意的要点有（ ）。

  A. 保持礼貌和谨慎   B. 少说为什么

  C. 少问带有引导性的问题   D. 避免多重问题

4. 沟通中客服人员的回答主要是（ ）。

  A. 消除客户的疑虑   B. 纠正客户的错误看法

  C. 彻底改变客户的思想和看法   D. 引导客户对问题的认识

5. 客户沟通的基本方式有图像沟通和（ ）。

  A. 口头沟通   B. 非语言沟通

  C. 网络沟通   D. 书面沟通

五、简答题

1. 举例说明客户投诉处理的程序。

2. 简述男性顾客的消费心理特征和接待男性顾客的服务技巧。

第七章

客户关系管理平台

 **学习目标**

学完本章,你应该能够:
1. 了解客户关系管理产生和发展的过程。
2. 掌握呼叫中心的特征和工作内容。
3. 掌握现场管理的工作方法和内容。
4. 熟悉网络服务的特点和实施方法。

 基本概念

销售自动化　营销自动化　客户服务与支持管理　客户分析系统　呼叫中心　现场管理

第一节　CRM系统介绍

认识到开展客户管理的必要性后,要将其转化为现实,则要依靠CRM系统的帮助。CRM系统是一套企业信息化管理的软件系统,也就是如何去管理客户信息资料的软件系统。在客户关系管理的实施中,软件的支持是必不可少的,如客户的名单、客户的购买记录等,软件贯穿于客户关系管理的始终。

一、CRM应用系统分类

目前,市场上流行的是功能分类方法,美国一家调研机构把CRM分为操作型、分析型和协作型三类,这一分类方法得到业界的认可。

(一)操作型CRM

目前,一个典型的企业直接面对客户的部门大致包括销售部、客户服务部、市场营销部、呼叫中心以及企业的客户信用部(应收款或催账),这种部门划分方式是基于企业内部的人力、物力资源的分配需要,目的是使各个部门各司其职,明确工作目标。CRM应用系统的设计是基于组织结构而形成的。

操作型CRM也称营运型CRM或运营型CRM,其目的是为了让这些部门人员在日常工作中能够共享客户资源，减少信息流动的滞留点，从而力争把企业变成单一的"虚拟个人"，让客户感觉公司是一个绝对的整体，并不会因为和公司不同的人打交道而感到交流上的不同感受，从而大大减少业务人员在与客户接触中可能产生的种种麻烦和挫折。

操作型 CRM 的应用模块在功能上与 ERP 相似，如仓库管理、采购管理等，都是为了提高员工工作效率的一种应用工具。分析型 CRM 相比，虽然操作型 CRM 在销售、服务、营销模块具有一定的数据统计分析功能，但它是浅层次的，与以数据仓库、数据挖掘为基础的分析型 CRM 是有区别的。另外，操作型 CRM 不包含呼叫中心等员工与客户共同进行交互活动的应用，与协作型 CRM 也有一定的区别。

（二）分析型 CRM

分析型 CRM 系统不需要直接与客户打交道，这点区别于操作型 CRM。它从操作型 CRM 系统应用所产生的大量交易数据中提取各种有价值的信息，通过一系列的分析方法或挖掘工具，对将来的趋势作出必要的预测或寻找某种商业规律，是一种企业决策支持工具。目前在银行业、保险业以及零售业中应用较广，它可以利用这种系统挖掘出重要的决策信息。

分析型 CRM 与数据库技术密切相关，用于完成客户关系的深度分析，通过运用数据挖掘、联机分析处理、交互查询和报表等手段，了解客户的终身价值、信用风险和购买趋势等，达到成功决策的目的。

（三）协作型 CRM

协作型 CRM 相对于前两种 CRM 较难理解一些。"协作"的英文单词是 Collaborative，意思是指两个以上的人同时做一项工作。协作型 CRM 的参与对象是由两种不同类型的人共同完成的，即企业客户服务人员和客户共同参与，他们之间是协作关系。操作型 CRM 和分析型 CRM 只是企业员工自己单方面的业务工具，在进行某项活动时，客户并未一起参与。

显然，协作型 CRM 有其自身的特点。员工和客户由于要同时完成某项工作，都希望快一点解决问题。这种速度就要求 CRM 的应用必须能够帮助员工快速、准确地记录客户的请求以及快速找到答案。如果问题无法在线解决，协作型 CRM 还必须提供智能升级处理，员工必须及时作出任务转发的决定。

协作型 CRM 主要由呼叫中心、客户多渠道联络中心、帮助台以及自助服务帮助导航等功能模块组成，具有多渠道整合能力的客户联络中心是协作型 CRM 的主要发展趋势。

二、CRM 系统的体系结构

一个完整的 CRM 系统应包括以下四大分系统。

（一）客户协作管理分系统

在客户协作管理分系统中，主要是实现了客户信息的获取、传递、共享和应用。支持电话中心、Web 服务、E-mail、传真等多种联系渠道的紧密集成，支持客户与企业的充分互动。实现客户协作管理分系统的核心技术是集成多种客户联系渠道的客户服务中心的创建。

(二) 业务管理分系统

在业务管理分系统中,主要是实现基本商务活动的优化和自动化、销售自动化和客户自动化等三个功能模块。随着移动技术的快速发展,销售自动化可以进一步实现移动销售,客户服务自动化将实现对现场服务的支持。业务管理分系统的核心技术是能支持业务流程自动化的工作流技术。

(三) 分析管理分系统

在分析管理分系统中,将实现客户数据仓库、数据集市、数据挖掘等工作,在此基础上实现商业智能和决策分析。实现分析管理分系统的核心技术是数据仓库和数据挖掘技术。

(四) 应用集成管理分系统

在应用集成管理分系统中,将实现与企业资源规划(ERP)、供应链管理(SCM)等系统的紧密集成,乃至实现整个企业应用集成。实现应用集成管理分系统的核心技术是企业应用集成技术。

三、CRM 系统功能模块介绍

(一) 销售自动化(SFA)

我们知道,CRM 系统最初的雏形就是 SFA(销售管理自动化)系统,随着技术和应用的逐渐成熟,CRM 系统的功能在不断地扩展。CRM 发展到今天,其中的销售自动化模块已经相当成熟。销售自动化也就是将销售人员所从事的具体的销售活动尽可能"信息化"、"标准化",并实现销售人员分配的"合理化",打破目前在企业中普遍存在的"销售单干"现象,通过对客户信息、后台业务信息的高度共享以及销售流程的规范化,提高企业的整体销售业绩。

CRM 中的销售管理(SFA)是为了覆盖企业对销售过程的控制而设计的一个功能模块。其目标是提高销售的有效性,保证客户销售数据的准确性、及时性和完整性,对客户销售进行有效管理,提供决策支持所需的数据。不同的软件提供商推出的具体产品功能可能各不相同,但一般都包括销售过程管理、销售预测管理、销售指标和业绩考核、销售合同管理等方面的内容。

(二) 营销自动化(MA)

在 CRM 系统中,市场营销管理模块覆盖了企业的市场活动过程,是帮助市场销售人员进行各类市场活动的管理工具。

营销自动化模块可以为营销提供一些独特的功能,如营销活动计划的编制执行、活动的控制和结果的分析、活动预算及其结果预测、营销资料管理等。

一般而言,营销自动化模块仍然属于操作型的应用,是营销人员进行市场活动的操作工具。虽然在具体寻找目标市场(客户群)等方面需要得到很多分析型 CRM 的功能,包括对已有的日常经营过程中的数据进行分析、挖掘有价值的信息,但在对市场活动本身的计划、执行以及效果测评还是属于业务操作的范围。

(三) 客户服务与支持管理(CSS)

CSS 主要是通过呼叫中心和互联网实现客户服务与支持,并和销售、营销功能比较好地结合起来,为企业提供更多的商机,向已有的客户销售更多的产品。客户服务与支持的典型应用包括：客户关怀、纠纷、调货、订单与跟踪、现场服务管理、问题及解决方法的数据库，维修行为安排和调度，客户账号、服务协议和合同管理、服务请求管理，联系活动管理、客户普查管理等。

（四）客户分析系统(CA)

很多企业通过 SFA/MA/CSS 模块的应用，在企业上下将 CRM 基础数据的采集从无到有地建立了起来。但是，在大量的客户数据很快积累起来之后，对数据的分析将成为重担。

CA 通过挖掘与分析现有客户信息来预测客户的未来行动，它帮助企业在适当的时机向客户销售适当的产品和服务。CA 系统一般包括客户分类分析、市场活动影响分析、客户联系时机优化分析、增量销售与交叉销售分析等。

客户分类分析使企业能够将更多的精力放在能为企业带来最大效益的重点客户身上；市场活动影响分析使企业知道客户最需要什么；客户联系时机优化分析使企业掌握与客户联系的时机，如多长时间与客户联系一次、通过何种渠道联系为好；增量销售与交叉销售分析可以让企业知道向每一个特定的客户推销什么样的已购产品和相关产品。

第二节 呼 叫 中 心

建立呼叫中心或利用客户服务部现有的呼叫中心系统，可以有效地为客户提供高质量、高效率、全方位的服务，从而有助于进一步协调企业的内部管理。

一、呼叫中心的定义

呼叫中心又称客户服务中心，是指综合利用先进的通信及计算机技术，对信息和物流流程进行优化处理和管理，集中实现沟通、服务和生产指挥的系统。传统意义上的呼叫中心是指以电话介入为主的呼叫响应中心，为客户提供各种电话响应服务。现阶段呼叫中心的概念已经扩展为通过电话、传真、Internet 访问、E-mail、视频等多种媒体渠道进行综合访问，同时提供主动外拨服务，成为应用业务种类非常丰富的客户综合服务及营销中心。

实例资料

雪茄烟爱好者凯拉·皮顿无论在什么时候打电话给名牌香烟商店寻求高级而令人垂涎的短尾传奇雪茄时，得到的回答总是它们已经脱销了。然而，这并没有阻止皮顿作为该店的一个忠诚顾客，她积极地打电话来。皮顿每次致电给名牌香烟商店，一个称为 ACD（自动呼叫分销商）的系统就会立即将她转接给相应的联系人的应答和线路上。在打电话的时候，很多人不喜欢听到自动应答，所以，名牌香烟商店能非常快速地把皮顿的电话转接给顾客服务人员而让她印象深刻，她也喜欢和知识渊博的服务人员就寻找雪茄的选择权闲聊。服务人员不仅了解她的雪茄，而且因为在服务人员的计算机屏幕上，皮顿的销售历史资料和以前的突然跳出的疑问都会一一出现，所以，服务人员对皮顿也是非常了解的。

二、呼叫中心的特征

呼叫中心是一种与客户建立关系,保持和发展客户,并时刻掌握客户需求的战略武器。它通过高科技系统的支持和受过专业培训的服务人员,利用高效工作流程来实现对客户的专业管理,并通过这一渠道随时了解客户需求的变化,使企业在市场上更具竞争力。呼叫中心的特征主要体现在以下两个方面。

(一) 与传统电话服务相比所具有的显著优势

1. 集成性

它将企业内分属于各职能部门分别为客户提供的服务,集中在一个统一的对外联系的"窗口",采用统一的标准服务界面,为用户提供系统化、智能化、个性化、人性化的服务;与企业的 ERP、供应链、电子商务等业务系统方便集成。

2. 便捷性

实现"一号通",便于客户记忆;通过自动语音应答设备,能够做到为客户提供每天 24 小时全天候服务;提供灵活的交流渠道,允许客户在与业务代表联络时,可随意选择包括传统的语音、IP 电话、E-mail、传真、文字交谈、视频等在内的任何通信方式。

3. 智能化

智能化呼叫路由使资源得以充分利用,采用智能呼叫中心处理,由多种条件决定路由的选择;自动服务分流,由自动语音或自动传真可使客户呼叫分流,或由不同业务代表提供不同服务的客户呼叫分流。

4. 主动性

能事先了解客户的账号信息、购买历史等相关信息,以便为其提供更有针对性的服务;主动向新的客户群体进行产品宣传,扩大市场占有率,树立公司品牌形象;完善客户信息管理、客户分析、业务分析等功能,为公司的发展、决策提供事实依据。

(二) 与传统商业模式相比的鲜明特征

1. 无地域限制

传统商业采用开店营业的方式,客户必须到营业网点才能得到相应的服务。这既意味着商业企业在规模扩张时的高成本(需要不断地增加营业网点),也意味着客户购物时受到居住地的限制。采用呼叫中心则解决了这两方面的问题,公司不必为到偏远地区开设营业网点而费心,客户也不必出家门,一个电话就能解决问题,快速而又方便。

2. 无时间限制

在自动语音应答设备的帮助下,即使人工坐席代表下班,呼叫中心也能为用户提供 24 小时全天候服务,而且无需额外开销。相比之下,普通的网点要做到这一点就很困难,至少会大大增加营业成本。

3. 个性化服务

呼叫中心可为客户提供更好的,而且往往是普通营业网点提供不了的服务。例如,在呼叫到来的同时,呼叫中心即可根据主叫号码或被叫号码提取出相关的信息传送到坐席的终端上。这样,坐席工作人员在接到电话的同时就会得到很多与这个客户相关的信息,从而简化电话处理程序。

另外,呼叫中心用于客户服务中心时,效果尤为明显。在用户进入客户服务中心时,只需要输入客户号码,甚至连客户号码也不需输入,呼叫中心就可根据其主叫号码从数据库中提取与之相关的信息。这些信息既包括用户的基本信息,如公司名称、电话、地址等,也可以找到以往的电话记录以及已经解决的问题与尚未解决的问题,这样,双方很快就可进入问题的核心。

呼叫中心还可根据这些信息智能地处理呼叫,把它转移到相关专业人员的坐席上,客户就可以马上得到专业人员的帮助,从而使问题尽快解决。

三、呼叫中心的内容

1. 呼入内容

呼入服务是呼叫中心最初的业务应用,伴随着被叫付费业务为企业所广泛采用。呼入服务在接听数量、服务时间以及服务方式等方面,有着巨大的发展潜力。呼入服务的应用包括:

(1) 受理查询、登记预约、账户查询和受理订单。

(2) 报名登记受理、货品跟踪和电话目录直销。

(3) 客户服务热线、支持热线和投诉热线等。

2. 呼出内容

呼出服务的主要业务内容包括:

(1) 收集市场信息、挖掘潜在客户及服务满意度回访,完成后编写综合信息报告及效果分析报告。

(2) 电话调查。通过客户数据库,按照一定的条件筛选出合适的呼出对象,在选定的时间段内通过合适的方式就消费者需求、产品使用情况等进行定向调查。

(3) 电话营销。呼叫中心坐席员通过电话方式,采用有效的营销及沟通技巧,向目标客户进行产品和服务的推介及促销,完成后向企业提交综合销售报告。

(4) 确认客户资料,管理数据库。呼叫中心坐席员主动联系目标客户,确认或更新资料。

(5) 客户关系。呼叫中心坐席员致电客户表示欢迎购买产品及选用服务,或每周年致电感谢客户使用,其服务目标是加强客户关系管理和提升企业形象。

(6) 预约服务。呼叫中心坐席员联系目标客户预约服务或产品的推介会面时间。

(7) 催缴服务。通过呼叫中心坐席员联系客户催缴服务费用。

(8) 服务升级管理。呼叫中心坐席员向目标客户进行服务升级优惠推介,提升企业形象,强化客户关系管理。

四、利用呼叫中心与客户进行远距离沟通

基于 Internet 的呼叫中心,可以提供以下几种联系方式与客户进行远距离沟通。

1. 电子邮件

营销人员选择发送 E-mail 的方式与客户联系,客户给企业发的 E-mail 通过智能路由选择分配到合适的客服代表处理,答复通过呼叫中心发回客户。

2. 文字交流方式

客户可以与坐席代表进行适时的文字交流，也可以进入企业网站专门为客户准备的沟通室进行交流。

3. 客户服务代表回复方式

客户可以在呼叫中心网页相应的位置输入指定客服代表的联系电话，确定希望回复的时间，呼叫中心将主动拨到指定的电话号码，解答客户问题。

4. Internet 电话方式

客户如果配有相应的软件，能完成模拟语音到数字 IP 的转换，可以通过拨打 Internet 电话获得服务。

五、克服呼叫中心沟通障碍的方法

在与客户沟通的过程中，由于受到个人层面、组织层面和程序层面等方面因素的影响，常常会出现沟通障碍，影响沟通效果。

1. 克服个人层面中的沟通障碍

（1）不清楚且缺乏连贯性。沟通过程中表达要清晰，语言、语音连接要流畅。

（2）缺乏可信性。谈话时间的长短控制要适当。

（3）信息的目的地。保证发送信息的目的地是正确的，否则，接收者是不愿意接收的。

（4）准备及表达方法。谈话前话题内容的准备以及采用怎样的表达方式应该详细具体。

2. 克服组织层面中的沟通障碍

（1）自然环境。要从客户的角度出发，减少大环境对发出信息和接收信息的影响。

（2）组织文化。使话题融入客户的文化背景。

（3）规模与结构。对于不同客户的组织架构和发展规划，应采用不同的方式。

（4）工作及活动的节奏。不同企业的工作时间安排和工作节奏不同，应考虑客户的工作时间，以免造成客户的厌烦情绪。

3. 克服程序层面中的沟通障碍

（1）传递途径。应采用简便、易操作的媒介，便于交流和沟通传递。

（2）资料装载。传递信息，采用客户可以接受的方式。

（3）反应与响应。即信息发出者和接收者不同的反馈。因此，在发出信息之前，要考虑到客户的反馈意见。

（4）在日常的接触中使用提问技巧。使用适当的提问方式，可以更快、更迅速地完整接受信息。

4. 克服沟通中存在障碍时的要点

（1）要设身处地。

（2）做一个好的倾听者。

（3）以不同的说话方式对待不同的人。

（4）提供正确的数据以避免谣言。

（5）对发出的信息要加倍留意。

第三节　现场管理

良好的现场秩序、舒适的工作环境、轻松的工作氛围,不仅能保证工作的顺利进行,对员工的效率提升、表现提高及身心发展都有极大的用处。成功的现场管理会促进生产力,同样,糟糕的现场表现也会降低整体表现。

一、现场管理的定义

现场管理是管理人员根据事先设定的质量标准或工作要求,在服务现场或通过多媒体数字监控手段对执行服务的人员、设备、工作流程、环境等进行实时的监控和管理,发现和预测存在和潜在的问题,并及时制定解决方案,以改善服务方法、作业流程、思维方式、工作环境,进而提升服务质量的管理过程。优秀的现场管理是一个持续的过程,可以提高人员的整体服务素质,降低人员流失率。

现场管理的主要意义在于管理者可以通过现场管理,与所有的团队成员进行更"亲密"的接触,加强与团队成员之间的沟通和交流,更加直接、迅速地获取团队工作信息,了解整体运作情况。

二、现场管理人员的角色与职责

现场管理是一个动态的管理过程,需要管理人员根据现场发生的实际情况,及时对问题进行预测,并采取必要的措施,在解决现有问题的同时避免潜在问题发生。因此,对管理人员的经验和管理能力都有很高的要求。参与现场管理的人员包括班长(主管)、质检人员、部门经理、高级经理等,其角色与职责如表7-1所示。

表7-1　现场管理人员的角色与职责

职务名称	角　色	现场管理参与频度
班长(主管)	班长(主管)是客户服务中最主要的问题采集者、经验传递者和工作监督者	每天对坐席人员的督导时间不少于2小时
		每天亲自参与服务的时间不少于2小时
业务经理	部门经理是客户服务过程中的领航员,问题的决策者、计划的制定者和组织者	每天不少于1小时
质检人员	质检人员是客户服务过程中质量标准的制定者、质量监督员和问题预测者	每天不少于2小时
高级经理	高级经理是客户服务过程中的资源保障者和关系协调者	每周不少于2小时

三、现场管理工作的内容与方法

(一) 话务监控和人员调配

能熟练地运用相关的话务监控系统是现场管理的基本功。例如,当话务监控出现排队等候的呼入时,现场管理者应该做好以下几项工作:

(1) 了解在列队中的呼叫数量。目的是了解等候数量是否在可控制的范围之内。

(2) 了解最长的呼叫等候时间。目的是得知客户的体验及对服务水平的影响。

(3) 了解目前的服务水平和平均应答速度。目的是通过了解目前的服务水平,从而判断来电等候对目标服务水平的影响。

(4) 了解坐席人员的状态。目的是了解是否有人员在小休、用餐、培训、会议等。

(5) 升级措施的必要性。升级措施包含调整呼叫入线的优先次序管理者(班组长、质检人员、培训师等),帮助处理呼叫记录顾客的信息,待话务量下降时安排外呼。

(二) 质量监控手段

1. 电话监听

可以通过监听掌握坐席的状态信息,对坐席人员的语言表达能力、专业知识、服务技巧、应变技巧、呼叫控制和责任心等方面进行全方位监控,以此促进坐席人员更好地与客户进行交流、沟通,提高企业的整体服务质量。有些现场管理在监听的同时还能捕捉到坐席员在服务时的桌面状态,这样就可监控坐席人员系统操作的规范性,保证统计数据的准确性与真实性;规范化的操作不仅不会影响各类指标,反而能让管理人员对坐席代表进行更加科学的管理,找到需要改进的流程和规定,实现员工利用的最优化。

2. 现场督导

可以将现场督导(即监督者)理解为坐席员旁边的辅导员,他们在现场能够给予坐席人员及时的指导和帮助。尤其是在有较多新员工上线的时期,这种现场指导是相当必要的。

现场督导作为坐席员进行即时支撑的人员,必须对业务的核心知识、相关知识、业务系统、服务知识、技巧及服务流程掌握得非常透彻,这样才能在必要的情况下提供支持。

现场督导必须要明白自身的角色并非是在扮演一个"走动的知识库",遇到不善于主动学习的坐席代表,可在每一个问题解决后或者每一次通电话结束后,对相关问题与坐席人员进行有针对性的分析、沟通和总结。这样,就可以帮助坐席人员深入地发现自身存在的问题以及改进的办法,并在下一次通电话中进行调节,经过几个反复操练后,可以培养起服务的自信心和一定的驾驭问题能力,可以快速地进入岗位角色。

(三) 环境管理

1. 对人的环境的管理

人的环境是指业务部门之间、班组内部的沟通与联系。对人的环境的控制并不是指要控制所有相关部门的人,因为现场督导不是公司领导,在与不同部门人员打交道的过程中,督导要做的事就是促进信息的传递和沟通。因此,现场督导所控制的人的环境实质上是指控制环境中传递的信息。下面重点介绍一下班组内部的人员管理。

(1) 制度和人性化管理。所谓的人性化管理，就是指在现场管理的过程中，充分考虑到"人"的因素，以开发员工潜能而获取企业与员工双赢的一种管理模式。人性化的管理必须是建立在制度上的，没有制度，人性化管理就成了空谈，没有任何意义。

(2) 走动式管理。走动式管理是指现场管理人员通过巡场的方式，了解与监督现场纪律、现场环境、坐席人员工作状态等情况的一种管理方式。走动式管理的好处在于对现场纪律、现场环境时时进行控制，对坐席人员工作中遵守公司的规章制度及纪律起到良好的促进作用。

2. 对物的环境的管理

对物的环境控制的要素之一就是对现场系统与设备的维护，如果遇到系统故障或异常情况需及时进行排障，在解决不了的情况下求助信息部门甚至设备厂商，并记录相关故障时间、故障情况等信息，以作备案。

(四) 人员激励

由于客服人员在服务的过程中可能经常会碰到一些难缠的客户，除此以外还要时时接受管理人员和质检人员的监控，每月有月度考核，还有许多严谨的纪律必须要遵守。所以，在客服人员每天的工作当中，被激发负面情绪的机会是相当多的。现场管理工作必须在他们产生负面情绪苗头的时候，就对员工进行帮助和鼓励。另外，也要密切关注情绪不佳或情绪反常的员工，给予适时的支撑，降低团队负面情绪的影响。现场管理人员可以在平时的巡场过程中，透过一个鼓励的手势、一个赞许的微笑，甚至一句简单的问候传达对员工的关爱，以强化他们的正面情绪。

(五) 突发事件的处理

现场督导人员需要了解公司相关的突发事件处理流程，在发生突发事件时，负责现场指挥和组织，按照应急预案处理突发事件，尽可能地降低各种损失。当突发事件发生时，现场督导人员应立即上报本部门负责人，协助部门负责人或者公司安委会负责人进行应急处理工作。此外，当突发事件发生后，需要做好信息上报。其中，工作包含做好信息的记录工作，内容包括时间、地点、事件性质、影响范围、事件发展趋势和已采取措施等，并在应急处理过程中，及时续保相关情况。

现场督导员还应做好事故总结。对某一突发性事故进行总结，向相关部门提出预防与控制的建议。并且协助相关部门、人员完善相应的突发事件应急预案，避免类似的问题再发生，或者发生时给企业造成的影响可以控制到最小。

第四节 网络服务

随着科技的发展，互联网已经成为企业与外界信息交流的一条主要通道，基于互联网的客户支持与服务系统已成为企业不可缺少的一个服务渠道。

一、网络服务的作用

服务是企业围绕客户需求提供的效用和利益，网络客户服务的本质就是让客户满意,客户满意是网络客户服务质量的唯一标准。要让客户满意就是要满足客户的需求,而客户的需求一般是有层次的,如果企业能够提供满足客户更高层次需求的服务,客户的满意程度就越高。网络服务利用互联网的特性,可以更好地满足客户不同层次的需求。

1. 了解产品信息

网络时代的客户需求呈现出个性化和差异化的特征,客户为满足自己的个性化需求,需要全面、详细地了解产品和服务信息,寻求最能满足自己个性化需求的产品和服务。

2. 解决问题

客户在购买产品或服务后,可能面临许多问题,需要企业提供服务以解决这些问题。客户面临的问题主要是产品安装、调试、试用和故障排除以及有关产品的问题释疑。有的企业建有客户虚拟社区,客户可以通过互联网向其他客户寻求帮助,自己学习并解决问题。

3. 接触公司人员

对于某些比较难以解决的问题,或者客户难以通过网络营销站点获得解决方法的问题,客户也希望公司能提供直接支援和服务。这时,客户需要与公司人员进行直接接触,向公司人员寻求意见,得到直接答复或者反馈客户的意见。在解决客户问题时,与客户进行接触的公司人员可以通过互联网获取公司对技术和产品服务的支持。

4. 了解服务过程

客户为满足个性化需求,不仅仅是通过掌握信息来选择产品和服务,还要求直接参与产品的设计、制造、运送等整个过程。个性化服务是一种双向互动的企业与客户之间的密切关系。企业要实现个性化服务,就需要改造企业的业务流程,将企业的业务流程改造成按照客户需求来进行的产品设计、制造、改进、销售、配送和服务。客户了解并参与整个过程,意味着企业与客户需要建立一种"一对一"的关系。互联网可以帮助企业更好地改造业务流程以适应对客户"一对一"的关系,互联网还可以帮助企业更好地改造业务流程以适应对客户"一对一"的营销服务。

二、网络服务的特点

服务区别于有形产品的主要特点是不可触摸性、不可分离性、可变性和易消失性。同样,网络客户服务也具有上述特点,但其内涵却发生了很大的变化。

1. 增强客户对服务的感性认识

服务最大的局限在于其无形性和不可触摸性。因此,在进行服务时,经常需要对服务进行有形化处理,通过一些有形方式表现出来,以增强客户的体验和感受。而网络服务便能很好地增强客户对服务的感性认识。

2. 突破时空不可分离性

服务的最大特点是生产和消费的同时性,因此,服务往往受到时间和空间的限制。客户寻求服务,往往需要花费大量的时间去等待和奔波,而基于互联网的远程服务可以突破服务的时空限制,如远程医疗、远程教育等。

3. 提供更高层次的服务

传统服务的不可分离性使客户在寻求服务时受到限制,互联网的出现突破了传统服务的限制。客户可以通过互联网得到更高层次的服务,不仅可以了解信息,还可以直接参与整个过程,最大限度地满足客户的个人需求。

4. 客户寻求服务的主动性增强

客户通过互联网可以直接向企业提出要求,企业针对客户的要求提供特定的"一对一"服务。企业也能够借助于互联网的低成本,来满足客户"一对一"服务的需求。

5. 服务效益提高

一方面,企业可以通过互联网实现远程服务,扩大服务市场范围,创造新的市场机会;另一方面,企业通过互联网提供服务,可以增强企业与客户之间的关系,培养客户忠诚度,减少企业的营销成本。因此,许多企业都将网络服务作为企业在市场竞争中的手段。

三、客户网络服务的实施

(一)网上产品信息和相关知识发布

客户上网查询产品,是想全面了解产品各方面的信息,因此,在设计提供产品信息时应遵循的标准是:客户看到这些产品信息后不必再通过其他方式来了解产品信息。需要注意的是,很多企业提供的服务往往是针对特定群体的,并不是针对网上的所有公众,因此,为了保守商业秘密,可以采用路径保护的方法,让企业和客户都有安全感。

对于一些复杂产品,客户在选择和购买后使用时需要了解大量与产品有关的知识和信息,以减少对产品的陌生感。特别是一些高新技术产品,企业在详细介绍产品各方面信息的同时,还需要介绍一些相关知识,帮助客户更好地使用产品。

(二)网上虚拟社区

客户购买产品后,一个重要环节就是购买后的评价和体验,对于一些不满可能采取一定的措施和行动进行平衡。企业设计网上虚拟社区就是让客户在购买后既可以发表对产品的评论,也可以提出针对产品的一些建议,并且与一些使用该产品的其他客户进行交流。营造一个与企业服务或产品相关的网上虚拟社区,不但可以让客户自由参与,还可以吸引更多的潜在客户参与。网络社区作为互联网上特有的一种虚拟社区,主要通过把具有共同兴趣的访问者集中到一个虚拟空间,达到成员互相沟通的目的。网络社区具有客户常用的服务之一,由于有众多客户的参与,其不仅仅具备交流的功能,实际上也成为一种服务营销场所。

(三)电子邮件

电子邮件客户服务管理是指及时回复客户的电子邮件来达到提高服务水平,并改善与客户关系的目的。电子邮件是企业与客户沟通的重要手段,也是客户服务的有效工具,在所有的在线客户服务手段中,电子邮件在网络营销服务商网站上出现的比例往往最高,说明电子邮件在网络营销服务中的重要性。

电子邮件是最便宜的沟通方式,客户一般比较反感滥发的电子邮件,但对于自己相关的电子邮件还是非常感兴趣的。企业建立电子邮件列表,可以让客户自由登记注册,然后定期向客户发布企业最新的信息,加强与客户的联系。

实例资料

　　众所周知,在日益激烈的竞争形势下,要想成为 IT 行业中的佼佼者是很困难的一件事,但 YAHOO 公司却成功地做到了。该公司目前拥有 5 000 万网络用户,这些网络用户每月至少上网一个小时,这一数量大约是其他网络公司的两倍。现在,网上广告收入是 YHOO 公司的主要收入来源之一,它为 YAHOO 带来了源源不断的财富。

　　YAHOO 公司为什么能在如此激烈的竞争条件下独占鳌头呢?这首先要归因于 YAHOO 网络的巨大吸引力。YAHOO 网络的创始人杰里·杨和戴维·菲洛是两个具有独创精神的年轻人,他们在最初创建 YAHOO 网络时就十分注意使网络具有吸引力,他们那些设计独特和构思巧妙的网络常常使用户感到既有趣又新颖。其次,YAHOO 公司为广大用户提供了免费的电子邮件服务。一些初次上网访问过 YAHOO 公司的客户在得到好处以后,便在不知不觉之中成为 YAHOO 公司的回头客。再次,YAHOO 公司率先在网上创立了各种各样的俱乐部,这一别出心裁的举动使用户可以在网上自由交流。其中一个成功的范例就是雅虎公司设立的网友聊天室,它使 YAHOO 公司的广大用户可以在网上自由聊天结友,大家互吐心曲、交流感受、交换信息。

　　YAHOO 公司在给用户发送电子邮件和各种电子广告时,十分注意区别对待,通常,他们只是有针对性地向感兴趣的用户寄发,以免引起用户反感。

(四) 在线表单

　　由于在线表单简单明了,与电子邮件一样具有在线联系功能,并且可以事先设定一些格式化的内容,如联系人姓名、单位、地址、问题类别等,通过在线表单提交的信息比一般的电子邮件更容易分类处理,因此,在线表单在一些网站中得到应用。从功能上讲,在线表单和电子邮件这两种常用的在线联系方式都可以实现与客户沟通的目的,但从效果上来说却有着很大的区别,如果处理不妥当,在线表单可能会存在一些潜在问题。

　　首先,由于在线表单限制了用户的个性化要求,有些信息可能无法正常表达;其次,当表单提交成功之后,用户也不了解信息提交到什么地方,多长时间可能得到回复,并且自己无法保留邮件副本,不便于日后查询。因此,有时会对采用在线表单的联系方式产生不信任感。另外,客户填写的电子邮件联系地址也有错误的可能,这样将无法通过电子邮件回复用户,甚至会造成用户不满。在线表单自身的特点决定了其具有一定的局限性,因此,只能作为电子邮件的辅助手段而不能完全替代。在网络营销服务商网站中,一个明显的特点就是,很少有服务商仅仅将在线表单作为客户服务手段,而是同时公布电子邮件地址,这也是专业服务商相比一般企业来说的一个独到之处。

(五) FAQ

　　FAQ(frequently asked questions)即常见问题解答。FAQ 也是常用的在线服务手段之一,很多客户也是从 FAQ 开始了解有关服务的。例如,在 Microsoft 公司的网站中,有非常详尽的知识库,对于客户提出的一般性问题,在网站中几乎都有解答,同时还提供一套有效的检索系统,可以让人们在数量巨大的文档中快捷地查找到所需要的东西。

(六) 即时信息

即时信息尚未成为常规在线客户服务手段。即时信息具有多种表现形式,除了聊天室外,还包括从各种个人在线聊天工具(如 MSN、QQ、ICQ 等)到具有各种管理功能的专业在线服务系统。即时信息是提高客户在线服务质量的一种重要工具,因为部分客户对电子邮件咨询的回复需要几个小时甚至几天的时间感到不满,更希望采用实时交流的方式获得服务。有调查发现,只有少数网站的客户联系方式中公布了 QQ 和 MSN 等,而且其中主要是小型网站,规模较大的网站则很少看到即时信息联系方式,至于采用专业实时在线服务系统的网站尚无一个。由此可以说明,即时信息在网络营销服务企业中尚没有形成常规的在线服务手段。导致这种状况的原因主要在于实施客户服务人员的专业水平要求较高,服务成本也相应较高。并且目前常用的免费实时聊天工具(如 QQ、ICQ 等)主要应用于个人交流,作为企业的客户服务手段,给人有些不够正规的感觉。此外,针对企业应用的即时信息系统并不普及,即使设置了这样的系统,暂时也发挥不了太大的作用。可见,企业对实施客户服务尚缺乏必要的准备。

四、网络客户服务的关键点

在电子商务时代,要服务好网络客户,关键要做好以下几个方面工作。

1. 为客户提供准确信息

网络是一个虚拟空间,在这个空间里,企业与客户无需面对面地进行交流沟通,便捷的网络使双方远距离交流成为可能。销售人员只需要一个电话和一台电脑便可轻松地进行在线销售,客户也可以根据自己的喜好在网上购买自己需要的物品。然而,在这个虚拟的空间里,企业同样应该为客户提供充分的选择空间和准确的信息,以方便客户购买。对于提供复杂产品的公司,企业应该为客户提供适合客户需要、易于比较的网上信息。

2. 与客户有效地交流

网上交流是电子商务时代一种比较时尚的交流方式。除了这种方式之外,企业还应该为客户提供多种交流渠道,如电话、面谈、信函等,让客户在任何时间、任何地点都可以与企业保持联系,充分地传达他所需要的信息。

3. 真正解决客户的问题

与传统的客户服务管理一样,在电子商务时代的客户服务管理中,企业也应该以客户价值为中心,真正地为客户着想,牢记客户至上的观念。企业也应该能够立即答复客户的问题、抱怨和反馈,让客户能够非常容易地购买到公司的产品,并且可以通过多种方式付款。

4. 保护所有客户交易的隐私和安全

网上客户最为担心的可能是隐私信息被暴露和交易的安全性难以得到保障,企业要赢得长期的客户,必须尊重客户的隐私权,并保证交易的顺利完成。

5. 建立"无缝衔接"的客户关系

在线客户可以自由穿梭于公司各个不同的职能部门之间而不受任何限制。

6. 比竞争对手更加聪明

要想吸引网上客户的目光，获得客户的忠诚，必须比竞争对手更加聪明，更有进取性和前瞻性。

7. 实现对客户的承诺

企业要履行对客户的承诺，不能对客户夸大其词而又无法兑现，为客户的抱怨和问题提供完善的解决方案。

第五节　实践课业指导

一、课业任务

任意选择一个企业网站，登录其网站进行浏览，在了解其在线顾客服务的主要内容、方式及手段的基础上，分析其在线顾客服务的应用状况和主要问题，最后撰写实训报告《××企业网络客户服务分析》。

二、课业要求

（1）任意选择一个企业网站，登录其网站进行浏览，加深对其提供的产品或服务以及企业基本情况的了解；

（2）观察该企业网站提供的客户服务方式，从其类型、内容的质量、回复咨询的时间等指标来分析其客户服务手段是否完善；

（3）了解该企业网站提供的服务内容，结合该企业产品或服务分析所提供的服务内容能否满足客户需要；

（4）对该企业网站在线客户服务进行总体评价，并提出自己的意见，写出实验报告。

三、理论指导

1. 客户网络服务的实施

- 网上产品信息和相关知识发布
- 网上虚拟社区
- 电子邮件
- 在线表单
- FAQ
- 即时信息

2. 网络客户服务的关键点

在电子商务时代，要服务好网络客户，关键要做好以下几个方面：

- 为客户提供准确信息

- 与客户有效地交流
- 真正解决客户的问题
- 保护所有客户交易的隐私和安全
- 建立"无缝衔接"的客户关系
- 比竞争对手更加聪明
- 实现对客户的承诺

四、实践形式

将班级分成若干个小组,每小组为4—6人,每组确定一个项目负责人。经过企业网络客户服务的分析后,以小组为单位撰写出《××企业网络客户服务分析》。

五、课业范例

联想网站诊断报告

网络营销是以互联网络为媒体,以新的方式、方法和理念,通过一系列魅力网络营销策划,制定和实施营销活动,更有效地促成个人和组织交易活动实现的新型营销模式。它是企业整体营销战略的一个组成部分,是为实现企业总体或者部分经营目标所进行的,以互联网为基本手段营造网上经营环境的各种活动。随着上网人数的不断增长和互联网应用的迅速发展,网络营销已经成为企业不可或缺的营销方式之一。企业网站作为网络营销的一个极其重要的客户了解平台,是其他网络营销手段和方法的基础。所以,对企业网站的研究诊断以及改版升级为营销型网站有极其重要的作用。

图7-1 联想网站截图

(一)网站概况

联想网站整体规划合理,主辅菜单清晰,网站建设导向明确。这一网站从类别上来说属于信息发布和网上销售型的综合型网站，是企业网站的初级形式。网站的功能分为个人及家庭用户、成长型企业、政府及大型企业、服务与驱动下载、会员、商城。此网站主要为联想提供在线销售服务，并且发布信息用。屏幕上方以5个宣传画面轮换占据大屏，切换频率较低，篇幅简练，一目了然，网页上所有的图像、文字，包括背景颜色、区分线、字体、标题、注脚等风格统一，贯穿全站。

（二）诊断内容

网站诊断报告以网络营销功能为导向，进行企业网站分析与诊断，主要从网站规划分析、网站结构分析、网站导航与链接、网站内容分析、网站可信度分析、网站功能与服务分析等六个方面进行诊断。

1. 网站规划分析

网站的核心内容包括六个工具栏，分别是个人及家庭用户，成长型企业，政府及大型企业、服务与驱动下载、会员和商城。在每一个栏目下有的还有二级、三级栏目，并且有主导航、附导航、底导航、方便客商查找。通过FLASH的滚动播放来进行产品及服务展示，通过绚丽的画面来展示联想的科技创新和产品的精益求精。整体规划合理，各栏目有序排列，整个网站显得有条不紊。多语言的切换方便了不同国家和地区的用户的浏览和使用，同时，网站在建设上的导向性较为明确，主要用于企业形象、产品和服务信息的发布。

2. 网站结构分析

网站页面多采用XHTML结构的链接方式，通过不同的主题栏引导来访者快速找到感兴趣的内容。同时，页面针对不同的电脑桌面作了网页优化，以最大程度地方便来访者的浏览，无论是16∶9，还是16∶10的页面，获得的体验效果是一样的。在网站的最上方，首先设置了国家语言选项，为来自不同国家浏览网站的不同用户提供更多的选择。来访者最关心的产品信息摆放在视野的正中间，针对不同的客户需求，联想进行了深入的细分：个人及家庭用户、成长型企业、政府及大型企业等，更进一步帮助浏览者以最快的速度获得想要关注的信息。中间一个企业新闻栏，仅仅展示企业最新的动态，通过链接来引导顾客关注更深层次的新闻，简短而清晰。页面的下面是三个产品展示模块，依次展示手机、台式机以及平板电脑，给用户更多的体验。在网页的左右下角，给出了联系方式，方便来访者的咨询。所有栏目名称清晰易懂，无任何重复及多余栏目条，简洁大方，处处体现公司的科技感十足。

3. 网站导航与链接

在链接的处理上，联想更多地是借助多级链接来优化页面显示的，因此，在网站导航上做足了功夫，基本上所有的页面都可以直接回到上一页或首页。网站导航地图清晰易懂，通过多次点击完全可以找到需要的信息。通过桌面的按钮可以链接到更多的企业信息，来辅助展示公司形象、产品及服务展示，增加了网站的信息量。

4. 网站内容分析

通过优化后的页面，主次信息分明，企业Loge鲜明，对于用户最关心的机型信息通过二级栏目可以很方便地找到，用户只需要将鼠标放置在主题栏上，二级栏目即可弹出，清晰直观。通过动态的精美图片辅以生动的文字描述，可以让用户更加直白地了解产品信息，同时，各种产品参数以及促销信息均可获得。站内产品信息更新速度较快，保证了信息的时效性。标题清晰易懂，字体大小适中，符合人们的阅读习惯。

5. 网站可信度分析

企业网站证书齐全，网站备案信息，对企业信息的披露及时准确。地址、固定电话清晰可信，企业网站域名和企业品牌名称相符。在一级栏目的链接下，链接到相关的企业信息主页上。在企业信息主页上，我们可以看到公司的概况、发展史、新闻中心以及各种视频和新闻，特别是网上参观，跟着导游一起网上体验联想公司等互动视频，能更好地帮助客户了解联想，认可联想。在产品展示栏里，有各种产品的图片、功能特性、参数信息、促销品信息等。在浏览网页的过程中，没有任何的促销信息自动弹出，通过促销信息选购知识的普及和参数展示来促进客户的消费。客户服务、售后维护网点查询以及应用下载等栏目，给人一种负责任的大公司形象，通过售前电话和售后维修退货来消除客户的消费担心。

6. 网站功能与服务分析

流畅的登陆体验是保证网站服务质量的关键，由于没有把众多的图片和视频放在首页，联想官方网站的登陆过程还是相当流畅的。企业网站的主要功能就是网络营销，通过用户浏览网站信息，来培养用户的使用兴趣，进而通过各种线下实体店来销售，因此，完美的品牌和产品展示是企业网站的重要目的。联想将旗下所有产品进行分类，利用客户登陆网站的机会来展示最新的科技和产品，增加客户的购买欲。通过各种各样的促销信息来刺激新客户，丰富的应用下载和在线支持来维护老客户，促进公司发展。

（三）总结

通过以上的分析可以看出，联想的官方网站在结构和布局上设计得比较合理，通过流畅的登陆体验，客户进入网站后，在产品分类的引导下可以很容易找到自己所关注的产品。通过图文并茂的页面设计，客户可以更好地了解联想的产品，在就近店铺和维修网点的指引下，增加客户使用过程中的体验。在大量链接的帮助下，我们可以更好地了解各种产品及公司信息。可以说联想的官方网站做得很有自己的特色，完全体现了国际化的高科技企业形象。但不可否认，网站还是有以些不足的，可以在以下几点作适当地改进。

1. 大量的站外链接不能直接返回官网

大量的站外链接可以增加网站的信息量，让客户有更多的机会了解联想。但进入个别链接后会重启一个窗口，而这个链接不能直接返回官网，影响了客户的体验。另外，站外链接相比于站内网页而言，信息不是那么重要，因此，做得明显没有站内网页生动。

2. 大量的Flash和视频降低了网页打开的速度

Flash和视频可以更好地展示公司形象和产品服务，提升公司形象，但由于Flash和视频一般比较大，加载速度比较慢，将降低客户的体验。

3. 网站联系方式缺少邮箱地址

随着互联网的发展，电子邮件日渐被人们所接受并成为生活的一部分，很多人遇到问题更喜欢通过发送电子邮件的方式来咨询和解决。因此，作为一个主流的官方网站不应该忽视这个可以增加和用户互动的方式。

(资料来源：http://wenku.baidu.com/link? url＝bGqktuJ-aSXYu1qIeX8r54NMsTseh-3zu-tmvDndto55TuGWYKHMifjY3WeQ8nQYE-WS7OCZ0z4rZnxywQlwE1KIHFCXoOpIHSTqizPgdJq。)

前沿研究

数据仓库在客户关系管理中的应用研究

在竞争激烈的网络经济时代，随着Internet以及Web的商业迅速发展、营销理念的更新，企业保持客户所面临的困难越来越大，企业竞争的重点是"以客户为中心"，如何加强对企业客户资源的管理、开发与利用变得更加重要。客户关系管理（CRM）自产生以来，它的相关研究与应用得到了快速发展，但在企业中CRM应用失败的案例也比比皆是。其原因之一就是现有企业CRM应用的体系结构不完善。因此，企业的当务之急是深层分析数据仓库中储存的大量客户信息，从而获得有利于企业商业运作、提高市场竞争优势的有效信息，实现CRM的理念和目标，满足现代电子商务时代的需求和挑战。

一、基于数据仓库的CRM体系结构

（一）数据仓库与数据挖掘技术

数据仓库的创始人W.H.Inmon将数据仓库定义为："数据仓库是一个面向主题的、集成的、不可更新的、随时间不断变化的数据集合，用以支持企业或组织的决策分析处理。"

从CRM的角度，数据挖掘（data mining，DM）的应用就是从大量数据中挖掘出隐含的、先前未知的、对决策有潜在价值的知识和规则，并能够根据已有的信息预测未来可能发生的行为和结果，为企业经营决策、市场策划提供依据。各种类型的数据，如静态的历史数据和动态数据流数据等，都可以利用数据挖掘技术进行分析。常用的数据挖掘技术包括关联分析、序列分析、分类分析、预测分析、聚类分析以及时间序列分析等。

数据挖掘技术是企业实现有效的客户关系管理的引擎。数据仓库及其数据挖掘技术在企业客户关系管理系统中的应用，能够帮助企业全方位地了解客户，把握客户的特征与需求，更有效地掌握客户的行为。

（二）基于数据仓库的CRM解决方案

基于数据仓库的CRM是：利用数据仓库与数据挖掘的理论与技术，创建能够描述并预测企业客户行为的模型，目的是优化整个CRM的流程，最终实现有效的客户关系管理。数据源、数据仓库应用系统和CRM分析系统三个部分组成整个CRM的体系结构：

（1）通过广泛收集企业生产、经营过程中产生的客户信息、客户行为、生产系统和其他相关数据，最终形成数据源当中的海量数据。

（2）CRM中的数据仓库应用系统主要由数据仓库建设和数据仓库系统两个部分组成。数据仓库建设的功能是利用数据仓库的数据ETL和设计工具的抽取、转换、加载、

刷新等功能，逐步形成数据仓库；数据仓库系统具有联机分析处理(OLAP)、报表等功能，能够分析客户的整体行为和企业运营数据，针对不同的数据仓库用户提供有价值的信息。

（3）CRM分析系统是CRM的核心，主要有分析数据准备、客户分析数据集市、客户分析系统和企业调度监控等模块。分析数据准备模块从数据仓库中提取出进行客户分析所需要的数据，并形成客户分析数据集市；客户分析系统在客户分析数据集市的基础上，进行客户行为分组、重点客户发现和市场性能评估，其分析结果通过进一步的OLAP和报表，为市场专家经营决策、市场策划提供依据；对客户分析系统的有效性、可靠性分析由企业调度监控模块进行监管，提高企业应用CRM的成功几率。

二、数据仓库在CRM中的应用分析

CRM系统的运行是以数据仓库为基础展开的，能够为企业制定市场策略、开展营销活动提供决策支持。CRM分析系统是CRM应用的核心功能，围绕客户为中心展开，主要有客户行为分析、重点客户发现和市场性能评估等三种功能，能够应用于"一对一"营销、客户盈利能力分析等方面。

（一）客户分级管理

客户分级管理是CRM中的一项重要内容。首先需要进行客户行为分析，包括整体行为分析和群体行为分析两个方面。整体行为分析能够用来帮助企业发现所有客户的行为规律，但企业的客户千差万别，进行群体行为分析更为重要。根据客户行为的不同，进行行为分组，将客户划分为若干个不同的、有着明显的行为特征群体，这样，企业就能够发现群体客户的行为规律，更好地理解客户。行为分组也只是客户群体行为分析的开始，还需要进行客户理解、客户行为规律发现和客户组之间的交叉分析等，针对不同客户组进行的交叉分析，可以帮助企业发现客户群体间的变化规律，通过不断升级客户就能为企业带来更大的利益。与之相对应，采用数据挖掘技术，通过特征化和分类（包括聚类分析、演变分析、分类预测等），可以把大量的客户分成不同的类，在每一个类里的客户具有相似的属性，而不同类里的客户的属性则不同。基于这些理解和规律，通过数据挖掘了解不同客户的爱好，市场专家可以制定相应的市场策略，提供有针对性的产品和服务，大大提高各类客户对企业和产品的满意度。

然后进行重点客户发现，其目标是找出对企业具有重要意义的客户，观察和分析客户行为对企业收益的影响，建立和维护企业与客户之间卓有成效的"一对一"关系。在客户群中，客户的盈利能力也有很大的区别。利用数据挖掘技术，从客户的交易历史纪录中发现一些行为模式，并预测客户盈利能力的高低，或者预测在不同的市场活动情况下客户盈利能力的变化，根据不同客户的盈利能力，制定相应的、有效的营销策略，以获取最有价值的客户，提高客户的忠诚度。正如戴维·卡米伦所说，"若要让数据有用，就要将数据转化为营销（信息）。数据必须从'比特'和'字节'的形式转化为营销者在进行市场细分、促销和分析中需要的信息。"

（二）性能评估与调度监控

CRM的实施成果要经得起企业销售额、客户满意度、客户忠诚度、市场份额等"硬指标"的检测。在 CRM 系统中设置性能评估模块,保证系统运行的有效性和可靠性,企业也能够监控和调整 CRM 的运行状态,与企业的经营目标始终保持一致,提高企业应用 CRM 的成功率。

例如,企业通过客户行为分析、重点客户发现等进行客户分级管理,针对不同客户相应地制定市场策略和策划市场活动。然而,这些企业行为是否达到预定的目标需要进行评估,对企业进一步完善客户行为分析性能和改进市场策略非常重要。客户所提供的市场反馈是这些性能评估分析的基础。数据仓库具有数据获取与存储功能,自动地刷新客户对市场的反馈数据,这个过程被称为客户行为跟踪。在针对客户行为分析和重点客户发现过程的性能评估模块中,首先对企业的每个市场目标设计一系列评估模板,在一定的时间范围内(以月或季度为单位)给出客户行为分析报告,为企业进行策划和实施市场活动提供信息依据;然后要能及时跟踪市场的变化,通过一些具体的统计指标(如销售订单、访客记录等)来度量市场活动的效率,而且这些报告应该按月份更新,并可以根据市场活动的变化而及时修改。

(资料来源:欧燕群、周荔,《中国商贸》,2010 年 14 期)

案例
病入膏肓的 CRM 系统带来的烦恼

最近,Y 公司 CRM 项目主管张冬头大了。自从风风火火地上了 CRM 系统之后,公司领导对实施结果一直不太满意,这套 CRM 系统的硬伤显而易见。首先,体现在需求方面。最初是市场部门提出要更快地了解全国各地的市场信息、销售信息,更方便、快速地统计。IT 部门接到需求后,从长远考虑出发,推荐了 CRM 系统,希望第一期实现市场部信息需求,接着是客户管理………而不想简单地上一个数据收集系统,造成太多的信息孤岛,不利于公司信息化整体建设。想法本身很好,但项目实施之后的结果却是:CRM 系统并不擅长实现市场信息的收集和处理,需要大量的二次开发。勉强实现的功能扩展性不好,不能适应公司不断增长的需求。

更让张冬愤怒的是系统的开发。客观地说,公司选择的是 CRM 平台很好,据说在国际上名列前茅。但负责开发的人员却令人失望,技术和态度都差,一点也不从操作者的角度考虑。他们设计的数据录入界面十分繁琐,如输入销量时,要从每个零售店的界面中选择弹出一个窗口,再一个机型一个机型地录入,假设一个分公司管理 200 个零售店、10 个机型,意味着要进入 2 000 次界面。再如,报表输出部分,每种查询只能按固定的格式输出,如果公司要按机型、网型、分公司、零售店、促销员等多个角度来查询,开发人员说要开发数千个表,最后,原 CRM 项目组主管找到一个解决方法:找一个编成高手另外编一个报表形成程序。这样,CRM 系统就被分成了两部分,一部分是由原供应商提供的数据录入、原始数据管理系统;另一部分是高手开发的报表查询系统。面对这些问题,张冬觉得很头疼。

本来关系融洽的IT部和市场部也因为这个系统产生了一些冲突,IT部门责怪市场部门需求变得太快、各地操作人员太笨,每天都要应付来自全国的大量的很简单的操作问题。市场部门责怪IT部门不了解需求,不能耐心地提供服务,对新需求的开发进度太慢……一位参与实施的员工在多次申请并终于脱离苦海后,抛下一句话:"以后再也不跟IT人员打交道了!"

这一切让张冬陷入了深深的焦虑。现在再埋怨当初选型、实施过程中的种种失误,已经没有意义了。他现在最想知道的是这个病入膏肓的CRM系统是否还有药可医,以及如何医治。

(资料来源:三人行,赛迪网——中国计算机用户)

案例思考题

请分析让张冬陷入困境的原因是什么?

练习与思考

一、名词解释

销售自动化　营销自动化　客户服务与支持管理　客户分析系统　呼叫中心　现场管理

二、填空题

1. 呼叫中心与传统商业模式相比的鲜明特征有＿＿＿＿＿、＿＿＿＿＿和＿＿＿＿＿。
2. FAQ即＿＿＿＿＿,是常用的在线服务手段之一。

三、单项选择题

1. 在现场管理中,班长(主管)每天亲自参与服务的时间应不少于(　　)。
　　A. 1小时　　　　　　　　　　B. 2小时
　　C. 3小时　　　　　　　　　　D. 4小时
2. (　　)是指现场管理人员通过巡场的方式,了解与监督现场纪律、现场环境、坐席人员工作状态等情况的一种管理方式。
　　A. 人性化管理　　　　　　　　B. 走动式管理
　　C. 沟通式管理　　　　　　　　D. 巡查式管理
3. 通过客户数据库,按照一定的条件筛选出合适的呼出对象,在选定的时间段通过合适的方式就消费者心态、产品使用情况等进行定向调查。以上是呼出服务主要业务中的(　　)。
　　A. 电话营销　　　　　　　　　B. 电话调查
　　C. 确认客户资料　　　　　　　D. 客户关系
4. (　　)不是呼叫中心与传统电话服务相比所具有的显著优势。
　　A. 集成性　　　　　　　　　　B. 智能化

C. 无限制 D. 便捷性
5. CRM 是（ ）。
   A. 销售自动化 B. 客户信息管理
   C. 客户关系管理 D. 客户关系营销

四、多项选择题

1. 一个完整的 CRM 系统应包括（ ）。
   A. 客户协作管理系统 B. 业务管理分系统
   C. 分析管理分系统 D. 应用集成管理分系统
2. CRM 应用系统分为（ ）。
   A. 协作型 CRM B. 支持型 CRM
   C. 操作型 CRM D. 分析型 CRM
3. 呼叫中心与传统电话服务模式相比的优势包括（ ）。
   A. 集成性 B. 便捷性
   C. 智能化 D. 主动性
4. 基于 Internet 的呼叫中心可以提供（ ）与客户进行远距离沟通。
   A. 电子邮件 B. 文字交流方式
   C. 客户服务代表回复方式 D. Internet 电话方式
5. 网络服务的作用包括（ ）。
   A. 了解产品信息 B. 接触公司人员
   C. 了解服务过程 D. 解决问题

五、简答题

1. 简述克服呼叫中心沟通障碍的方法。
2. 简述客户网络服务的实施方法。

第八章

客户关系管理体系建设

学完本章,你应该能够:
1. 了解客户关系管理体系的架构。
2. 了解客户服务的战略部署和系统规划。
3. 了解客户服务质量管理的基本内容。
4. 了解客户服务人员管理的基本内容。
5. 了解客户服务绩效管理的基本内容。

客户关系管理战略　客户服务　客户服务质量管理　客户服务人员管理　客户服务绩效管理

企业目标当然是赢利。20世纪的赢利模式是扩大销售,多做生意、多赚钱,忘了客户流失带来的成本上升。21世纪的赢利模式转化为客户满意,通过服务客户和客户满意来长期赢利。管理大师彼得·杜拉克说:"企业目标是创造并留住顾客,利润就是前产品。"客户服务从过去的维修保养等战术层面上升为创造客户价值的战略层面,与客户结成绩效伙伴,建立满意忠诚客户群是企业建立核心竞争力的重要手段,所以,全世界优秀的企业都号称自己是服务型企业。

然而,国内大部分企业的服务却停留在低层次、简单化、凭感觉、靠估计的状态,员工和团队的客户服务观念不够、人员没有经过专业训练、服务技能没有可衡量的标准,管理者也没有定期测量客户的满意度。当然,客户服务和客户满意被忽略遗忘的重要因素还有薪酬体系和绩效评估中没有与客户满意度挂钩,也许,很多企业根本就说不出客户满意度是多少。

对国内企业而言,提供卓越的客户服务、建立满意忠诚的客户群,已经迫在眉睫。

第一节 客户关系管理战略

一、客户关系管理战略的基本点

▶ 客户的真正需求,是企业建立有效客户关系的根本出发点。
▶ 实现客户让渡价值的增值,让客户满意,是企业建立高质量客户关系的基础。
▶ 保持与客户良性接触,让客户拥有愉快的消费经验与感受,是建立持久客户关系的保证。

二、客户增长矩阵

客户增长矩阵如图8-1所示,通过图解说明企业面对处于不同阶段的客户或潜在客户,以及自身提供的产品或服务应该建立各自不同的战略。依靠这些战略企业才能够发展,并且建立起与客户的特殊关系。

	产品/服务	
	现有的	新的
顾客 现有的	顾客忠实于你	顾客扩充
新的	顾客获得	顾客多样化

图8-1 客户增长矩阵

(一)客户忠实于你的战略

首先,如果在客户忠实于你方面的逐渐加强,就能从许多方面产生出渐增的利润率。由以经验为根据的证据表明,忠实客户倾向于将大量的时间花在你的身上,他们担当了推荐介绍你产品或服务的代理商,从而为你带来了新的客户,并且最终为他们服务可能还比为新客户服务所花费的成本要少得多。这些因素结合起来提供了强大的证据,表明企业的收益率直接与客户的忠实程度相关。因此,企业应该将战略上的关注焦点集中在客户的回头率上,这比获得更大的市场份额更重要。

其次,如果一个企业拥有合适的客户,它就会获得竞争优势,同样,一个客户忠实于你的战略就是获得持续竞争优势的基础。如果你不能拥有合适的客户,那就说明客户忠实于你的这种程度是不恰当的。显然,在这里存在一个"匹配"关系。

(二)客户扩充战略

客户扩充战略常常与客户忠实于你的战略结合在一起使用,它们都涉及要维持企业已经与客户建立起来的关系这个问题。新增的产品或服务都要适合于客户群体。例如,通过零售商店提供金融服务就是从客户扩充战略中获得更大回报的又一个实例。

类似这样的战略扩充,已经使行业或市场的界定变得越来越模糊。以前处于不同市场范畴的企业,现在正为获得同样的客户而竞争,并且正依靠着这些战略去满足同样客户的需求。

（三）客户获得战略

为了获得更合适的客户，需要对潜在客户进行需求分析，在有需求的地方需要应用客户获得战略。例如，当企业在迅速增长的市场中运作的时候，或者当快速增长有一些特殊需求的时候，尤其在后一种情况中，重点可能就是要获得新客户，但这些新客户的需求类似于现有的客户。客户获得战略对于当前的客户群体是否能够再招来新客户上具有重要的意义。对于许多小的企业来说，用此战略可以通过当前客户的口碑传播，以低成本获得新客户来扩大规模。老客户的行为模式会给企业带来指导作用。

（四）客户多样化战略

客户多样化战略涉及最高的风险问题，因为该战略涉及企业使用新产品和新服务来与新客户做生意谋求发展的状况。除非有特殊的机会，否则，它作为企业所遵循的切实可行的战略是非常不可靠的。例如，前几年在国营军工企业向民用企业的转型中，许多企业新开发的产品出来了很久，还没有找到合适的客户，结果造成产品大量积压，其原因是客户群体、销售渠道发生了根本变化。如果客户多样化战略在没有充分地研究透彻之前就进入实施阶段，企业不但要试着应付根本不同以往的客户，同时还要解决新产品的技术问题。

（五）不同的客户战略结合

通过上述多种战略分析，我们总结出针对不同的客户企业需要实施不同的客户战略结合，如图 8-2 所示。企业要建立客户关系管理战略，首先必须实施好客户忠实于你的战略，然后通过依靠客户向下推荐以及向客户提供新产品和新服务，将客户扩充战略及客户获得战略与客户忠实于你战略结合起来，使企业不断地获得新客户，而当前客户变得更忠诚。其根基就在于客户忠实于你的战略是开发发展战略的基础，这也是客户关系管理战略的基本出发点。

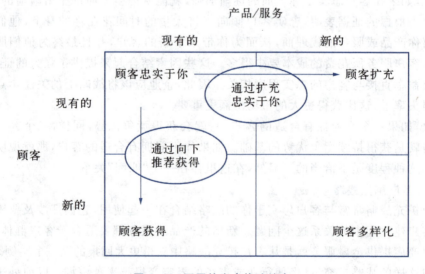

图 8-2 不同的客户战略结合

三、关系营销战略

(一)关系营销概念

随着市场竞争的日益激烈和市场营销组合策略的广泛应用,人们发现,许多经过精心策划的市场营销组合计划实施后难以达到预期的效果。于是,西方学术界和企业界积极探索适应现代竞争要求的营销理论和方法,关系营销作为其中的佼佼者应运而生。

关系营销是以系统论为基本思想,将企业置身于社会经济大环境中来考察企业的市场营销活动,认为企业营销乃是一个与顾客、供销商、竞争者、内部员工、政府机构和社会组织发生互相作用的过程,正确处理与这些个人及组织的关系是企业营销的核心,是企业成败的关键。关系营销将建立与发展同相关个人及组织的关系作为企业营销的关键变量。

实例资料

保时捷公司认为,只要与关键的利益方建立良好的关系,利润就会滚滚而来。所以,保时捷公司从不打折销售和赠送免费的金卡。保时捷认为:"你免费送出去的所有赠品都会被看作是没有价值的。"保时捷通过与有价值的客户建立良好的关系来提升自己的价值。如果客户在德国买了一辆保时捷牌的跑车,它会为客户提供免费停车、洗车的优惠。不论客户何时要乘飞机,只要把保时捷车开到机场的埃尔维斯租车公司的停车场即可。埃尔维斯的员工在客户离开的这段日子里会保管好客户的车,把车子的内外都清洗干净。保时捷的车主乘飞机旅行时一点也不需要担心自己车子的安全,回来时又看到等着他的是一辆崭新、干净的轿车,自然会很高兴;更何况还为他省下了可观的机场停车费。这些无时无刻不在提醒车主:保时捷公司的人是真正关心我的。这些贴心的服务马上便将这家汽车制造商和其他竞争者明显地区分开来,且进一步稳固了公司与车主的关系。

(二)关系营销战略的内容

关系营销把一切内部和外部利益相关者纳入研究范围,用系统的方法考察企业所有活动及其相互关系。在此理论指导下,企业的营销策略可分解为顾客关系营销策略,供销商关系营销策略,竞争者关系营销策略,员工关系营销策略和影响者关系营销策略。其中,员工关系营销是关系营销的基础,顾客关系营销是关系营销的核心和归宿。

1. 顾客关系营销策略

顾客是企业生存与发展的基础,是市场竞争的根本所在。只有企业为顾客提供了满意的产品和服务,才能使顾客对产品进而对企业产生信赖感,成为企业的忠诚顾客。菲利普科特勒指出,忠诚的顾客是企业最宝贵的财富。现在,许多公司日益重视设计出最好的关系组合以争取和保持顾客。好的顾客就是资产,只要管理得当和为其服务,他们就能转为公司丰厚的终身利益来源。在紧张的竞争市场中,公司的首要任务就是持续地用最优的方法满足他们的需要,以保持顾客的忠诚度。企业应该树立以消费者为中心的观念;建立顾客关系管理系统,培养顾客的忠诚度;了解顾客的需要,提高顾客的满意度。

2. 竞争者关系营销策略

在以往的营销观念中,企业与企业的竞争是一场不宣而战的特殊战争,是你死我活的竞争。在这种营销观念的指导下,企业为寻求成功,往往不择手段地置对方于死地,有时为了取得竞争上的优势,不惜采取低价倾销的策略,这样做的结果只能是两败俱伤。其实,在当今市场竞争日趋激烈的形式下,视竞争对手为仇敌、彼此势不两立的竞争原则已经过时,企业之间不仅存在着竞争,而且存在着合作的可能,以合作代替竞争,实行"强强联合",依靠各自的资源优势实现双方的利益扩张。在这方面,许多大型跨国公司已有先例,美国通用汽车与意大利菲亚特汽车公司以互换股权的方式实现了战略联合。可以认为,只有通过合作而非低层次的恶性竞争,企业才能提高综合竞争力。这种竞争者合作的企业间关系可视为战略联合,它有利于企业在最大程度上发挥自己的资源优势的同时,更好地利用其他资源,使社会资源得到最佳配置,使合作各方获得比合作前更多的竞争优势和利益。

3. 供销商关系营销策略

对大多数企业来说,它不可能也没有必要从原料的生产到产品的销售完全独立完成,较为普遍的模式是供应商—企业—分销商—最终顾客。即企业从供应商那里获取原材料,通过分销商销售产品。供应商提供原材料的费用和产品,由分销商销售产生的分销费用构成了企业产品的成本,因此,一般认为,供应商和分销商会使企业的收益降低,企业与供应商和分销商之间存在着竞争。但实际上,企业与供应商、分销商之间也有共同利益。在竞争日趋激烈的市场环境中,明智的市场营销者会和供应商、分销商建立起长期的、彼此信任的互利关系。这就要求企业与供应商之间:求实为本,增进了解;诚意合作,共同发展;讲究信用,互利互惠。

4. 员工关系营销策略

内部营销是企业关系营销的基础,其目标是企业员工转向关系营销的新视野,激励员工开发、执行关系营销策略。可以说,没有良好的员工关系,企业就无法开展工作,如果企业不能满足其雇员的需要,那么,在与顾客建立长期关系之前,员工就已经转向其他工作了。因此,任何企业都必须首先处理好自己内部的员工关系,只有企业内部上下、左右关系融洽协调,全体员工团结一致、齐心协力,才能成功地"外求发展",通过员工的协作以实现在资源转化过程中的价值最大化。这要求企业:造就良好的员工信念,建立企业内部良好的沟通气氛,满足员工不同层次的需要。

5. 影响者关系营销策略

当今,企业从以生产为中心转到以市场为中心,使得社会的关系结构发生了根本的变化,长期形成的以行业为主的竞争方式开始向全方位转向。也就是说,一个企业要生存和发展,不仅要生产出好的产品,还要迎合市场的需要,还能被政府和社会各个阶层所欣赏,取得公众的信任,在社会上塑造一个令人满意、尊敬的形象。

任何一个企业都不可能独立地提供营运过程中所有必要的资源,它必须通过银行获得资金,从社会招聘人员,与科研机构进行交易和合作,通过经销商分销产品,与广告公司联合进行促销和媒体沟通。不仅如此,企业还需要被更广义的相关人员所接受,包括同行企业、社会公众、媒体、政府、消费者组织、环境保护团体等,企业无法以己之力应付所有的环境压力。因此,企业作为一个开放的系统从事活动,不仅要注意企业内部的员工关系、企业和顾客关系、企业与合作者关系,还必须拓宽视野,注意企业与股东的关系、企业与政府的关系以及企业与媒介、社区、国际公众、名流、金融机构、学校、慈善团体、宗教团体等的关系。这些关系都是企业经营管理的影响者,企业与这些环境因素息息相关,构成了保障企业生存与发展的事业共同体。与共同体中的伙伴建立起适当的关系,形成一张巨型的网络,对大多数企业来说,要想成功就必须充分利用这种网络资源。

四、体验营销策略

(一)体验营销的概念

随着我国改革开放的深化,中国的市场经济逐步走向完善,市场竞争日益激烈,传统营销理论指导下的营销实践活动越来越难以实现企业的经营目标。为了走出传统营销的陷阱,更好地抢占市场,赢得顾客的忠诚,使企业的产品和品牌在顾客脑海中留下深刻印象,成为顾客的首选,企业迫切需要新的营销理论来指导企业的品牌建设。拥有连贯的、一致的、积极的品牌体验是顾客保持忠诚的最主要原因,这种品牌体验的前提是顾客对品牌完全满意。

体验营销是站在顾客的感官、情感、思考、行动、关联五个方面,重新定义、设计营销的思考方式。体验会涉及顾客的感官、情感、情绪等感性因素,也会包括知识、智力、思考等理性因素,同时也可包括身体的一些活动。在体验经济条件下,企业的营销战略也应有相应转变,主要是以体验为基础,开发新产品、新活动;强调与顾客的沟通,并触动其内在的情感和情绪,以创造体验吸引顾客,并增加产品的附加价值;以建立品牌、商标、标语及整体形象塑造等方式,取得顾客的认同感。

品牌体验是顾客个体对品牌的某些经历(包括经营者在顾客消费的过程中以及品牌产品或服务购买前后所做的营销努力)产生回应的个别化感受。一个品牌的知名度只是众多维度中的一个而已,真正打造品牌的品牌战略家,其眼光是聚焦于品牌的内涵,而这种内涵集中体现于品牌的核心价值。顾客满意是业务中仅次于净利润以外的最便于检测的指标之一。借助品牌凝聚体验,品牌不但是提供产品或服务的标志,还是对人们心理和精神上的表达。在体验营销者看来,品牌就是顾客对一种产品或服务的总体体验。

(二)基于体验营销的顾客满意与品牌体验实施策略

品牌经营的目标是促使保持顾客的满意,顾客的品牌体验决定对某品牌满意以及满意度高低的因素。所以,积极的品牌体验将直接增加顾客对品牌的满意度。

▶ 品牌体验的核心是重视产品与顾客的互动。
▶ 全面顾客体验营销。
▶ 创新塑造和传递品牌体验的方式。
▶ 进行品牌体验管理,创造顾客满意。

第二节 客户服务系统规划

科技的进步与市场结构的转变加剧了企业之间的竞争,因特网以及其他电子媒介的出现为企业提供了更多的竞争手段,大多数企业制定了竞争导向的战略。无论是理论界还是实业界,通过长期的探索发现:公司要取得长久的竞争优势,比竞争对手赢得更多的利润,可以采用两种基本的竞争战略,即低成本战略和高顾客满意度战略。低成本竞争战略与高顾客满意度竞争战略都有取得成功的案例,这两者并无优劣之分,有的只是适应的条件及环境不同。低成本战略的一个基本前提条件,就是顾客需求的稳定性和单一性。然而,随着市场竞争的日趋激烈,卖方市场向买方市场转化,大众消费文化及心理也在发生着变化。人们的消费向个性化和多样化发展,消费需求的周期也越来越短,因此,低成本战略在越来越多的行业及公司中被证明是一个不再适用的竞争战略。以客户服务为核心理念,以提高顾客满意与忠诚为基础的高顾客满意度战略成为获取长期性竞争优势的最佳途径。

一、建立完善客户服务体系的重要性

在互联网时代的商战中,谁能在最短的时间内,以最少的成本,获得最大的利润和最广阔的市场份额,谁就能成为商场的"王者"。而成就"王者"的利器就是客户服务(customer service)。什么是服务?北欧最有影响的服务市场营销学者格鲁诺斯教授为服务下的定义是:"服务是以无形的方式,在顾客与服务职员、有形资源产品或服务系统之间发生的,可以解决顾客问题的一种或一系列行为。"

实例资料

在发达国家的一些大企业里,服务所得的费用占据企业总营业收入非常大的比例,蓝色巨人IBM在其2001年第3季度的报告显示,IBM全球服务收入已经以41.1%的比例赶超硬件销售的39.1%。微软公司总裁比尔·盖茨说,他的公司今后80%的利润都将来自旧产品销售后的各种升级、换代、维修、咨询等服务,而只有20%的利润来自产品销售本身。

服务创造价值,服务创造财富,服务的品质将决定企业未来的命运。因此,建立和完善客户服务体系是建立企业长期性竞争优势的当务之急。

二、构建客户服务体系

客户服务体系由以下子系统构成:产品服务系统、技术服务系统、成本管理系统和员工服务系统。

(一) 产品服务系统

产品服务系统是客户服务体系的基础,客户对企业的基本需求是产品,因此,产品服

务是最基本的,其内容包括产品设计、产品生产、产品品质、产品完善和更新等。客户服务始于产品设计,产品设计从某种意义上说决定着客户服务能否取得成功。一个不合理的产品设计会使服务人员和客户花费很大的精力来解决一个问题;相反,一个好的产品设计不但给客户和服务人员带来方便和快捷,还会降低服务成本。

因此,在产品设计时应注意以下几个方面:

(1) 产品设计与开发中让客户与服务人员参与。

(2) 要根据产品特征及其对客户的价值进行合理设计。

(3) 产品设计要关注影响客户服务的敏感性因素。

实例资料

奔驰车历经百年仍位于"世界十大名牌",原因就是其卓越的质量。客户购买奔驰车首先是买满意的质量,3 700种型号车对任何不同的需要都能得以满足。不同色彩、不同规格,乃至在汽车里安装什么样的收录机等千差万别的要求,奔驰公司都能一一满足。公司在未成型的汽车上挂有一块块牌子,写着顾客的姓名、车辆型号、式样、色彩、规格和特殊要求等。

产品要保持对客户的持久吸引,产品设计还要不断地完善和更新,保持新鲜感和时代感。

实例资料

宝洁的汰渍产品光是其配方和包装就改了不下70次。过去数十年来,不仅洗衣机功能大幅改变,洗衣习惯也不同以往。此外,衣服质料和生活方式也历经改变。这些改变创造了新的市场区域及新产品,也促使汰渍增加产品功能以满足消费者的需求。

(二) 技术服务系统

技术服务系统是指为客户所做的技术服务,包括售后服务和网络服务。售后服务从原来的维修及处理投诉已扩展至免费热线、信息与决策的服务、回访、售后的修理及维护服务、维修零件供应、广泛的质量保证、操作培训等方面。这些售后服务工作可以归结为两大方面。

1. 支持服务

支持服务包括产品保证书、零件供应与服务以及对使用者的帮助和培训。企业提供服务的范围和由此形成的企业政策及态度,对顾客满意度无疑具有重大影响。

2. 反馈与赔偿

反馈与赔偿包括对投诉的处理,对争议的解决和退款及退款政策等。这些工作有助于企业树立令客户满意的形象。

实例资料

L. L. Bean 公司以它的"不问原因"退款政策闻名,50多年来虽然公司由于这项政策损失销售额的 5%—6%,但得益也是很明显的:平均每页邮购目录每年带来的收入达 1 亿美元,而且顾客满意度很高。

(三)成本管理系统

成本管理系统是指通过一系列的方法降低客户的购买成本,为客户创造价值,吸引客户,谋求客户的满意与忠诚。降低客户成本可以从以下几方面入手。

1. 货币成本

直接表现是服务价格,这是构成客户总成本大小的基本因素。但由于在低价基础上的顾客忠诚度不稳固以及使企业收益下降等原因,低价的运用范围日趋缩小,取而代之的是以顾客感知价值为基础的合理货币成本控制。

实例资料

美国西南航空公司网上订一次票的成本是 1 美元,而通过旅行社订购的成本却是 10 倍。通用公司每年投入 30 亿美元发展高科技,其投入增长率为 12%,网上拍卖会节约开支 16 亿美元,并且能售出价值 150 亿美元的货品和服务,最终将获得占总收入 30% 的收益。

2. 时间成本

时间成本是指顾客消费过程中所消耗的时间量,以及为获取服务赶到服务地点的时间量。一般来说,顾客消费服务等待时间越长,所付出的时间成本就越高。过长的等待时间会引起顾客消费总价值的损失,使顾客可能放弃消费该服务意愿。企业必须在保证顾客价值获得不变的前提下,提高企业的工作效率。从客户的角度思考,速度是现代化社会最重要的资本,超越了语言、文化。当然,可以借助工具来提高速度,如网络。

实例资料

西南航空公司从在线订票到确认,再到最后登机可以不超过 20 分钟;著名的美国 DELL 公司目前实行的网上订购,60 秒即可确认是否完成交易,4 小时内完整的电脑或者相关设备就可装配完毕。

3. 信息成本

信息成本是指顾客为作购买决策,获取有关服务的可获得性、效用、风险性等信息所付出的金钱。企业应充分利用广告、产品说明书、员工介绍等沟通活动,主动地降低顾客消费服务的信息成本,从而增加消费的净价值。

4. 精神成本和体力成本

这两者都是非经济性成本,是在以上各项经济性成本支出的同时伴随发生的精神和体力消耗。企业可通过有形展示的设计,改善经营现场的消费舒适性,以及通过渠道网点分布的再设计等工作为顾客消费服务节省精力与体力。

(四)员工服务系统

员工服务系统是客户服务体系的动力系统和保障系统,因为所有的客户服务都是由员工来实现的。员工服务有两方面的含义:一是员工也是企业的客户,企业为员工提供的服务是信息、资源、支持、授权;二是从员工满意达到顾客满意,忠诚的员工可以使客户忠诚。培养员工忠诚应从以下几方面入手:尊重、教育、共享、授权。尊重每一位员工人格、劳动和成绩。一个企业80%或者更多的信息和观点应该来自与员工的互动教育上,这样不仅塑造他们的服务和专业技能,还塑造了他们的自信心,增强满足感。共享即共享信息、知识和利润。共享利润可以通过发放股票和参与利润分享,这种方式能大大地激励员工的积极性,使他们更加热情地对待客户,客户更满意、更忠诚,公司效益也越好,更能留住员工。

第三节 客户服务质量管理

一、服务质量及其形成模式

(一)服务质量的概念

1. 服务质量的定义

服务质量就是反映服务满足一组固有特性的程度。

2. 服务质量环

服务质量环(见图8-3)是对服务质量形成流程和规律的描述,涵盖了服务质量体系的全部基本过程和辅助过程,是设计和建立服务质量体系的基础。

3. 受益者

顾客、员工、合作者、企业和社会都是服务的受益者。

4. 现代服务质量观

(1) 21世纪将是一个服务质量的世纪。

(2) 首先是顾客的需要,同时要兼顾其他受益者的利益。

(3) 服务质量是企业生存发展的第一要素。

(4) 提高服务质量是最大的节约。

(5) 应由消费者和其他受益者的立场来看待服务质量。

(6) 服务质量的提高主要取决于科学技术的进步。

采用优质服务战略的企业,与顾客建立并发展的是一种长期互惠关系,达到企业与顾客同时成长的效果。

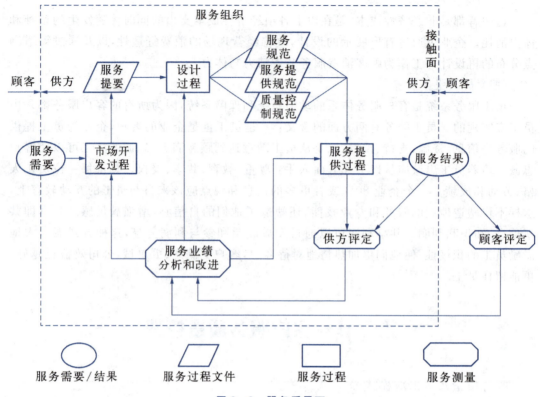

图 8-3 服务质量环

(二)服务质量的内容

顾客对服务质量的认识可以归纳为两个方面,一方面是顾客通过消费服务究竟得到了什么,即服务的结果,通常称之为服务的技术质量;另一方面是顾客是如何消费服务的,即服务的过程,通常称之为服务的功能质量。服务质量既是服务的技术和功能的统一,也是服务的过程和结果的统一。

技术质量一般可以用某种方式来度量,这在顾客评价企业的服务质量中占有相当重要的地位。顾客对服务质量的评价受到自身知识、能力、素养的影响,但其他顾客也会影响现有顾客对服务质量的感觉和认识。

技术质量是客观存在的,而功能质量是主观的。顾客评价服务质量是根据其所获得的服务效果和所经历的服务感受两个方面的状况综合在一起形成的。

各种服务的技术质量和功能质量所占的比重有较大的差别。即使是同一种服务,如果服务过程有差异,技术质量可能不变,但功能质量会有差异。

(三)服务质量的来源和形成模式

1. 服务质量的来源

(1)设计来源。服务是否优质,首先取决于独到的设计。

(2)供给来源。将设计好的服务,依靠服务提供系统,并以顾客满意和希望的方式操作实际服务过程,把理想中的技术质量转变为现实的技术质量。

(3)关系来源。服务过程中服务人员与顾客之间的关系。即服务人员越是关心体贴顾客,解决顾客的实际问题,顾客对服务质量的评价就越高。

2. 服务质量的形成模式

服务质量的三个来源和两方面内容之间是相互关联的,可归结为古默森—格龙鲁斯质量形成模式,如图 8-4 所示。

图中表明,顾客感知服务质量要受到企业形象、质量预期和质量体验三方面的综合作用。

顾客在购买和消费服务之前,由于受到企业所做的广告或宣传的影响,也可能由于其他顾客的口头信息传播的影响,以及自己以前消费服务的经验,在主观上形成对企业形象的一个初步认识,特别对自己准备消费的服务的质量有了比较具体的预期。

顾客在消费服务之前,是带着自己对这种服务的具体预期的,在提供服务的过程中,顾客体验到该企业的服务质量。这个过程中,顾客体验的内容分为两个部分:一是自己获得了什么,二是自己如何获得的,即服务的技术质量和功能质量。

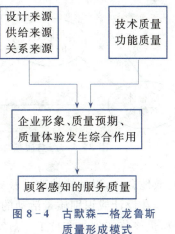

图 8-4 古默森—格龙鲁斯质量形成模式

在消费服务之后,顾客会不自觉地把自己在消费服务过程中体验到的服务质量与预期的服务质量相比较,从而得出该企业的服务质量是优、良、次、劣的结论。

顾客对服务质量的最终评价还要受到顾客心目中企业形象的调节。例如,该企业的市场形象一贯较好,顾客很可能原谅在服务过程中企业的过失,而提高对服务质量的评价;反之,如企业形象不佳,就会放大服务过程中的过失或不足,使顾客得出更加不满的结论。

二、服务质量体系

(一) 服务质量体系的概念

企业必须把服务质量管理作为企业管理的核心和重点,把不断提高服务质量,更好地满足顾客和其他受益者的需求作为企业管理和发展的宗旨。因此,任何一个企业要实现自己的质量战略,都必须建立一个完善的服务质量体系。

服务质量体系就是为实施服务质量管理所需的组织结构、程序、过程和资源。对它的理解应注意以下三个方面:

(1) 服务质量体系的内容应以满足服务质量目标的需要为准。

(2) 企业的质量体系主要是为满足企业的内部管理的需要而设计的,它比特定顾客的要求要广泛,顾客仅仅评价该服务质量体系的相关部分。

(3) 可根据要求对已确定的服务质量体系要素的实施情况进行证实。

服务质量体系的作用是使企业内部相信服务质量达到要求,使顾客相信服务满足需求。服务质量体系是企业实施质量管理的基础,又是服务质量管理的技术和手段。

(二) 服务质量体系的关键方面

服务质量体系如图 8-5 所示。

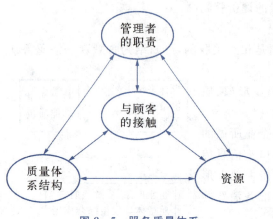

图 8-5 服务质量体系

1. 管理者的职责

企业管理者的职责是制定和实施服务质量方针并使顾客满意。成功地实施这个方针，取决于管理者对服务质量体系的开发和有效运行的支持。

管理者的职责包括对由于其活动影响服务质量的所有人员明确规定一般的和专门的职责和权限。

只有明确合理分工的质量职责和权限，一线员工才可以在确定的权限范围内尽可能地满足顾客的要求，其他员工也可以通过承担规定的职责与一线员工进行有效地合作，以持续地改进服务质量，使顾客满意。

在设计或识别质量活动的基础上，按照分解、细化的质量职能，分配到各部门、各岗位，最终落实到每个员工。落实职权是指分配或承担职责和权限。

企业内的每个员工都有自己的职责和权限，但一些关键人员的职责和权限的落实有利于职能部门和全体员工的质量职责的确定、分配和落实。这些少数的关键人物（如高层管理人员）在明确并充分有效地行使了自己的职权以后，其他问题就能迎刃而解。

2. 资源

资源是服务质量管理体系的物质、技术基础和支撑条件。

（1）人力资源。人是企业最重要的资源，顾客往往把一线员工当作服务的化身。聘用个性适宜提供良好服务的人，对挑选的员工进行适当的培训，把与外部顾客的关系和与内部顾客的关系以及团队合作的重要性作为培训重点，并对员工加以适当的激励，提供员工可以展望的发展前景，以使员工维持长期干劲。

（2）物质资源。物质资源包括技术和装备。只有先进的物质资源，建立起完善的服务基础设施，才能保证顾客享受到高质量的服务。企业固然对人力资源需求巨大，但为了提供服务而必须建立的基础设施及设备，也会使企业资本密集度相当高，其中，绝大部分着眼于以科技代替人力。

（3）信息资源。信息资源是企业最终能在竞争中获胜的关键之一。拥有信息基础的企业，可以根据自身的信息资源，对顾客提供个性化的服务，针对顾客的偏好适时地调整其服务，以提高服务的效率和效益。

企业获得信息资源的主要渠道包括顾客、企业一线员工、企业管理层、供应商、社会公众。企业可针对不同来源而特别设计调查方式，来获得与服务质量有关的信息资源。

实例资料

1984 年，沃尔玛公司耗资 2 400 万美元发射了自己的卫星。至 1990 年 1 月，沃尔玛的卫星系统是全球最大的交互式、高度整体化的私人卫星网络。卫星网络向所有商店同时广播通信,不但加快了信息的传送,也降低了电话费用。这个卫星系统给公司提供交互式的音像系统,便于库存控制的数据传输,能够在结账柜台上进行快速信用卡授权,并增强了EDI传输功能。这一系统是沃尔玛"迅速反应"项目的一部分,确保商店一旦库存紧缺,能够及时订货。与之相对应,沃尔玛的付款方式也较其他零售公司优惠。平均而言,沃尔玛在29天之内付款,而竞争对手在45天之内付款。利用这些信息资源,沃尔玛提高了服务效率,获得了竞争优势,通过快速增长逐渐成为零售业的世界巨人。

三、服务提供过程质量管理

服务提供过程是顾客参与的主要过程。其基本特征是:服务提供者与顾客之间的关系十分密切,服务生产过程和消费过程是同时的。

(一)服务提供过程模型

根据服务提供过程模型(如图8-6所示),服务的提供被视野分界线划分为两个部分:一部分是顾客可见的或接触到的;另一部分是顾客看不见的,由企业辅助部分提供的,但又是为顾客服务不可缺少的。

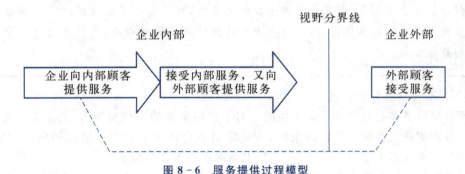

图8-6 服务提供过程模型

1. 相互接触部分

外部顾客通过相互接触部分接受服务。在相互接触的过程中,能够产生和影响服务质量的资源包括介入过程的顾客、企业的一线员工、企业的经营体制和规章制度、企业的物质资源和生产设备。

2. 后勤不可见部分

后勤不可见部分可分为两部分,一部分是直接为顾客提供服务的一线员工接受企业后勤人员的服务,另一部分是企业后勤人员作为企业向其他内部顾客提供后勤支持服务。

内部后勤支持服务是企业向顾客提供服务必不可少的条件,但由于视野分界线,顾客不一定能了解,因而认识不到那部分服务提供过程对整个服务质量所作的贡献。顾客只关注相互接触阶段,即使内部服务相当优异,但接触过程服务质量低劣,顾客就会认为企业的服务质量不高。其次,由于顾客没有看到企业在幕后做了多少工作,他们认为看得到的服务提供过程并不复杂,因而可能无法理解为什么各种服务具有价格牌上标明的那么高价格。通常,企业可以采取适当的宣传或扩大顾客与企业的接触范围的方式,使顾客理解服务的全部内涵,但由于扩大了相互接触部分,可能会增加服务质量控制的难度。

(二)顾客评定

顾客评定是对服务质量的基本测量,它可能是及时的,也可能是滞后的或回顾性的。很少有顾客愿意主动提供自己对服务质量的评定,不满的顾客在停止消费服务前往往不作任何明示或暗示,以至于使企业失去补救机会。所以,片面地依赖顾客评定作为顾客满意的测量,可能会得出错误的结论,导致企业决策失误。

顾客评定与企业自身评定相结合,可以克服自我评定中的自以为是,也可以弥补顾客评定的随机性和滞后性,对企业避免质量差错、持续改进服务质量是一条行之有效的管理途径。

实例资料

美国运通公司从 1986 年开始,每年大约追踪 12 000 笔交易。在顾客与公司有过某种接触之后对他们进行访谈,以了解他们对柜台作业的满意程度,以及是否会影响他们将来对信用卡的使用。运通公司有位高层主管解释说,顾客满意度的调查,能做到我们利用其他方法无法做到的事,这种调查能使我们与信用卡持有人更加接近。更重要的是,调查报告并未被束之高阁,这些报告最后提供给我们改善服务质量必须采取的具体行动,以及有关如何加强服务的新观念,这种调查是质量保证的最佳工具。

(三)不合格服务的补救

不合格服务在企业仍是不可避免的。对不合格服务的识别和报告,是企业内每个员工的义务和责任。在服务质量体系中,应规定对不合格服务的纠正措施的职责和权限,并鼓励员工在顾客未受到影响之前,尽早识别潜在的不合格服务。

当有不合格服务发生时,顾客对企业的信任将会发生动摇,但并不会完全丧失。服务质量体系针对不合格服务的补救应有两个阶段。

1. 识别不合格服务

要识别不合格服务,成功地将服务问题揭示出来,就必须建立一个有效的系统来监测、记录和研究顾客的抱怨。

(1)监测顾客抱怨。

(2)进行顾客研究。

(3)监测服务过程。

2. 处理不合格服务

在顾客看来,不能积极地处理不合格服务,往往是比出现基本的服务问题更为严重的缺陷。企业若不能解决已经暴露的不合格服务,则顾客往往更加不能容忍。企业要采取积极的措施以满足顾客的要求,在服务质量体系中,可通过以下几点得到保证:

(1) 对员工作必要的培训。
(2) 对第一线员工授权。
(3) 奖惩员工。

第四节　客户服务人员管理

一、客户服务人员的角色分析

1. 贩卖者

客户服务人员帮助企业提供给客户优质的服务,其中包括创意、策划,更重要的是对投诉抱怨的恰当处理和反馈。从某种意义上说,客户服务人员在为企业贩卖自己的产品或者服务。

2. 分析师

客户服务人员聆听并且分析各种来自市场、来自客户的问题,并最终找到解决问题的有效办法。这就相当于企业的分析师,起到准确地定位和快速地处理问题的作用。

3. 翻译

客户服务人员在聆听消费者的需求之后,把搜集到的各种信息"翻译"成每个部门存在的疏漏,反馈给有关部门,相当于对企业存在问题的解剖者和翻译者。

4. 保护人

每个客户服务人员都尽自己最大的努力保护品牌的形象与个性,免不了在客户投诉的时候保护自己的同事、维护自己的品牌形象,充当企业保护者的角色。

二、客户服务人员的基本要求

(一) 对客户服务人员的素质要求

客户服务人员面对的是客户所提出的各式问题以及对客户情绪的安抚,担任直接与客户沟通的角色,需要具备高 EQ 和对产品的深入认识。所以,心理素质、熟悉业务知识、沟通应变能力和高度的荣誉感便成为客户服务人员不可或缺的重要职能。

其实,看似简单的客服工作并不简单,客户服务工作主要涉及售后服务、客户接待、客户投诉的反应、客户满意度、对待客户的态度、与客户交流的方式、客户咨询等方方面面,它是企业树立对外形象的窗口。

1. 客服工作需要具备良好的心理素质

客户服务人员直接接触用户,为其提供咨询服务、接受用户投诉等。特殊的工作性质决定了客服工作人员要有一定的忍耐性,宽容对待用户的不满,能够承受压力,具备良好的心理素质。

2. 熟练掌握业务知识,了解产品及用户需求

熟练掌握业务知识是客服工作人员的基本素质之一,只有真正地了解企业文化,了解产品及用户的需求所在,熟练掌握业务知识才能够积极应对客户。

3. 沟通及应变能力

相比其他岗位工作，客服工作在沟通及应变能力上对从业人员提出了更高的要求。客服工作人员在接受用户投诉时，需要运用一定的沟通技巧，积极应变，化解矛盾争端，解决冲突与对抗，从投诉流失中吸取教训，维护企业形象并及时为用户解决问题。

4. 高度的责任感和荣誉感

客服工作是对外展示企业形象的窗口，客服工作的质量、客服工作人员的素质直接影响着企业的形象。这就需要企业的客服工作人员具备高度的职业道德，做好本职工作，维护企业的形象。

总而言之，客户服务工作的好与坏代表着一个企业的文化修养、整体形象和综合素质，与企业利益直接挂钩；能否赢得价值客户，不仅是企业的产品质量、产品标准、产品价格等方面的问题，客户服务也是一个关键环节。

（二）客户服务人员应具备的能力

作为一个合格的客户服务人员，必须具备以下几方面的能力：

(1) 尽最大可能了解有关客户、产品和市场以及消费者的一切信息。
(2) 必须了解公司内部各部门之间的运作流程。
(3) 策略思考和分析问题的能力。
(4) 工作激情。
(5) 不放过每一个细节。
(6) 外交才能。
(7) 团队组织和领导才能。

三、客户服务人员的激励措施

目前，对于员工激励机制以及激励理论的研究已经很完善，包括内容型激励理论、过程型激励理论和行为改造型激励理论。对于服务人员的激励措施，与普通科研人员、公司白领的激励方式肯定要存在差别。从根本上来说，需要满足以下原则：科学考评，建立有效考核体系；及时反馈，不断修正；领导重视，保证执行；适应变化，动态调整。从具体的激励措施方法上，又可以分为以下几类。

（一）经济激励机制

(1) 提高收入的机制，包括提高人员的收入、津贴等货币待遇。
(2) 改善非货币经济待遇机制，包括非货币经济待遇，如提供住房、交通补贴、退休保障等。

（二）非经济激励机制

1. 生活环境

生活环境安全和社会支持是影响服务人员流动和工作动力的重要因素，安全、便利、有利于家庭成员发展的环境更能吸引和激励服务人员。

2. 工作环境

(1) 硬件环境。包括服务场所的基础设施、设备等资源的供应。
(2) 管理环境。机构管理环境包括很多层次，从工作职责设置、工作表现考核反馈到奖惩机制等各个环节,都会对人员的工作积极性产生影响。

(3)组织文化。使员工具有和组织同样的目标和发展愿景,有实现组织目标的使命感,能激励员工更努力地工作。

3. 培训

培训对人员有较好的激励效果,这已被不少实证研究所验证。培训可以同时满足个人和机构的目标,通过提高服务技能,为顾客提供更有效的服务,也可通过增强服务人员在劳动力市场的价值给他们带来满足感和持久利益。有研究认为,培训是一项有激励效果的内部机制,能提高服务人员的自信和自尊。

4. 职业发展

给服务人员平等提升的机会,也是提高服务人员工作积极性的一个途径。

5. 激发个人内在的工作动力

心理学家发现。每个人都有既定的内在工作动机,如职业感和利他主义等个性特征。这个内在工作动机会影响他们的工作表现和对外在激励机制的反应。个人价值的实现、个人荣誉感和自豪感都是很重要的内在工作动力,通过激励措施可发掘和提高这些内在工作动力。

研究发现,经济激励中的提高收入、福利多用于发展中国家,可能的解释是在工资较低的情况下,提高收入的激励作用特别显著。而非经济激励机制的作用也不容忽视,在物质投入既定的前提下,为服务人员创造良好的生活和工作环境、更多的培训、平等的职业发展机会、激发人员的成就感和自豪感,能激励服务人员更大的工作热情,从而促进客服人员的长期自我发展。

四、客户服务人员自我提升

客户服务人员对于企业的重要性是不言而喻的。为了让客户服务人员主动地自我提升素质及能力,企业要争取让客户服务人员意识到:为客户提供优质的客户服务对客户服务人员自己也是有很多好处的。具体有以下几点好处。

1. 客户服务经验的累积

客户服务在全球已成为一个产业,如今,中国的企业更看重销售人员的技能、能力,认为这是宝贵的财富。将来,销售不再是主动地出击,不再是出去跑,不是靠你两张嘴皮子能说会道,好像别人就会买你的产品。因为随着竞争的加剧,每一个企业都会在这种竞争当中变得越来越规范,而规范化的一个表现就是越来越重视自己的服务。慢慢会变得不再是主要依靠产品去赢得客户,而是依靠自己完善的服务去赢得客户。这种转变会使客户服务行业成为一个热门的行业和产业。

实际上,一名客户服务经理和一名很优秀的客户服务人员对于企业的作用并不比一个优秀的销售人员差。因为客户服务需要很深厚的功底,需要很多技巧,需要很多管理经验。这种客户服务经验的累积,可以为自己未来的发展打下良好的基础。以前,大家觉得做服务是吃青春饭的,其实,这个行业可以干得很久。每一个人在工作当中是一种学习,是经验的累积。一个人的一生就像银行里面的存款,你的存款额越高,银行付给你的利息也就越高。那么,怎样才能获得高额的利息呢?那就是要不断地增加你人生银行的存款金额。而你人生银行的存款金额就是你的经验,是你的智慧。这种经验和智慧是你未来获取更高收入的最基本的条件,是你的财富,最宝贵的财富。看起来好像是在做着最基层的客户服务工作,天天挨骂,客户天天投诉,一点意义都没有,每个月拿钱拿得最少。但你现在所做的一切,对自己的未来都是有帮助的。如果你不好好做,觉得客户服务对自己没什么好处,就不会努力去做,即使有了机会,也不会选择你。

2. 自我素质和修养的提升

在处理投诉的时候,如何有效地处理客户的投诉,需要很高的技巧。这种技巧在应付投诉的时候是非常有效的,而能有效地处理投诉对于提升个人的自我修养是非常重要的一种途径。在处理一些恶性投诉的时候,客户往往很生气,因为他很着急,他的情绪很不稳定,找到你的时候,很有可能对你说一些刺耳的话、不中听的话。你应想办法让他把烦躁的心情平静下来,让他把愤怒变成理智。在做这种工作的过程当中,你个人的修养就会逐渐地提升。实践证明,长时间从事客户服务工作的人,他的素质和修养比一般人都要高。

3. 人际关系及沟通能力的提升

客户服务工作是一项直接与人打交道的工作,需要有非常良好的沟通技巧,这种沟通技巧要比销售难得多。销售的沟通很简单,而客户服务里面涉及的沟通技巧就难得多,因为他是主动上门来找你的。很多时候,客户服务人员并不能解决客户的问题,解决不了,或者说客户服务人员不能百分之百地按照客户所要求的提供给他。例如,客户要求索赔100万元,而企业一分钱也不该赔给他,这个时候,客户服务人员能答应他的条件吗?不能。做好客户服务工作并不意味着什么都答应客户,而在于通过与客户之间的沟通,能让客户心平气和地接受企业所给予他的东西。这要靠很强的沟通技巧。这种沟通技巧对客户服务人员来讲是可以不断累积的,也是一种受用终身的能力。

企业在管理客户服务人员使其为了企业目标不断提升的同时,也促进员工的自身成长,这对企业来说才是双赢的。

第五节 客户服务绩效管理

一、客户服务绩效管理概念

客户服务绩效管理是指在客户服务这个完整系统中,客户服务组织、客户管理人员和员工全部参与进来,管理人员和员工通过沟通、激励的方式,将客户服务企业的战略、管理人员的职责、管理的方式和手段以及员工的绩效目标等管理的基本内容确定下来;在持续不断沟通的前提下,管理人员帮助员工清除服务工作过程中的障碍,提供必要的支持、指导和帮助,与员工一起共同完成客户服务绩效目标,从而实现客户服务组织的远景规划和战略目标。

二、客户服务绩效管理的特点

客户服务绩效管理具有以下三个特点。

1. 强调系统

客户服务绩效管理是一个完整的系统，不是一个简单的步骤。但在理论阐述以及管理实践当中，我们都会遇到这样的问题：把绩效管理等同绩效考核。因此，不少企业在实行绩效管理时，往往认为企业做了绩效考核表，量化了考核指标，年终实施了考核，就是做了绩效管理了。

其实，实施绩效管理中最重要的工作是制定目标、沟通管理以及绩效管理中一些必须的技巧与技能。如果绩效管理忽略这些工作，企业的绩效管理就处于低层次的水平。因此，我们必须系统地、战略地看待绩效管理。

2. 强调目标

客户服务绩效管理也要强调目标管理，目标＋沟通的绩效管理模式被广泛地提倡和使用。当企业目标明确，员工明白自己努力的方向，经理明确如何更好地通过员工的目标对员工进行有效管理，提供支持帮助。经理和员工才会更加地团结一致，共同致力于绩效目标的实现，共同提高绩效能力，更好地服务于企业的战略规划和远景目标。

3. 强调沟通

沟通在客户服务绩效管理中起着决定性的作用。制定绩效目标要沟通，帮助员工实现目标要沟通，年终评估要沟通，分析原因寻求进步要沟通，总之，绩效管理的过程就是员工和经理持续不断沟通的过程。离开了沟通，企业的绩效管理将流于形式。绩效管理需要致力于管理沟通的改善，全面提高管理者的沟通意识，提高管理的沟通技巧，进而改善企业的管理水平和管理者的管理素质。

三、客户服务绩效管理的流程

就绩效管理的实施过程来看，客户服务绩效管理的流程包括六个阶段，即制定绩效计划、编制绩效评估指标、对绩效评估人员开展培训、实施绩效评估、开展绩效反馈面谈和绩效结果。要做好绩效管理，需要从宏观上把握这六个阶段，也要从微观上注意这六个阶段的实施细节。

（一）制定绩效计划阶段

绩效计划是指管理者与员工共同讨论，就实现目标的时间、责任、方法和过程进行沟通，以确定员工以什么样的流程、完成什么样的工作和达到什么样的绩效目标的一个管理过程。绩效计划主要包括两大部分，一是绩效管理实施的具体计划，二是绩效目标的确定。一般来讲，制定具体的绩效实施计划主要是对绩效管理的整个流程运作从任务上、时间上、方法上、宏观层面和微观层面上进行总体规划，如在哪一具体时间段开展什么工作以及谁来做、做的具体效果要达到什么水平和层次等细节性问题。

1. 需要把握的关键问题

制定绩效目标，企业需要把握两个关键问题：

（1）制定的绩效目标要依据充足并且能支撑企业战略目标的实现。

（2）尽量采用参与性的方法，制定广大员工认同的绩效目标。

2. 必须做好几项工作

只有企业与员工双方认可的绩效目标，才能对员工产生实质性的激励和导向作用。

因此，制定一个可行的绩效目标一般要做好三方面的工作：

(1) 弄清企业未来一段时间内的战略目标。

(2) 弄清部门和岗位的职责。

(3) 制定绩效目标时，要知晓企业和部门的内外部环境。

(二) 编制绩效评估指标阶段

一般来讲，编制绩效评估指标可采用 SMART 的原则进行设定，S 代表具体的 (specific)，指绩效考核要切中特定的指标；M 代表可度量的 (measurable)，指绩效指标要尽可能地进行量化统计和分析；A 代表可实现 (attainable)；R 代表现实性的 (realisitic)，指绩效指标是实在、可衡量和观察的；T 代表时限 (time-bound)，是指完成绩效指标有特定的时限。依据 SMART 原则构建企业绩效指标后，我们仍需注意以下几个问题：

(1) 坚持能够量化的指标一定要量化，不能量化的指标切勿勉强量化。

(2) 评估标准要坚持适度的原则。

(3) 评估指标要针对不同的工作岗位的性质而设定。

(4) 评估指标的制定必须经过民主协商，一致认同。

具体的绩效考核指标因行业、公司而异，下面给出一个绩效考核指标的例子，如表 8-1 所示。

表 8-1 客户服务关键绩效考核指标

序号	KPI 指标	考核周期	指标定义/公式	资料来源
1	客户意见反馈及时率	月度	$\frac{\text{在标准时间内反馈客户意见的次数}}{\text{总共需要反馈的次数}} \times 100\%$	客服部
2	客户服务信息传递及时率	月度	$\frac{\text{标准时间内传递信息次数}}{\text{需要向相关部门传递信息总次数}} \times 100\%$	客服部
3	客户回访率	月度	$\frac{\text{实际回访客户数}}{\text{计划回访客户数}} \times 100\%$	客服部
4	客户投诉解决速度	月度	$\frac{\text{月客户投诉解决总时间}}{\text{月解决投诉总数}}$	客服部
5	客户投诉解决满意率	月度	$\frac{\text{客户对解决结果满意的投诉数量}}{\text{总投诉数量}} \times 100\%$	客服部
6	大客户流失数	月/季/年度	考核期内大客户流失数量	客服部
7	大客户回访次数	月/季/年度	考核期内大客户回访的总次数	客服部
8	客户满意度	月/季/年度	接受调研的客户对客服部工作满意度评分的算术平均值	客服部
9	部门协作满意度	月/季/年度	对各业务部门之间的协作、配合程度通过发放"部门满意度评分表"进行考核	客服部

(三) 对负责绩效评估人员的培训阶段

绩效评估既是一项非常重要的工作,又是一项容易受人为因素干扰的工作,基于保障绩效评估反馈的信息真实可靠,我们有必要对这类人员实施相关培训,使他们能够以高尚的职业道德和较高的工作技能,实事求是地推进绩效评估工作。

当然,对负责绩效评估人员展开培训的第一步还在于绩效评估人员的界定,所谓绩效评估人员,就是指参与企业绩效评估工作的相关组织成员,具体讲,有六大类绩效评估人员:直接上级,同事同级,直接下属,被考评者本人,服务对象,外聘的考评专家或顾问。

(四) 绩效评估的实施阶段

实施阶段是整个绩效管理的关键阶段。因为所实施的效果如何将直接关系到所得出的绩效评估结果的公正性,进而关系到依据评估结果所制定的人力资源管理政策的正确性和可操作性。就评估的实施来讲,其主要包括两方面的内容:

(1) 绩效考核方法的选择,在拟定了绩效指标之后如何选择合适、恰当的方法获取真实、可靠的绩效信息,仍是需要重点把握的问题。

(2) 实施过程的监控问题,重在防御实施细节偏离绩效计划。

(五) 绩效评估结果的反馈沟通阶段

此阶段在很多企业被忽视或轻视。在绩效汇总结果向员工反馈之前,应及时地与员工进行正式、有效的沟通,共同商讨存在的问题和制定相应的对策。开展反馈沟通实质是一个增强组织人文关怀和凝聚力与实现企业目标互惠的过程。通过绩效反馈既表达了组织对员工的关心,增强员工的组织归属感和工作满意感,也有利于帮助员工查找绩效不佳的原因所在,与员工一起制定下一绩效周期的计划,来提高员工绩效,推动员工个人职业生涯的发展。

(六) 绩效评估结果的应用阶段

绩效评估结果主要集中于两方面的应用,一方面是绩效奖惩,如员工工资的调整、相关人员职位晋升或惩戒、发放绩效奖金等措施;另一方面就是绩效提升,企业需要通过绩效评估结果所反映出的问题制定服务于下一周期的绩效改善计划。就两方面的关系来讲,两者是相辅相成、互为促进和发展的两方面。

绩效激励主要是采用正激励与负激励相结合的策略,坚持做到应奖励的人员给予重点奖励,应惩罚的人员大力惩罚的公平原则,避免步入奖惩无效的境地。

四、客户服务绩效管理的实施原则

在客户服务绩效管理实施的过程中,为避免绩效管理步入困境或带来不良效果,一般需要遵循以下一些原则。

(一) 关键性原则

绩效管理是整个人力资源管理的关键,其实施的效果将直接影响到企业人力资源管理其他工作的开展。绩效管理工作可以称为是承前启后的一项工作。它既是对员工前阶段的工作成绩的一次评价,又直接为后阶段员工的培训、薪酬福利的发放、员工个人职业生涯的发展和企业文化的建设等提供客观参考依据。

绩效管理如何实施以及实施的效果如何,也关系到整个人力资源管理系统的有效运转。企业管理人员要想发挥人力资源管理系统应有的强大功能,首先就要将绩效管理定位于人力资源管理的关键,采取谨慎和重视、负责的态度操作绩效管理的每一环节。

(二) 目标达成原则

绩效管理的目标不是绩效考核,而是整个组织整体战略目标的达成。绩效管理相对于组织整体战略目标而言,它只是一种重要的手段性的工具,而非一种管理目标。任何管理活动的开展都是为了实现组织的战略目标,绩效管理也不例外。

因此,绩效管理不能仅停留在对组织成员的考核和评估之上,而应发展到服务绩效改善,将绩效管理当作实现组织战略目标的重要工具,运用这个工具促使组织成员改进工作绩效,从而提高整个企业的运转绩效,促成企业战略目标的实现。

(三) 注重过程原则

绩效管理既要注重结果,也要注重过程。绩效管理人员既要重视绩效考核结果的运用,也要注意对实施过程监控。因为绩效管理追求的不是员工前阶段的工作业绩如何,追求的是通过实施绩效管理来促进员工绩效管理的改进。影响员工绩效改进的因素是很多的,既包括客观因素,也包括主观因素。

应该通过绩效管理实施过程中的各个环节,及时、准确地了解组织中存在的问题和对绩效管理制度进行监控,并不断地与员工沟通和协调,力争使绩效评估反馈的结果真实、准确、可靠。

(四) 文化匹配原则

绩效管理的导入要注重与企业文化相匹配。组织文化就是指组织内绝大多数成员的行为作风和认可的价值规范以及行为规范。组织文化深入到组织环境中的每一个角落。

在引进先进的绩效考核方式、评估指标的确定等来制定绩效管理制度时,必须要考虑到本企业的组织文化,仔细斟酌和鉴别拟定的绩效管理制度是否与本组织的文化相协调。若是两者不相兼容,最好重新从本企业的实际出发制定绩效管理制度。一味地强制推行,反而会导致事倍功半的效果。

(五) 公开与全员参与原则

绩效管理的实施要坚持公开、透明和全员参与的原则。绩效管理只是一种管理工具,不具有什么神秘性。当前,有些企业在实施绩效管理时采取非透明化的操作,人为因素干扰太大。同时将绩效评估的结果与被评估对象的薪酬和职务的升降密切相关,一方面导致一些人对绩效管理充满恐惧感,因为这关系到个人职业生涯的发展;另一方面又导致一些人对绩效管理的实施以漠然的态度来对待。他们认为,绩效管理的实施只是相关管理人员的事,我们充其量不过是一个被动的考核者。

其实,从本质上来讲,绩效管理必须坚持公开原则和广泛参与原则,绩效管理的实施只有坚持了公开、透明,让全体组织成员参与到绩效管理中来,才能揭除绩效管理的神秘面纱,才是真正意义上的绩效管理。

第六节　实践课业指导

一、课业任务

选择一家企业,根据企业产品和消费者特点,为企业产品设计一份客户活动体验方案。

二、课业要求

（1）不少于800字。
（2）要有鲜明的体验主题,且体验具有时代性。
（3）体验活动能涉及多种类型体验的综合运用。
（4）整个活动体验方案要环节紧凑、安排有序且能振奋人心。

三、理论指导

体验营销是站在顾客的感官、情感、思考、行动、关联五个方面,重新定义、设计营销的思考方式。体验会涉及顾客的感官、情感、情绪等感性因素,也包括知识、智力、思考等理性因素,同时也可包括身体的一些活动。

1. 客户的感官体验设计

感官体验的目标是创造知觉体验的感觉,包括视觉、听觉、触觉、味觉与嗅觉。

2. 客户的情感体验设计

创造情感体验的范围可以是一个温和、柔情的正面心情,也可以是欢乐、自豪甚至是强烈的激动情绪。常用的制造情感体验的联系纽带有友情、亲情、恋情。缘于血统关系的亲情,如父爱、母爱、孝心等是任何情感都无法替代的。

3. 客户的思考体验设计

思考体验是以创意的方式引起客户的惊奇、兴趣,对问题集中或分散的思考,为客户创造认知和解决问题的体验。

4. 客户的行动体验设计

行动体验的目标是影响客户的有形体验、生活形态与互动。

5. 客户的关联体验设计

关联体验是为了改进个人渴望,要别人(如亲戚、朋友、同事、恋人或配偶和家庭)对自己产生好感。让人和一个较广泛的社会系统(一种亚文化、一个群体等)产生关联,从而建立个人对某种品牌的偏好,进而让使用该品牌的人们形成一个群体。

四、实践形式

学生分组讨论,每组选择一家有代表性的企业,整理相关资料,设计客户体验方案。

五、课业范例

小米手机的客户体验活动方案

一、背景

小米手机是小米公司研发的一款高性能发烧级智能手机。小米手机坚持"为发烧而生"的设计理念,将全球最顶尖的移动终端技术与元器件运用到每款新品,小米手机超高的性价比也使其每款产品成为当年最值得期待的智能手机。小米手机采用线上销售模式。手机操作系统采用的是基于 Android 系统深度优化、定制、开发的第三方手机操作系统 MIUI。现在的企业客户体验不是单一的,而是从感官、情感、思考、行动、关联体验等多个方面进行体验,拉拢客户的心。从体验目的、主题、体验设计中让客户了解公司的产品和服务。这无疑已经成为销售业绩中的重要环节。就发展趋势看,未来中国是移动互联网的世界。智能手机的应用会承载用户的大部分需求。小米的 LOGO 倒过来是一个心字,少一个点,意味着小米要让用户省一点心。我们将从各种形式来展现小米手机的优势,它是一款适合所有年龄段消费者的手机,性价比高,让所有客户满意。

二、体验主题:让客户省一点心

顾客至上,潮流的引导者,力争为每一次客户的购买活动创造一项客户拥有的美好回忆。

三、目标客户群分析

青年:青春、潮流、时尚

中老年:简约、低调、凸现生活品质

四、围绕主题的体验设计

1. 客户情感体验设计

推出顺应潮流的产品,根据发烧友的需求,在中国的年轻一代中赢得绝对市场。通过精心设计的体验广告"让客户省一点心",可以寻找当红的偶像明星,吸引大量粉丝和青年朋友,让大家感受到我们的青春活力。还可以在展厅里放些游戏,这样也可以吸引一部分人驻足。

2. 客户感官体验设计

活动场景整体要大气明亮,预备充足的冷气,使顾客享受到良好的感官享受。可以播放一下适合的音乐,也可以用小米产品播放,使顾客可以直接感受产品的质量。要准备适当的休息座椅和饮水点,提供舒适的服务。整体设计突出小米手机的品牌和省一点心的概念。产品的摆放要有详细的位置和说明,便于顾客寻找,顺带也要有产品配件的摆放,省得顾客买了手机还有一些其他的服务要求,还可以提供办理通讯公司的基础业务或者出售手机壳等配套服务。

3. 客户的思考体验设计

在活动现场,技术人员向顾客介绍品牌故事和特点,让顾客更加深入地认识和了解小米手机的技术能力,并通过现场技术人员的讲解和演示,更加凸显小米手机的技术能力,技术人员可以根据现场来宾要求,订制出相应的功能。

4. 客户的行动体验设计

来活动现场的顾客都可以免费试玩我们的产品，深入体会小米产品的优势，提高顾客的购买率。并且现场配备服务人员为顾客提供专业的服务，解答顾客疑问并登记每位顾客体验的意见和感受。同时，技术人员可以根据用户要求完成私人订制，体验发烧友的生活。

（资料来源：http://wenku.baidu.com/view/1e883b3df242336c1eb95eeb.html。）

优质客户服务是防止客户流失的最佳屏障

一、客户叛离是一种严重的传染病

优质的服务是防止客户流失的最佳屏障。现在竞争很激烈，客户的忠诚度越来越低，一会儿跑到这边，一会儿跑到那边。客户叛离是对客户流失的一个称谓，什么叫客户叛离？就是以前客户在这儿消费，突然有一天走了，改成别人的客户了。客户叛离是一种严重的传染病，如果企业出现客户叛离，肯定是客户大批大批地流失。现在有一个观念，叫客户有权患病。我们没有理由不让客户到其他店里面去看一看，那也许会使他们节省几分钱、几元钱，或者享受到更好的服务。很多企业特别痛恨客户没有忠诚度，觉得别处稍微便宜一点就跑去了，不在我这边了。客户有权选择最适合的企业。只有提供良好的服务才有可能防止客户流失，让客户感觉到离不开你，因为你的服务太完美了，提供的服务太好了，他不愿意把你扔掉去冒险，去尝试其他企业。即使那边便宜几元钱，但他不知道那边的服务是好还是不好，这就是说要有良好的口碑。

唯一的疗法是以客户为中心。

用最好的客户服务挽回叛离的客户，取得他们的原谅。唯一的疗法是以客户为中心，为客户提供最好的服务。只有这样才有可能挽回叛离的客户，取得客户的原谅。开始因为服务不好，最后客户离开了，改变以后重新找到客户，客户也重新回到了企业，而这一切都要通过服务，绝不是通过提高产品质量可以达到的。

二、老客户——企业发展壮大的基石

（一）老客户＝更少的费用

专家估计，开发新客户比服务老客户需要多花5倍的时间、金钱与精力。

老客户等于企业发展壮大的基石。你可以花10元钱做广告、寄样品、打折扣来吸引新客户，使他第一次花50元来买你的东西；也可以花0.5元给你的客户寄封信，表达企业对他的感激之情以及希望再次合作的愿望，而他会第二次、第三次花50元来买你的商品。你如何选择？说明了一个什么问题呢？就是企业究竟把钱花在营销手段上还是花在巩固老客户上。与其花10元钱做广告，不如花5角钱给你的老客户写封信，把你的服务做好，让他去帮你推荐更好的客户。天天想着怎么降价促销，可没看到每天进门的客

户在出门的时候说:"我下次再也不来了。"你吸引了很多人,但这些人只在你这儿消费一次就离开了。所以,从价值角度上看,老客户等于更少的费用。企业在全力争取新客户的同时,应该防止老客户的流失,把更多的工夫下在服务方面,让自己的客户群变得更加稳固。实际上,不要总是亡羊补牢,而应该把你的篱笆事先扎紧一点。这样的话,客户就不会跑到其他竞争对手那边去了。

(二)老客户=丰厚的利润

老客户等于丰厚的利润。什么叫"一元钱客户"概念?就是说这个人一个星期来4天,每天来两三次,每次消费3元钱,一年这个人就消费1500元,如果这个客户能和这个店保持10到15年的关系的话,这个客户对于企业就意味着两万元钱收入,这就是国际上很流行的说法,叫"一元钱客户"。这个概念告诉企业不要太势利。他每次可能花钱很少,但是来的次数很多,这种客户是不容忽视的。一个客户能够为企业带来的利润和他在这个企业消费的时间有很大关系。哪怕他一次花钱是别人的十分之一,这种客户的价值也远远高过一次花钱是他10倍的那种人。为什么?因为他会跟许多人说:"这儿特别好,特别便宜。"他能拉许多人过来,可以为你做无形的广告。

客户服务对企业的意义,服务品牌的牢固树立,良好的口碑,老客户的重要性。归结到一点,经营企业最便宜的方式就是为客户提供最好的服务。一个企业的管理者首先要意识到:客户服务对一个企业来讲至关重要。认识到这一点,就会觉得客户服务真的是很重要,比营销还要重要。当他这么去做的时候,可能一时不见效,因为良好口碑的传递是比较慢的。只要你持之以恒地去做,最终总会有收获。很多时候,客户在购买产品的同时,是在购买一种服务,购买企业对他的一种承诺,是一种放心。

(资料来源:http://www.pxtop.com.cn/wenku/2010121620_50118_3166.1.shtm)

案例

宜家的体验式营销

宜家的服务理念是:"使购买家具更为快乐。"因此,在宜家商场布局和服务方式的设计上,公司尽量使其显得自然、和谐,让每个家庭到宜家就像是"出外休闲的一次旅行"。

1. 舒适的宜家

宜家商场都建在城市的郊区,在商场内还有一些附属设施,如咖啡店、快餐店和儿童的活动空间。如果你累了,你可以在优雅舒适的宜家餐厅点一份正宗的欧式甜点,或者一杯咖啡,甚至只是小憩一会儿,没有人会打扰你。

2. 煽情的宜家

在卖场气氛营造上,宜家可谓是煽情的高手。到过宜家的人没有一个不觉得清新,宜家要传递的正是"再现大自然,充满阳光和清新气息,朴实无华"的清新家居理念。宜家擅长于"色彩"促销,在重大节日将至的时候,宜家更似沉浸在色彩的海洋之中。春节和情人节期间,宜家所推出的"红色恋情"、"橙色友情"和"蓝色亲情"的梦幻组合,使整个卖场充满了人情味。

3. 质量过硬的宜家

作为返璞归真的现代营销手段，宜家鼓励顾客在卖场"拉开抽屉，打开柜门，在地毯上走走"，或者试一试床和沙发是否坚固。这种体验式营销（或叫朋友式营销）包括消费者免费使用产品，无条件退还，对产品进行破坏性实验等。

4. 精致、人性化宜家

宜家的产品做得非常的人性化和精致，宜家的产品充分考虑到使用的方便性和舒适性。宜家产品设计是从消费者日常使用的方面考虑的，这些东西是否适合消费者的使用，开发人员、设计人员都和供应商之间进行非常深入的交流，作过非常深入的市场调查。一般来说，产品的设计到制作完成需要半年的时间，这当中包括设计、材料的选择、测试、完工等等。

5. 独具风格的宜家

商品的交叉展示及样板间也是宜家独创的风格。早在1953年，宜家在自己的发源地就开辟了样板房，让人们可以亲自来体验，可谓是体验营销的先驱。顾客在宜家不仅可以买到称心如意的家居用品，而且可以获得色彩搭配等许多生活常识和装饰灵感。宜家把各种配套产品进行家居组合，设立了不同风格的样板间，充分展现每种产品的现场效果，甚至连灯光都展示出来，使顾客基本上可以体验出这些家居组合的感觉以及体现出的格调。在单个产品上，宜家也设计了消费者自己动手体验的过程，宜家的大件产品都是可以拆分的，因此，消费者可以将部件带回家自己组装，所有宜家的产品在设计师设计的时候自己动手组装，还会提供各种各样的工具来帮助安装，并配备有安装的指导手册和宣传片。

6. 拒绝主动服务

让顾客了解更多，宜家将营销的信息全面公开和透明，引导顾客扮演非传统角色，购货采用顾客自选的方式进行，鼓励顾客参与购物的全过程，完全打破了消费者的顾虑，并节省了消费者的时间。在宜家商场内的工作人员不叫销售人员，而叫服务人员，宜家规定其门店人员不得直接向顾客推销，而是任由顾客自行检验来决定，除非主动咨询。在宜家商场的入口处，提供给顾客产品目录、尺、铅笔和便条，帮助顾客在没有销售人员的情况下作出选择。宜家认为对于顾客来说这些已经足够，售货员的全程陪同无非在顾客需要时提供同样的信息和一些顾客不需要的东西。这样的服务方式除了使顾客有一个轻松自在的购物经历、增加了从购物过程中所获得的满足感和成就感，也降低了对销售人员的需求，降低了销售费用。

7. 顾客信息指导

让顾客了解更多，宜家不仅给顾客提供轻松、自由的购物环境，而且精心地为每件商品制定"导购信息"。在IKEA的"导购信息"中，有关产品的价格、功能、使用规则、购买程序等信息一应俱全。为了让顾客了解相关的商品知识，宜家每件产品上的标签都详细而明了，宜家总是提醒顾客"多看一眼标签"，在标签上能看到价格、尺寸、材料、颜色、功能、购买程序、使用规则及保养指南。因此，宜家采取了一种顾问式的营销方式，将每一个细节都考虑进去，来指导消费者快速作出购买决定，因此，它出售的几乎都是完全符合用户要求的产品。

案例思考题

1. 宜家家居是如何给自己的产品进行市场定位的？
2. 分析宜家的体验式营销与客户需求之间的关系。

练习与思考

一、名词解释

客户关系管理战略　客户服务　客户服务质量管理　客户服务人员管理　客户服务绩效管理

二、填空题

1. 功能性质量是_____的质量。
2. _____是指服务供应者准确无误地完成所承诺的服务。

三、单项选择题

1. (　　)常常与客户忠实于你战略结合在一起使用，它们都涉及要维持企业已经与客户建立起来的关系这个问题。
   A. 客户获得战略　　　　　　　B. 客户扩充战略
   C. 客户多样化战略　　　　　　D. 不同的客户战略结合

2. 不合格服务在企业是在所难免的，服务质量体系针对不合格服务的补救应有两个阶段：识别不合格服务与(　　)。
   A. 分析不合格服务　　　　　　B. 杜绝不合格服务
   C. 处理不合格服务　　　　　　D. 以上都不是

3. 关系营销把一切内部和外部利益相关者纳入研究范围，用系统的方法考察企业所有活动及其相互关系。在此理论指导下，企业的营销策略可分解为：顾客关系营销策略；供销商关系营销策略；竞争者关系营销策略；员工关系营销策略；影响者关系营销策略。其中，(　　)是关系营销的基础，(　　)是关系营销的核心和归宿。
   A. 员工关系营销和供销商关系营销　　B. 员工关系营销和顾客关系营销
   C. 顾客关系营销和竞争者关系营销　　D. 顾客关系营销和影响着关系营销

4. (　　)系统是指为客户所做的技术服务，包括售后服务和网络服务。
   A. 技术服务系统　　　　　　　B. 产品服务系统
   C. 成本管理系统　　　　　　　D. 员工服务系统

5. (　　)不属于客户服务绩效管理的实施原则。
   A. 关键性原则　　　　　　　　B. 注重结果原则
   C. 目标达成原则　　　　　　　D. 文化匹配原则

四、多项选择题

1. 体验营销是站在顾客的情感和（　　）等方面，重新定义、设计营销的思考方式。
   A. 感官　　　　　　　　　　B. 思考
   C. 行动　　　　　　　　　　D. 关联

2. 技术服务系统的售后服务工作可以归结为（　　）。
   A. 支持服务　　　　　　　　B. 产品服务
   C. 员工服务　　　　　　　　D. 反馈与赔偿

3. 服务质量的来源包括（　　）。
   A. 设计来源　　　　　　　　B. 价格来源
   C. 供给来源　　　　　　　　D. 关系来源

4. 顾客感知服务质量要受到（　　）等方面的综合作用。
   A. 企业规模　　　　　　　　B. 企业形象
   C. 预期质量　　　　　　　　D. 体验质量

5. 客户服务人员的素质要求有（　　）。
   A. 客服工作需要具备良好的心理素质
   B. 熟练掌握业务知识，了解产品及用户需求
   C. 沟通及应变能力
   D. 高度的责任感和荣誉感

五、简答题

1. 举例说明客户关系的基本战略。
2. 简述客户服务人员管理的哪些重要内容。
3. 简述客户服务质量管理的重要性。
4. 简述客户服务激励措施的好处。

参 考 文 献

1. 王永贵编：《客户关系管理》，清华大学出版社，2007 年
2. 杨路明主编：《客户关系管理》，重庆大学出版社，2004 年
3. 汤兵勇、王芬主编：《客户关系管理》，高等教育出版社，2003 年
4. 李志宏编：《客户关系管理》，华南理工大学出版社，2004 年
5. [英] 希尔等著，陶春水、陶娅娜译：《怎样测评客户满意度》（第 2 版），中国社会科学出版社，2007 年
6. 范云峰著：《客户（如何开拓与维系客户）》，中国经济出版社，2004 年
7. 谷再秋、潘福林主编：《客户关系管理》，科学出版社，2009 年
8. 樊永恒著：《客户沟通艺术》，人民邮电出版社，2009 年
9. 马学召编著：《客户服务管理实操细节》，广东经济出版社，2006 年
10. 赵溪主编：《客户服务导论与呼叫中心实务》（第 3 版），清华大学出版社，2010 年
11. 赵溪主编：《呼叫中心运营与管理》，清华大学出版社，2010 年
12. [美] 德诺夫、鲍尔四世著，栗志敏译：《怎样客户才能满意？》，中国人民大学出版社，2008 年
13. 李先国、曹献存主编：《客户服务实务》，清华大学出版社，2006 年
14. 韩小芸、申文果主编：《客户关系管理》，南开大学出版社，2009 年
15. 丁兴良著：《大客户战略服务》，机械工业出版社，2008 年
16. 石真语主编：《大客户经理高效工作手册》，机械工业出版社，2008 年
17. 常桦主编：《大客户销售与管理》，中国纺织出版社，2005 年
18. 周文辉主编：《大客户营销》，广东经济出版社，2004 年
19. 肖建中著：《小团队赢得大客户》，广东经济出版社，2008 年
20. [英] 彼得·查维顿著，李丽主译：《大客户：识别、选择和管理》，中国劳动和社会保障出版社，2003 年
21. 李志刚主编：《客户关系管理理论与应用》，机械工业出版社，2006 年
22. 杨莉惠主编：《客户关系管理实训》，中国劳动和社会保障出版社，2006 年
23. 邬艳春、胡建军、杨文忠主编：《客户关系管理一本全》，广西人民出版社，2009 年
24. 魏炳麒主编：《网络营销与客户服务》，中国劳动和社会保障出版社，2004 年
25. 张洋编著：《网络信息资源开发与利用》，科学出版社，2010 年
26. [英] 库克著，杨沐译：《客户服务管理：确立有效的客户服务管理重点》，经济管理出

版社,2005 年
27. 郝雨风著:《卓越绩效的客户经营》,中国经济出版社,2009 年
28. 朱飞著:《绩效激励与薪酬激励》,企业管理出版社,2010 年
29. [英]查菲著,马连福译:《网络营销战略、实施与实践》(第三版),机械工业出版社,2008 年
30. 陆和平编著:《赢得客户的心:中国式关系营销》,企业管理出版社,2010 年

图书在版编目(CIP)数据

客户关系管理教程/皮骏主编.—2 版.—上海:复旦大学出版社,2016.12
(复旦卓越·21 世纪市场营销实践型系列)
ISBN 978-7-309-12677-8

Ⅰ.客… Ⅱ.皮… Ⅲ.企业管理-供销管理-高等学校-教材 Ⅳ.F274

中国版本图书馆 CIP 数据核字(2016)第 283023 号

客户关系管理教程(第二版)
皮 骏 主编
责任编辑/宋朝阳

复旦大学出版社有限公司出版发行
上海市国权路 579 号 邮编:200433
网址:fupnet@fudanpress.com http://www.fudanpress.com
门市零售:86-21-65642857 团体订购:86-21-65118853
外埠邮购:86-21-65109143
常熟市华顺印刷有限公司

开本 787×1092 1/16 印张 15 字数 321 千
2016 年 12 月第 2 版第 1 次印刷
印数 1—4 100

ISBN 978-7-309-12677-8/F·2324
定价:35.00 元

如有印装质量问题,请向复旦大学出版社有限公司发行部调换。
版权所有 侵权必究